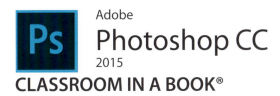

Adobe Photoshop CC
2015
CLASSROOM IN A BOOK®

Os autores

Andrew Faulkner iniciou seu trabalho na Adobe Systems em 1994, quando foi convidado para ajudar a desenvolver o primeiro livro da série Adobe Classroom in a Book. Ele é coautor de várias edições da série, em livros sobre Photoshop, After Effects e Flash. Seus trabalhos mais recentes como designer e ilustrador podem ser vistos online em www.andrew-faulkner.com.

Conrad Chavez tem ampla experiência em treinamento e suporte em mídias digitais. Como escritor e editor *freelancer*, cria livros e videos sobre Adobe Photoshop e Adobe Creative Cloud e escreve artigos para diversas publicações. Saiba mais sobre o seu trabalho em www.conradchavez.com.

```
F263a    Faulkner, Andrew.
            Adobe Photoshop CC 2015 : classroom in a book : guia
         de treinamento oficial / Andrew Faulkner, Conrad Chavez ;
         tradução: Ronald Saraiva de Menezes. – Porto Alegre :
         Bookman, 2016.
            ix, 371 p. : il. color. ; 25 cm.

            ISBN 978-85-8260-386-4

            1. Software – Computação gráfica. 2. Photoshop.
         I. Chavez, Conrad. II. Título.

                                          CDU 004.4Photoshop
```

Catalogação na publicação: Poliana Sanchez de Araujo – CRB 10/2094

Andrew Faulkner & Conrad Chavez

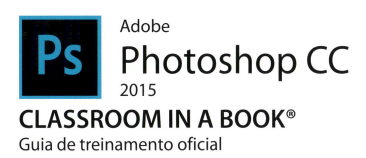

Adobe
Photoshop CC
2015
CLASSROOM IN A BOOK®
Guia de treinamento oficial

Tradução:
Ronald Saraiva de Menezes

2016

Obra originalmente publicada sob o título
Adobe Photoshop CC 2015 Release
ISBN 978-0-13-430813-5 / 0-13-430813-1

Tradução autorizada a partir do original em língua inglesa intitulado *Adobe Photoshop CC Classroom In A Book (2015 Release)*, 1ª Edição, autoria de Andrew Faulkner; Conrad Chavez, publicada por Pearson Education,Inc., sob o selo Adobe Press, Copyright ©2016. Todos os direitos reservados. Nenhuma parte deste livro poderá ser reproduzida ou transmitida em qualquer forma ou meio, eletrônica ou mecânica, incluindo fotocópia ou gravação de qualquer tipo, sem permissão de Pearson Education,Inc. Edição em língua portuguesa publicada por Bookman Companhia Editora Ltda., uma empresa Grupo A Educação S.A., Copyright © 2016.

As fotografias e ilustrações deste livro se destinam exclusivamente ao uso com os tutoriais. Fotografia do abacaxi e da flor na Lição 4 © Image Source, www.imagesource.com
Fotografia do modelo nas Lições 6 e 7 © Image Source, www.imagesource.com

Gerente editorial: *Arysinha Jacques Affonso*

Colaboraram nesta edição:

Editora: *Mariana Belloli*

Leitura final: *Miriam Cristina Machado*

Capa: *Kaéle Finalizando Ideias,* arte sobre capa original

Editoração eletrônica: *Techbooks*

Reservados todos os direitos de publicação, em língua portuguesa, à
BOOKMAN EDITORA LTDA., uma empresa do GRUPO A EDUCAÇÃO S.A.
Av. Jerônimo de Ornelas, 670 – Santana
90040-340 – Porto Alegre – RS
Fone: (51) 3027-7000   Fax: (51) 3027-7070

Unidade São Paulo
Av. Embaixador Macedo Soares, 10.735 – Pavilhão 5 – Cond. Espace Center
Vila Anastácio – 05095-035 – São Paulo – SP
Fone: (11) 3665-1100   Fax: (11) 3667-1333

SAC 0800 703-3444 – www.grupoa.com.br

É proibida a duplicação ou reprodução deste volume, no todo ou em parte, sob quaisquer formas ou por quaisquer meios (eletrônico, mecânico, gravação, fotocópia, distribuição na Web e outros), sem permissão expressa da Editora.

IMPRESSO NO BRASIL
PRINTED IN BRAZIL

SUMÁRIO

INTRODUÇÃO 1

Sobre o Classroom in a Book 1

Novidades desta edição. 1

Pré-requisitos 2

Instale o Adobe Photoshop e o Adobe Bridge. 2

Inicie o Adobe Photoshop. 2

Acesse os arquivos do Classroom in a Book 3

Restaure as preferências padrão. 4

1 CONHEÇA A ÁREA DE TRABALHO 6

Comece a trabalhar no Adobe Photoshop 8

Utilize as ferramentas 10

Capture uma amostra de cor 16

Trabalhe com ferramentas e
propriedades de ferramentas 17

Desfaça ações no Photoshop. 23

Mais sobre painéis e localização de painéis 24

Localize recursos para usar o Photoshop. 27

2 CORREÇÕES BÁSICAS DE FOTOGRAFIAS 30

Estratégia de retoque 32

Resolução e tamanho da imagem 33

Abra um arquivo com o Adobe Bridge. 34

Alinhe e corte a imagem no Photoshop. 36

Ajuste a cor e o tom. 38

Utilize a ferramenta Spot Healing Brush 42

Aplique uma correção sensível ao conteúdo 43

Corrija áreas com a ferramenta Clone Stamp. 44

Ajuste a nitidez 46

3 TRABALHE COM SELEÇÕES 50

A seleção e as ferramentas de seleção 52

Introdução 53

Utilize a ferramenta Quick Selection 53

Mova uma área selecionada........................... 54

Manipule seleções.................................... 55

Utilize a ferramenta Magic Wand 58

Selecione com as ferramentas Lasso................... 61

Gire uma seleção 62

Selecione com a ferramenta Magnetic Lasso........... 63

Selecione a partir de um ponto central 64

Redimensione e copie uma seleção 65

Recorte uma imagem................................. 67

4 PRINCÍPIOS BÁSICOS DE CAMADAS........................... 70

As camadas (*layers*) 72

Introdução 72

Utilize o painel Layers................................ 73

Reorganize as camadas 78

Aplique degradê a uma camada....................... 87

Aplique um estilo de camada 89

Adicione uma camada de ajuste...................... 95

Atualize os efeitos de camada........................ 97

Adicione uma borda 97

Achate e salve arquivos 99

5 CORREÇÕES RÁPIDAS 104

Introdução 106

Aprimore uma foto 106

Desfoque um plano de fundo 110

Crie um panorama................................... 114

Corrija distorções na imagem 118

Adicione profundidade de campo....................... 121

Mova objetos com a ferramenta
Content-Aware Move 124

Ajuste a perspectiva de uma imagem................. 128

6 MÁSCARAS E CANAIS.. 134

Trabalhe com máscaras e canais...................... 136

Introdução 136

Crie uma máscara.................................... 137

Refine uma máscara 139

Crie uma máscara rápida............................. 143

Manipule uma imagem com Puppet Warp............ 144

Trabalhe com canais 146

7 DESIGN TIPOGRÁFICO....................................... 154

O texto.. 156

Introdução 156

Crie uma máscara de corte a partir de texto........... 157

Crie texto em um caminho........................... 163

Distorça o texto 167

Crie parágrafos de texto 168

Adicione um retângulo arredondado................. 172

Adicione texto vertical............................... 173

8 TÉCNICAS DE DESENHO VETORIAL........................... 176

Imagens bitmap e elementos gráficos vetoriais 178

Os demarcadores e a ferramenta Pen................. 179

Introdução 179

Desenhe com a ferramenta Pen 180

Trabalhe com formas personalizadas definidas 188

Importe um Smart Object............................ 190

Adicione cor e profundidade a uma forma
usando estilos de camada............................ 191

9 COMPOSIÇÃO AVANÇADA **196**

Introdução 198

Organize camadas 199

Use Smart Filters. 202

Pinte uma camada 207

Adicione um plano de fundo 210

Aumente a escala de uma imagem
com baixa resolução 217

10 PINTE COM O MIXER BRUSH **220**

O Mixer Brush 222

Introdução 222

Selecione as configurações de pincel 223

Misture cores 227

Crie um pincel personalizado 230

Combine cores com uma fotografia 232

11 EDIÇÃO DE VÍDEO **240**

Introdução 242

O painel Timeline 243

Crie um novo projeto de vídeo 244

Anime texto com keyframes 248

Crie efeitos 250

Adicione transições 254

Adicione áudio 255

Silencie áudio indesejado 256

Renderize o vídeo 257

12 TRABALHE COM O CAMERA RAW **260**

Introdução 262

Os arquivos Camera Raw 263

Processe arquivos no Camera Raw. 264

Aplique correção de cores avançada 279

SUMÁRIO | **ix**

13 PREPARE ARQUIVOS PARA A WEB **296**

Introdução 298

Utilize grupos de camadas para criar
imagens gráficas na forma de botões 299

Automatize uma tarefa de vários passos 305

Salve recursos de imagem com o Adobe Generator ... 312

14 PRODUZA E IMPRIMA CORES CONSISTENTES. **320**

Prepare os arquivos para impressão 322

Introdução 323

Faça um "teste de zoom" 324

Identifique cores fora do gamut 328

Ajuste uma imagem 329

Converta uma imagem para CMYK 331

Gerenciamento de cores 332

Especifique configurações de
gerenciamento de cores 333

Prova de imagem 334

Salve a imagem como um arquivo CMYK EPS 336

Imprima uma imagem CMYK a
partir do Photoshop 337

15 IMPRIMA ARQUIVOS 3D **342**

Introdução 344

Entenda o ambiente 3D 344

Posicione elementos 3D 348

Imprima um arquivo 3D 349

APÊNDICE. **356**

ÍNDICE **362**

INTRODUÇÃO

O Adobe® Photoshop® CC, referência de mercado na edição e geração de imagens digitais, tem excelente desempenho, poderosos recursos de edição de imagem e interface intuitiva. O Adobe Camera Raw, incluído no Photoshop CC, proporciona flexibilidade e controle para trabalhar com imagens no formato RAW – além de imagens TIFF e JPEG. O Photoshop CC tem as ferramentas de edição digital que você precisa para transformar imagens de um jeito mais fácil do que nunca.

Sobre o Classroom in a Book

O *Adobe Photoshop CC (2015) Classroom in a Book*® faz parte da série de treinamento oficial para software de edição gráfica e de publicação da Adobe, desenvolvido com o apoio de especialistas em produtos Adobe. As lições deste livro foram desenvolvidas para que você aprenda no seu próprio ritmo. Se você for iniciante em Adobe Photoshop, aprenderá os conceitos e recursos fundamentais necessários para utilizar o programa. Se já tiver usado o Adobe Photoshop, descobrirá que o *Classroom in a Book* ensina muitos recursos avançados, incluindo dicas e técnicas sobre como utilizar a versão mais recente do aplicativo e como preparar imagens para a Web.

Embora cada lição forneça instruções passo a passo para criar um projeto específico, sempre há margem para exploração e experimentação. Você pode seguir este livro do início ao fim ou fazer apenas as lições que atendam a seus interesses e necessidades. Cada lição se encerra com uma seção de revisão que resume o que foi abordado.

Novidades desta edição

Esta edição apresenta vários recursos novos do Adobe Photoshop CC, como bibliotecas Creative Cloud com Linked Smart Objects para fácil reutilização de itens de design e compartilhamento com a sua equipe; a ferramenta Content--Aware Move, para modificar instantaneamente conteúdo duplicado; e o uso de várias pranchetas (*artboards*) para preparar com mais eficiência telas dos mais diversos tamanhos, de computadores de mesa a dispositivos móveis.

Além disso, as lições apresentam o Adobe Device Preview para testar designs móveis em hardware, novos fluxos de trabalho para gerar itens gráficos otimizados para a Web e dispositivos móveis, maneiras mais fáceis de encontrar a fonte adequada para o seu projeto, como postar seu trabalho para que seja compartilhado em seu portfólio no Behance, entre outros.

Esta edição também está repleta de informações extras sobre os recursos do Photoshop e sobre como tirar o melhor proveito desse software robusto. Você aprenderá as melhores práticas para organizar, gerenciar e divulgar suas fotos, bem como otimizar imagens para a Web. Também encontrará dicas e técnicas da especialista Julieanne Kost, grande divulgadora do Photoshop.

Pré-requisitos

Para utilizar o *Adobe Photoshop CC (2015) Classroom in a Book,* você deve ter algum conhecimento prático do funcionamento de seu computador e sistema operacional. Certifique-se de que sabe utilizar o mouse e os comandos e menus padrão, além de abrir, salvar e fechar arquivos. Se precisar revisar essas técnicas, consulte a documentação incluída no seu sistema Microsoft® Windows® ou Apple® Mac® OS X.

Para concluir as lições deste livro, você precisará dispor tanto do Adobe Photoshop CC (2015) quanto do Adobe Bridge CC instalados.

Instale o Adobe Photoshop e o Adobe Bridge

Antes de começar a usar o *Adobe Photoshop CC (2015) Classroom in a Book,* verifique se seu sistema está configurado corretamente e se software e hardware necessários estão instalados. Você deve comprar o software Adobe Photoshop CC (2015) separadamente. Para os requisitos de sistema e as instruções completas sobre a instalação do software, visite www.adobe.com/support. Convém observar que alguns recursos do Photoshop CC, incluindo todos os recursos 3D, exigem uma placa de vídeo compatível com o padrão OpenGL 2.0 e com, pelo menos, 512MB de VRAM dedicada.

Muitas das lições neste livro utilizam Adobe Bridge. O Photoshop e o Bridge usam instaladores separados. Você deve instalar esses aplicativos a partir do Adobe Creative Cloud (creative.adobe.com) em seu computador. Siga as instruções na tela.

Inicie o Adobe Photoshop

Você inicia o Photoshop da mesma maneira que a maioria dos softwares.

Para iniciar o Adobe Photoshop no Windows: escolha Iniciar > Programas > Adobe Photoshop CC.

Para iniciar o Adobe Photoshop no Mac OS: abra a pasta Aplicativos/Adobe Photoshop CC e dê um clique duplo no ícone do programa Adobe Photoshop.

Acesse os arquivos do Classroom in a Book

Para avançar nos projetos deste livro, você precisa fazer download dos arquivos das lições a partir do site da editora:

1 Acesse o site, www.grupoa.com.br.

2 Cadastre-se gratuitamente, caso ainda não seja cadastrado.

3 Encontre a página do livro por meio do campo de busca.

4 Clique no link Conteúdo Online para fazer download dos arquivos.

Depois de fazer download dos arquivos das lições, crie uma nova pasta em seu computador e dê a ela o nome de **Lessons**. Em seguida, arraste os arquivos das lições para dentro da pasta Lessons.

● **Nota:** À medida que completar as lições, você preservará os arquivos iniciais. Se não preservá-los, você pode baixá-los novamente no site www.grupoa.com.br

Restaure as preferências padrão

O arquivo de preferências armazena informações sobre as configurações de painéis e comandos. Toda vez que você fecha o Adobe Photoshop, a posição dos painéis e certas configurações de comando são registradas no arquivo de preferências. Qualquer seleção na caixa de diálogo Preferences também é salva no arquivo de preferências.

Para garantir que aquilo que você vê na tela corresponde às imagens e instruções deste livro, restaure as preferências padrão ao começar cada lição. Caso você prefira preservar suas preferências, esteja ciente de que as ferramentas, os painéis e outras configurações no Photoshop CC talvez não correspondam aos descritos neste livro.

Se você customizou suas configurações de monitor, use o procedimento a seguir para salvá-las antes de começar a trabalhar com este livro. Assim, quando quiser restaurar suas configurações de cor, poderá simplesmente selecionar a pré-configuração que criou.

Para salvar suas configurações de cor atuais:

1 Inicie o Adobe Photoshop.

2 Escolha Edit > Color Settings.

3 Anote o que está selecionado no menu Settings:

- Se não for Custom, anote o nome do arquivo de configuração e clique em OK para fechar a caixa de diálogo. Você não precisa seguir os passos 4 a 6 deste procedimento.

- Se Custom estiver selecionado no menu Settings, clique em Save (*não* em OK).

A caixa de diálogo Save se abre. A localização padrão é a pasta Settings, que é o local recomendável para salvar o arquivo. A extensão de arquivo padrão é .csf (*color settings file*).

4 No campo File Name (Windows) ou no campo Save As (Mac OS), digite um nome para suas configurações de cores, preservando a extensão do arquivo .csf. Em seguida, clique em Save.

5 Na caixa de diálogo Color Settings Comment, digite um texto descritivo que posteriormente o ajude a identificar as configurações de cores, como a data, as configurações específicas ou o seu grupo de trabalho.

6 Clique em OK para fechar a caixa de diálogo Color Settings Comment e mais uma vez para fechar a caixa de diálogo Color Settings.

Para restaurar suas configurações de cor:

1 Inicie o Adobe Photoshop.

2 Escolha Edit > Color Settings.

3 No menu Settings da caixa de diálogo Color Settings, selecione o arquivo de configurações que você anotou ou salvou no procedimento anterior e clique em OK.

Recursos adicionais

O objetivo do *Adobe Photoshop CC (2015) Classroom in a Book* não é substituir a documentação que acompanha o programa, nem ser uma referência completa para cada recurso do software. Somente os comandos e opções utilizados nas lições são explicados neste livro. Para mais informações sobre os recursos do programa e tutoriais, consulte as seguintes fontes:

Adobe Photoshop Help and Support: em helpx.adobe.com/photoshop.html você pode navegar e procurar por conteúdos de Help and Support em Adobe.com.

Adobe Forums: forums.adobe.com permite que você participe de discussões entre usuários, faça perguntas e encontre respostas sobre produtos da Adobe.

Página inicial do produto Adobe Photoshop CC: adobe.com/products/photoshop

Add-ons da Adobe: creative.adobe.com/addons é um recurso central para encontrar ferramentas, serviços, extensões, amostras de código e muito mais, para suplementar e ampliar seus produtos Adobe.

Recursos para educadores: www.adobe.com/education oferece uma rica fonte de informações para instrutores que ministram cursos sobre programas da Adobe. Encontre soluções para educação em todos os níveis, incluindo currículos gratuitos que utilizam uma abordagem integrada para o ensino sobre software Adobe e que podem ser usados como preparação para os exames de membro certificado Adobe.

Notas de produção

O *Adobe Photoshop CC Classroom in a Book (2015 release)* foi criado eletronicamente com Adobe InDesign. A arte foi produzida com Adobe InDesign, Adobe Illustrator e Adobe Photoshop. As famílias de fonte Myriad Pro e Warnock OpenType foram utilizadas em todo o livro. As referências a nomes de empresa nas lições são meramente ilustrativas, e não pretendem referir-se a qualquer organização ou pessoa real.

Colaboradores

Jay Graham é fotógrafo profissional e colaborou com as dicas de "Fluxo de trabalho profissional", na Lição 12.
www.jaygraham.com

Lisa Farrer é fotógrafa profissional e colaborou com as fotografias da Lição 5.
www.lisafarrerphoto.com

Gawain Weaver é especialista em conservação e restauração de obras de arte e colaborou com "Restauração fotográfica no mundo real", na Lição 2.
www.gawainweaver.com

Agradecimentos

Nossos sinceros agradecimentos a Christine Yarrow, Daniel Presedo, Pete Falco, Stephen Nielson, Russell Brown e Zorana Gee por seu suporte e ajuda neste projeto.

1 CONHEÇA A ÁREA DE TRABALHO

Visão geral da lição

Nesta lição, você vai aprender a:

- Abrir arquivos de imagem no Adobe Photoshop.
- Selecionar e utilizar algumas ferramentas do painel Tools.
- Configurar opções para uma ferramenta selecionada utilizando a barra de opções.
- Utilizar vários métodos para ampliar e reduzir uma imagem.
- Selecionar, reorganizar e utilizar painéis.
- Escolher comandos no painel e nos menus contextuais.
- Abrir e utilizar um painel no encaixe de painéis.
- Desfazer ações para corrigir erros ou fazer escolhas diferentes.

Esta lição levará aproximadamente 1 hora para ser concluída. Faça download dos arquivos de projeto Lesson01 a partir da página do livro no site www.grupoa.com.br, caso ainda não tenha feito isso. Ao trabalhar nesta lição, você preservará os arquivos iniciais. Se precisar restaurá-los, você pode baixá-los novamente a partir do site.

PROJETO: CARTÃO DE ANIVERSÁRIO

Ao trabalhar com o Adobe Photoshop, você descobrirá que muitas vezes é possível realizar a mesma tarefa de diferentes maneiras. Para aproveitar melhor as capacidades de edição do Photoshop, primeiro você deve aprender a navegar pela área de trabalho.

Comece a trabalhar no Adobe Photoshop

A área de trabalho inclui menus, barras de ferramentas e painéis que dão acesso rápido a uma variedade de ferramentas e opções para editar e adicionar elementos a sua imagem. Você também pode adicionar comandos e filtros aos menus instalando software externo, conhecido como *plug-in*.

No Photoshop, você trabalha principalmente com imagens bitmap digitalizadas (isto é, imagens em tom contínuo convertidas em uma série de pequenos quadrados, ou elementos de imagem, chamados *pixels*). Você também pode trabalhar com elementos gráficos vetoriais, que são desenhos criados com linhas suaves que retêm sua nitidez quando redimensionadas, e pode criar uma arte-final no Photoshop ou importar imagens a partir de diferentes fontes, como:

- Fotografias de uma câmera digital ou telefone celular
- Banco de imagens
- Digitalizações de fotografias, transparências, negativos, imagens gráficas ou outros documentos
- Imagens capturadas em vídeo
- Arte criada em programas de desenho

Inicie o Photoshop e abra um arquivo

> **Nota:** Em geral, você não precisa reconfigurar os padrões ao trabalhar nos seus próprios projetos. Porém, você deve redefinir as preferências antes de começar cada lição deste livro para assegurar que aquilo que aparece na sua tela corresponde às descrições nas lições. Para mais informações, consulte "Restaure as preferências padrão", na página 4.

Para começar, inicie o Adobe Photoshop e redefina as preferências padrão.

1 Dê um clique duplo no ícone Adobe Photoshop na sua barra de tarefas (Windows) ou no dock (Mac OS) e imediatamente pressione Ctrl+Alt+Shift (Windows) ou Command+Option+Shift (Mac OS) para redefinir as configurações padrão.

Se o ícone do Photoshop não aparecer na barra de tarefas ou dock, escolha Iniciar > Todos os Programas > Adobe Photoshop CC (Windows) ou procure na pasta Applications (Mac OS).

2 Quando solicitado, clique em Yes para confirmar que deseja excluir o arquivo de configurações do Adobe Photoshop (Adobe Photoshop Settings).

LIÇÃO 1 | 9
Conheça a área de trabalho

A área de trabalho do Photoshop aparece como mostrado nesta figura.

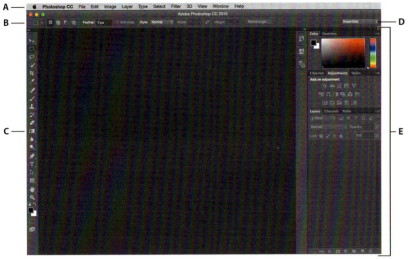

A. *Barra de menus*
B. *Barra de opções*
C. *Painel Tools*
D. *Menu Workspaces*
E. *Painéis*

● **Nota:** Esta figura mostra a versão do Photoshop para Mac OS. O arranjo é semelhante no Windows, mas os estilos dos sistemas operacionais podem variar.

No Mac OS, o quadro do aplicativo mantém a imagem, os painéis e a barra de menus agrupados.

A área de trabalho padrão no Photoshop consiste na barra de menus e na barra de opções no topo da tela, no painel Tools à esquerda e em vários painéis abertos no compartimento de painéis à direita. Se houver documentos abertos, uma ou várias janelas de imagem também aparecerão, e você poderá exibi-las ao mesmo tempo utilizando a interface com abas. No Photoshop, a interface do usuário é bastante similar àquela do Adobe Illustrator®, Adobe InDesign® e Adobe Flash Professional®; por isso, se você aprender a utilizar as ferramentas e painéis de um destes aplicativos, saberá como utilizá-las em outros.

Existe uma diferença importante entre a área de trabalho do Photoshop no Windows e no Mac OS: o Windows sempre apresenta o Photoshop em uma janela contida.

Já no Mac OS, você pode escolher se deseja trabalhar com um quadro do aplicativo, que agrupa as janelas e painéis do aplicativo Photoshop dentro de um quadro distinto dos outros aplicativos que possam estar abertos; somente a barra de menus fica de fora do quadro do aplicativo. O quadro do aplicativo é habilitado por padrão; para desabilitar o quadro do aplicativo, selecione Window >Application Frame.

3 Escolha File > Open e navegue até a pasta Lessons/Lesson01 que você copiou para sua unidade de disco a partir do site www.grupoa.com.br. (Se você ainda não baixou os arquivos, consulte "Acesse os arquivos de Classroom in a Book", na página 3.)

4 Selecione o arquivo 01End.psd e clique em Open. Clique em OK se a caixa de diálogo Embedded Profile Mismatch aparecer.

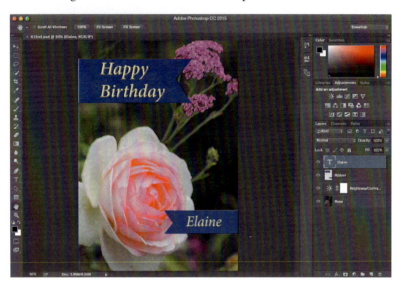

O arquivo 01End.psd abre em uma janela própria, chamada *janela da imagem*. Os arquivos finais neste livro mostram o que você cria em cada projeto. Neste projeto, você criará uma cartão de aniversário.

5 Escolha File > Close ou clique no botão fechar (o x ao lado do nome do arquivo) na barra de título da janela de imagem. (Não feche o Photoshop.)

Utilize as ferramentas

O Photoshop fornece um conjunto integrado de ferramentas para produzir imagens sofisticadas para impressão, Web e visualização em dispositivos móveis. Poderíamos facilmente escrever este livro inteiro com os detalhes da riqueza de ferramentas e suas configurações. Isso certamente seria uma referência útil, mas não é o objetivo do livro. Assim, você começará a ganhar experiência configurando e utilizando algumas ferramentas em um projeto modelo. Cada lição introduzirá outras ferramentas e maneiras de utilizá-las. Depois de concluir todas as lições deste livro, você terá uma base sólida para explorar ainda mais o conjunto de ferramentas do Photoshop.

Selecione e utilize uma ferramenta do painel Tools

O painel Tools é o longo e estreito painel no lado esquerdo da área de trabalho. Ele contém ferramentas de seleção, pintura e edição, caixas de seleção de cor de primeiro plano e de plano de fundo, e ferramentas de visualização.

● **Nota:** Para obter uma lista completa das ferramentas existentes no painel Tools, consulte "Visão geral do painel Tools", no Apêndice.

Comecemos com a ferramenta Zoom, que aparece em muitos outros aplicativos da Adobe, inclusive no Illustrator, no InDesign e no Acrobat.

1 Escolha File > Open, navegue até a pasta Lessons/Lesson01 e clique duas vezes no arquivo 01Start.psd para abri-lo.

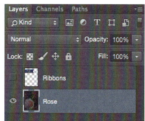

O arquivo 01Start.psd contém a imagem de plano de fundo e um modelo de faixa que você usará para criar o cartão de aniversário que visualizou no arquivo final.

2 Clique nas setas duplas posicionadas acima do painel Tools para mudar para uma visualização em coluna dupla. Clique nas setas novamente para retornar ao painel Tools de coluna única e utilizar o espaço de tela de modo mais eficiente.

3 Examine a barra de status na parte inferior da área de trabalho (Windows) ou da janela da imagem (Mac OS) e observe a porcentagem que aparece no canto inferior esquerdo. Ela representa a visualização de ampliação atual da imagem, ou nível de ampliação.

4 Mova o cursor pelo painel Tools e posicione-o sobre o ícone de lente de aumento até que uma dica de ferramenta apareça. A dica exibe o nome da ferramenta (ferramenta Zoom) e o atalho de teclado (Z).

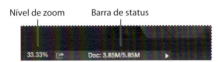

5 Clique na ferramenta Zoom (🔍) no painel Tools ou pressione Z para selecioná-la.

6 Mova o cursor sobre a janela da imagem. O cursor agora se parece com uma pequena lupa com um sinal de adição no centro do vidro (🔍).

7 Clique em qualquer ponto da janela da imagem.

A imagem é ampliada de acordo com um nível percentual predefinido, que substitui o valor anterior na barra de status. Se você clicar novamente, o zoom avança para o próximo nível predefinido, até um máximo de 3.200%.

8 Mantenha pressionada a tecla Alt (Windows) ou a tecla Option (Mac OS) de modo que o cursor da ferramenta Zoom apareça com um sinal de subtração no centro da lupa (🔍) e então clique em qualquer ponto da imagem. Em seguida, solte a tecla Alt ou Option.

Agora o zoom da visualização é reduzido a uma ampliação pré-configurada para que você possa ver mais da imagem, mas com menos detalhes.

9 Se a opção Scrubby Zoom estiver selecionada na barra de opções, clique em qualquer ponto da imagem e arraste a ferramenta Zoom para a direita. A imagem é ampliada. Arraste a ferramenta Zoom para a esquerda para aplicar menos zoom.

● **Nota:** Você pode usar outros métodos para ampliar e reduzir o zoom. Quando a ferramenta Zoom é selecionada, por exemplo, você pode selecionar o modo Zoom In ou Zoom Out na barra de opções. Você pode escolher View > Zoom In ou View > Zoom Out. Ou pode digitar uma porcentagem mais baixa na barra de status e pressionar Enter ou Return.

Quando a Scrubby Zoom estiver selecionada, você pode arrastar a ferramenta Zoom pela imagem para atribuir mais ou menos zoom.

10 Cancele a seleção de Scrubby Zoom na barra de opções, caso este recurso esteja selecionado. Em seguida, usando a ferramenta Zoom, arraste um retângulo para delimitar a área da imagem que contém a rosa em flor.

A imagem é ampliada, de modo que a área delimitada em seu retângulo preencha toda a janela da imagem.

11 Clique em Fit Screen na barra de opções para visualizar a imagem inteira novamente.

Você usou quatro métodos com a ferramenta Zoom para alterar a ampliação na janela da imagem: clicando, mantendo um modificador de teclado pressionado enquanto clica, arrastando para ampliar e reduzir, e arrastando para definir uma área de ampliação. Muitas das outras ferramentas no painel Tools podem ser utilizadas também com combinações e opções de teclado. Você terá a oportunidade de utilizar essas técnicas conforme for avançando pelas lições deste livro.

Amplie e navegue com o painel Navigator

O painel Navigator é outra maneira rápida de fazer alterações no nível de zoom, especialmente quando a porcentagem exata de ampliação não é importante. Ela também é uma excelente maneira de navegar por uma imagem, já que a miniatura exibe exatamente a parte da imagem que aparece na janela da imagem. Para abrir o painel Navigator, escolha Window > Navigator.

O controle deslizante sob a miniatura da imagem no painel Navigator amplia a imagem quando você o arrasta para a direita (em direção ao ícone da grande montanha) e a reduz quando você o arrasta para a esquerda.

O contorno retangular vermelho representa a área da imagem que aparece na janela da imagem. Ao ampliar o suficiente para que a janela mostre apenas parte da imagem, você pode arrastar o contorno vermelho sobre a área de miniatura para ver outras áreas da imagem. Essa também é uma excelente maneira de verificar em que parte da imagem você se encontra ao trabalhar com níveis de zoom muito altos.

Ajuste o brilho de uma imagem

Um dos recursos de edição que você provavelmente mais usará é o ajuste do brilho de uma imagem capturada com uma câmera digital ou telefone celular. Você deixará a imagem mais clara alterando os valores de brilho e contraste.

1. No painel Layers, à direita da área de trabalho, certifique-se de que a camada Rose está selecionada.
2. No painel Adjustments, que fica acima do painel Layers no encaixe de painéis, clique no ícone Brightness/Contrast para adicionar uma camada de ajuste de brilho/contraste. O painel Properties abre, exibindo os ajustes de Brightness/Contrast.
3. No painel Properties, arraste o controle deslizante Brightness até **98** e o controle deslizante Contrast até **18**.

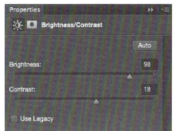

A imagem da rosa ganha brilho.

Nestas lições, você será frequentemente instruído a inserir números em painéis e em caixas de diálogo para alcançar certos efeitos específicos. Quando estiver trabalhando no seu próprio projeto, faça experiências com diferentes valores para ver como eles afetam a sua imagem. Não existem ajustes certos e errados; os valores que você deve usar dependem dos resultados almejados.

4. No painel Layers, examine a camada de ajuste Brightness/Contrast.

Camadas de ajuste permitem que você faça alterações na sua imagem, como no brilho da rosa, sem afetar os pixels propriamente ditos. Como você utilizou uma camada de ajuste, sempre poderá retornar à imagem original ocultando ou deletando a camada de ajuste – e você pode editar a camada de ajuste a qualquer momento. Você usará camadas de ajuste em diversas lições deste livro.

A aplicação de camadas é um dos principais e mais poderosos recursos do Photoshop. O aplicativo inclui muitos tipos de camadas, algumas contendo imagens, texto ou cores sólidas, e outras que simplesmente interagem com camadas acima delas. Você aprenderá mais sobre camadas na Lição 4, "Princípios básicos de camadas", e ao longo do livro.

5 Clique nas setas duplas acima do painel Properties para fechá-lo.

6 Escolha File > Save As, dê o nome **01Working.psd** ao arquivo e clique em OK ou Save.

7 Clique em OK na caixa de diálogo Photoshop Format Options.

Salvar o arquivo com um nome diferente garante que o arquivo original (01Start.psd) permaneça inalterado. Dessa forma, você pode retornar a ele caso deseje começar do zero.

Você acaba de terminar sua primeira tarefa no Photoshop. A sua imagem está brilhante e chamativa, pronta para um cartão de aniversário.

Capture uma amostra de cor

Por padrão, a cor do plano de fundo no Photoshop é o preto e a cor do primeiro plano é o branco. Você pode alterar esssas cores de diversas formas. Uma maneira é utilizar a ferramenta Eyedropper para obter uma amostra de cor da imagem. Você usará a ferramenta Eyedropper para capturar o azul de uma faixa para então usá-la em outra fita.

Primeiro, você precisará exibir a camada Ribbons para ver a cor que deseja capturar.

1 No painel Layers, clique na coluna Visibility na camada Ribbons, a fim de tornar a camada visível. Quando uma camada fica visível, o ícone de um olho (👁) aparece nessa coluna em questão.

Uma faixa com os dizeres "Happy Birthday" aparece na janela da imagem.

2 Selecione a camada Ribbons no painel Layers para ativá-la.

3 Selecione a ferramenta Eyedropper (🖉) no painel Tools.

4 Clique na área azul da faixa com os dizeres Happy Birthday para capturar uma amostra desta cor.

A cor de primeiro plano se modifica no painel Tools e no painel Color. Qualquer coisa que você desenhar terá essa cor até que modifique novamente a cor de primeiro plano.

Trabalhe com ferramentas e propriedades de ferramentas

Quando você selecionou a ferramenta Zoom no exercício anterior, viu que a barra de opções ofereceu opções para que você alterasse a visualização da janela de imagem atual. Agora você aprenderá mais sobre o ajuste de propriedades de ferramentas utilizando menus contextuais, a barra de opções e os menus de painéis. Você utilizará todos esses métodos, ao trabalhar com ferramentas, para adicionar a segunda faixa no seu cartão de aniversário.

Utilize menus contextuais

Menus contextuais são pequenos menus que contêm comandos e opções apropriados para elementos específicos na área de trabalho. Às vezes, são chamados de menus do "botão direito" (do mouse) ou menus de "atalho". Normalmente, os comandos em um menu contextual também estão disponíveis em outra área da interface do usuário, mas usar o menu contextual pode economizar tempo.

1 Selecione a ferramenta Zoom (🔍) e amplie a imagem para que consiga enxergar com clareza o terço inferior do cartão.

2 Selecione a ferramenta Rectangular Marquee (▭) no painel Tools.

A ferramenta Rectangular Marquee seleciona áreas retangulares. Você aprenderá mais sobre ferramentas de seleção na Lição 3, "Trabalhe com seleções".

3 Arraste a ferramenta Rectangular Marquee para criar uma seleção com cerca de 1,5cm de altura e 5cm de largura, terminando junto à borda direita do cartão. (Veja a ilustração abaixo.) Quando você arrasta a ferramenta, o Photoshop exibe a altura e a largura da área selecionada. Tudo bem se a sua seleção diferir um pouco da nossa.

 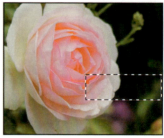

Áreas de seleção são mostradas por meio de linhas pontilhadas em movimento, às vezes chamadas de *formigas marchando*.

4 Selecione a ferramenta Brush (✏️) no painel Tools.

5 Na janela da imagem, dê um clique duplo (Windows) ou um Control-clique (Mac OS) em qualquer lugar da imagem para abrir o menu contextual da ferramenta Brush.

Obviamente, os menus contextuais variam conforme seu contexto, então o que aparece pode ser um menu de comandos ou um conjunto de opções na forma de painéis - o que acontece neste caso.

6 Selecione o primeiro pincel (Soft Round) e modifique o tamanho para **65** pixels.

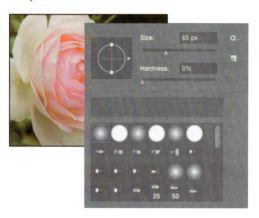

● **Nota:** Clicar em qualquer lugar na área de trabalho fecha o menu contextual.

7 Clique em qualquer lugar fora da seleção para fechar o painel.

8 Arraste o cursor ao longo da área selecionada até que ela fique toda pintada de azul. Não se preocupe em permanecer dentro da seleção; você não conseguirá afetar nada fora da seleção enquanto estiver pintando.

9 Quando a barra estiver preenchida com a cor, escolha Select > Deselect para que nada fique selecionado.

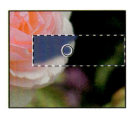  

A seleção desaparece, mas a barra azul permanece.

Selecione e utilize uma ferramenta oculta

O Photoshop tem muitas ferramentas que podem ser utilizadas para editar seus arquivos de imagem, mas é provável que você só trabalhe com algumas delas por vez. O painel Tools organiza algumas ferramentas em grupos, mostrando apenas uma por grupo, enquanto as outras permanecem ocultas atrás dessa ferramenta. Você utilizará a ferramenta Polygonal Lasso para remover uma fatia da barra colorida para que ela fique igual à faixa no alto do cartão.

Um pequeno triângulo no canto inferior direito de um botão indica que outras ferramentas estão disponíveis, mas ocultas sob a ferramenta mostrada no botão.

1 Posicione o cursor sobre a terceira ferramenta de cima para baixo no painel Tools até que a dica de ferramenta apareça. A dica identifica a ferramenta Lasso (), com o atalho de teclado L. Selecione essa ferramenta.

2 Selecione a ferramenta Polygonal Lasso (), que está oculta atrás da ferramenta Lasso, utilizando um dos métodos a seguir:

- Pressione e mantenha pressionado o botão do mouse sobre a ferramenta Lasso para abrir a lista pop-up de ferramentas ocultas e selecione a ferramenta Polygonal Lasso.

- Clique com a tecla Alt (Windows) ou a tecla Option (Mac OS) pressionadas no botão da ferramenta no painel Tools para examinar as ferramentas de lasso ocultas, até que a ferramenta Polygonal Lasso seja selecionada.

- Pressione Shift+L, que alterna entre as ferramentas Lasso, Polygonal Lasso e Magnetic Lasso.

Com a ferramenta Lasso, você pode desenhar seleções em qualquer formato; a ferramenta Polygonal Lasso facilita o desenho de seções com bordas retilíneas em fronteiras de seleção. Você aprenderá mais sobre ferramentas de seleção, sobre como fazer seleções e ajustar o conteúdo da seleção na Lição 3, "Trabalhe com seleções".

3 Mova o cursor sobre a borda esquerda da barra azul que você acabou de pintar. Clique à esquerda do canto superior esquerdo da barra para iniciar sua seleção. Você deve iniciar sua seleção assim que estiver fora da área colorida.

4 Mova o cursor para a direita cerca de 0,6cm e clique aproximadamente no meio da barra. Você está criando o primeiro lado de um triângulo. Não precisa ficar perfeito.

5 Clique à esquerda do canto inferior esquerdo da barra para criar o segundo lado do triângulo.

6 Clique no ponto onde você iniciou para finalizar o triângulo.

7 Pressione a tecla Delete para deletar a área selecionada da barra colorida, criando uma reentrância na sua faixa.

8 Escolha Select > Deselect para desfazer a seleção da área que você deletou.

A faixa está pronta. Agora você pode adicionar um nome ao seu cartão de aniversário.

Configure propriedades das ferramentas na barra de opções

A seguir, você usará a barra de opções para selecionar as propriedades de texto e digitar o nome desejado.

1 No painel Tools, selecione a ferramenta Horizontal Type (T).

Os botões e os menus na barra de opções agora estão relacionados à ferramenta Type.

2 Na barra de opções, selecione a fonte que você deseja no primeiro menu pop-up. (Nós utilizamos Minion Pro Italic, mas você pode utilizar outra fonte se preferir.)

3 Especifique **32 pt** para o tamanho da fonte.

Você pode especificar 32 pontos digitando diretamente na caixa do tamanho de fonte e pressionando Enter ou Return, ou deslizando pelo ícone de menu de tamanho de fonte. Também pode escolher um tamanho padronizado de fonte no menu pop-up de tamanho de fonte.

4 Clique uma vez em qualquer lugar do lado esquerdo da barra colorida e digite **Elaine**. Ou outro nome, se você preferir. Não se preocupe se o texto não ficar bem posicionado; você corrigirá seu enquadramento mais tarde.

▶ **Dica:** No Photoshop, é possível posicionar o cursor sobre a maioria dos nomes das configurações numéricas na barra de opções de ferramentas, em painéis e em caixas de diálogos para exibir um "controle deslizante". Arrastar o controle deslizante na forma de um dedo indicador para a direita aumenta o valor; arrastá-lo para a esquerda, diminui. Arrastar com a tecla Alt (Windows) ou Option (Mac OS) pressionadas altera os valores em incrementos menores; arrastar com a tecla Shift pressionada os altera em incrementos maiores.

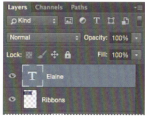

O texto tem a mesma cor da barra em que foi digitado. Você irá corrigir isso em seguida.

Utilize painéis e menus de painel

A cor do texto é a mesma que a da amostra Foreground Color no painel Tools, ou seja, a cor azul que você usou para pintar a barra. Você vai selecionar o texto e escolher outra cor a partir do painel Swatches.

1 Certifique-se de que a ferramenta Horizontal Type (T) está selecionada no painel Tools.

2 Arraste a ferramenta Horizontal Type sobre o texto para selecionar o nome inteiro.

3 Clique na aba Swatches para exibir este painel, caso ainda não esteja visível.

4 Selecione qualquer amostra de cor clara. (Nós selecionamos amarelo-pastel.)

● **Nota:** Ao movimentar o cursor sobre as amostras, ele temporariamente se transforma em um conta-gotas. Posicione a ponta do conta-gotas sobre a amostra que deseja e clique para selecioná-la.

A cor selecionada por você aparece em três lugares: como a cor de primeiro plano (Foreground Color) no painel Tools, na amostra de cores de texto na barra de opções e no texto que você selecionou na janela da imagem.

5 Selecione outra ferramenta no painel Tools, tal como a ferramenta Move (⊕), para desfazer a seleção de texto e ver a cor que ele ganhou.

Selecionar uma cor é muito fácil, embora haja outros métodos no Photoshop. Para este projeto, porém, você utilizará uma cor específica a fim de aplicá-la no texto da outra faixa. Fica mais fácil localizá-la alterando a exibição do painel Swatches.

6 Clique no botão de menu (‑≡) no painel Swatches para abrir o menu do painel, e escolha Small List.

7 Selecione a ferramenta Type e novamente o texto, como fez nos passos 1 e 2.
8 No painel Swatches, role para baixo mais ou menos até a metade da lista para localizar a amostra de cor Light Yellow Orange, selecionando-a em seguida.

9 Selecione a ferramenta Move (▸⊕) novamente para desfazer a seleção do texto.

Agora o texto aparece na cor laranja.

● **Nota:** Não selecione a ferramenta Move usando o atalho de teclado V, pois você está no modo de entrada de texto. Digitar V adicionará a letra ao seu texto na janela da imagem.

Desfaça ações no Photoshop

Em um mundo perfeito, você jamais cometeria erros. Você não clicaria no objeto errado. Sempre saberia como ações específicas dariam vida às suas ideias, exatamente como você imaginou. Você nunca teria de voltar atrás.

No mundo real, o Photoshop oferece o poder de voltar atrás e desfazer ações para que você possa tentar outras opções. Você pode experimentar livremente, sabendo que é possível reverter o processo.

Até mesmo iniciantes no uso do computador se acostumam rapidamente com o comando Undo. Ele permite que você dê um passo atrás. Neste caso, você retornará à cor clara que originalmente escolheu para o nome.

● **Nota:** O comando Undo não ficará disponível depois que você salvar suas alterações. No entanto, você ainda pode usar o comando Step Backward e o painel History (abordado na Lição 9), contanto que não tenha fechado o projeto desde que fez as alterações.

1 Escolha Edit > Undo Edit Type Layer, ou pressione Ctrl+Z (Windows) ou Command+Z (Mac OS) para desfazer a sua última ação.

O nome retorna à sua cor anterior.

2 Escolha Edit > Redo Edit Type Layer, ou pressione Ctrl+Z (Windows) ou Command+Z (Mac OS) para reaplicar a cor laranja ao nome.

Undo reverte o último passo.   Redo restaura o passo desfeito.

O comando Undo só desfaz um passo. Isso é bastante prático, já que os arquivos do Photoshop podem ser bem pesados, e manter vários passos de Undo pode exigir uma grande quantidade de memória, o que tende a reduzir o desempenho. Se você pressionar Ctrl+Z ou Command+Z de novo, o Photoshop restaura o passo que você removeu inicialmente.

Para desfazer ou restaurar vários passos, você pode usar os comandos Step Backward e Step Forward (no menu Edit).

3 Depois que o nome voltar à cor que você deseja, use a ferramenta Move para arrastá-lo e centralizá-lo na barra azul.

4 Salve o arquivo. O seu cartão de aniversário está pronto!

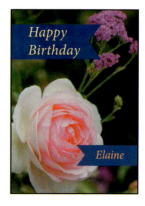

Mais sobre painéis e localização de painéis

Os painéis do Photoshop são poderosos e variados. Raramente você precisará ver todos os painéis ao mesmo tempo; é por isso que eles estão em grupos de painéis, e é por isso também que as configurações padrão deixam alguns painéis fechados.

A lista completa de painéis aparece no menu Window, com marcas de seleção organizadas ao lado dos nomes dos painéis que ficam abertos e ativos em seus respectivos grupos. Você pode abrir ou fechar um painel selecionando o nome do painel no menu Window.

Também pode ocultar todos os painéis de uma só vez – incluindo a barra de opções e o painel Tools – pressionando a tecla Tab. Para reabri-los, pressione Tab novamente.

Você já utilizou painéis, quando fez uso dos painéis Layers e Swatches. Você pode arrastar painéis para dentro ou a partir do encaixe de painel. Isso é conveniente para painéis grandes ou para aqueles que você só utiliza ocasionalmente, mas quer manter disponíveis.

● **Nota:** Se os painéis estiverem ocultos, uma faixa estreita e semitransparente permanecerá visível na borda do documento. Quando o cursor do mouse é posicionado sobre essa faixa, seus conteúdos são exibidos.

Você também pode organizar os painéis de outras maneiras:

- Para mover um grupo inteiro de painéis, arraste a barra de título para outro local na área de trabalho.
- Para mover um painel para outro grupo de painéis, arraste a aba do painel para este grupo até que um destaque em azul apareça dentro do grupo e, em seguida, solte o botão do mouse.

- Para encaixar um painel ou grupo de painéis, arraste a barra de título ou a aba do painel até a parte superior do encaixe.

  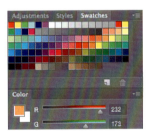

- Para desencaixar um painel ou grupo de painéis, para que se torne um painel ou grupo de painéis flutuante, arraste sua barra de título ou sua aba para longe do encaixe.

Expanda e recolha painéis

Você pode redimensionar painéis para usar o espaço de tela de maneira mais eficiente e ver menos ou mais opções de painéis, arrastando ou clicando para alternar entre tamanhos predefinidos:

- Para recolher os painéis abertos e deixá-los em ícones, clique nas setas duplas na barra de título do encaixe ou grupo de painéis. Para expandir um painel, clique no seu ícone ou na seta dupla.

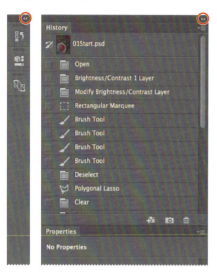

- Para alterar a altura de um painel, arraste seu canto inferior direito.
- Para alterar a largura do encaixe, posicione o cursor junto à borda esquerda do encaixe até que ele se torne uma seta de ponta dupla, e então arraste-a para a esquerda, a fim de alargar o encaixe, ou para a direita a fim de estreitá-lo.
- Para redimensionar um painel flutuante, mova o cursor sobre a borda direita, esquerda ou inferior do painel até que ele se torne uma seta de ponta dupla, e então arraste a borda para dentro ou para fora. Você também pode arrastar o canto inferior direito para dentro ou para fora.

● **Nota:** Você pode recolher, mas não redimensionar, os painéis Character e Paragraph.

- Para recolher um grupo de painéis de modo que apenas a barra de título do encaixe e as abas permaneçam visíveis, dê um clique duplo na aba de um painel ou na barra de título do painel. Dê um clique duplo novamente para restaurá-la para a visão expandida. Você pode abrir o menu de painel mesmo quando o painel estiver recolhido.

Observe que as abas dos painéis no grupo de painéis e o botão do menu de painel permanecem visíveis depois que você oculta um painel.

Observações especiais sobre o painel Tools e a barra de opções

O painel Tools e a barra de opções compartilham algumas características com outros painéis:

- Você pode arrastar o painel Tools por sua barra superior até um local diferente na área de trabalho. Pode mover a barra de opções para outro local, arrastando a barra no canto esquerdo do painel.

- Você pode ocultar o painel Tools e a barra de opções.

No entanto, há outros painéis que não estão disponíveis ou que não se aplicam ao painel Tools ou à barra de opções:

- Não é possível agrupar o painel Tools ou a barra de opções com outros painéis.

- Não é possível redimensionar o painel Tools nem a barra de opções.

- Não é possível empilhar o painel Tools ou a barra de opções no encaixe de painel.

- O painel Tools e a barra de opções não têm menus de painel.

Localize recursos para usar o Photoshop

Os recursos a seguir podem ajudá-lo a levar suas explorações ainda mais longe, responder suas dúvidas e resolver quaisquer problemas que encontre ao trabalhar com seus próprios projetos:

Adobe Photoshop Help and Support: https://helpx.adobe.com/photoshop. html é onde você pode encontrar e pesquisar conteúdo de Help and Support em Adobe.com.

Adobe Creative Cloud Learn & Support: https://helpx.adobe.com/support. html oferece inspiração, técnicas-chave, fluxos de trabalho interprodutos e atualizações sobre novos recursos.

Adobe Forums: https://forums.adobe.com/welcome permite que você participe de discussões entre usuários, faça perguntas e encontre respostas sobre produtos da Adobe.

Altere as configurações de interface

Por padrão, os painéis, caixas de diálogo e o fundo no Photoshop são escuros. Você pode clarear a interface ou fazer outras alterações na caixa de diálogo Photoshop Preferences:

1 Escolha Edit > Preferences > Interface (Windows) ou Photoshop CC > Preferences > Interface (Mac OS).
2 Selecione um esquema de cor diferente ou faça outras alterações.

Quando você seleciona um tema diferente, pode ver as alterações imediatamente. Você também pode selecionar cores específicas para diferentes modos de tela e alterar outras configurações de interface nesta caixa de diálogo.

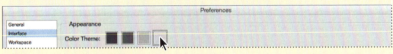

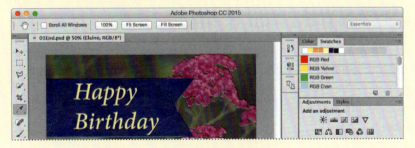

3 Quando estiver satisfeito com as alterações, clique em OK.

Perguntas de revisão

1 Descreva dois tipos de imagens que podem ser abertas no Photoshop.

2 Como selecionar ferramentas no Photoshop?

3 Descreva duas maneiras de aumentar ou diminuir o zoom de uma imagem.

4 Quais são as duas maneiras de obter informações adicionais sobre o Photoshop?

Respostas

1 Você pode digitalizar uma fotografia, transparência, negativo ou elemento gráfico no programa; capturar uma imagem de vídeo digital; ou importar uma arte criada em um programa de desenho. Você também pode importar fotos digitais.

2 Clique em uma ferramenta no painel Tools ou pressione o atalho de teclado da ferramenta. Uma ferramenta selecionada permanece ativa até que você selecione outra ferramenta. Para selecionar uma ferramenta oculta, use um atalho de teclado para alternar entre as ferramentas ou clique e pressione sobre a ferramenta no painel Tools para abrir um menu pop-up das ferramentas ocultas.

3 Escolha os comandos no menu View para ampliar, reduzir ou ajustar uma imagem na tela, ou utilize as ferramentas de zoom e clique ou arraste na imagem para ampliar ou reduzir a visualização. Você também pode utilizar atalhos de teclado ou o painel Navigator para controlar a exibição de uma imagem.

4 O sistema Photoshop Help inclui informações completas sobre os recursos do Photoshop, bem como atalhos de teclado, tópicos baseados em tarefa e ilustrações. O Creative Cloud Learn oferece inspiração, técnicas-chave, fluxos de trabalho interprodutos e atualizações sobre novos recursos.

2 CORREÇÕES BÁSICAS DE FOTOGRAFIAS

Visão geral da lição

Nesta lição, você vai aprender a:

- Entender a resolução e o tamanho de uma imagem.
- Visualizar e acessar arquivos no Adobe Bridge.
- Alinhar e cortar uma imagem.
- Ajustar o intervalo tonal de uma imagem.
- Utilizar a ferramenta Spot Healing Brush para reparar parte de uma imagem.
- Utilizar a ferramenta Patch, sensível ao conteúdo, para remover ou substituir objetos.
- Utilizar a ferramenta Clone Stamp para retocar certas áreas.
- Remover artefatos digitais de uma imagem.
- Aplicar o filtro Smart Sharpen para concluir o retoque de fotos.

Esta lição levará aproximadamente 1 hora para ser concluída. Faça download dos arquivos de projeto Lesson02 a partir da página do livro no site www.grupoa.com.br, caso ainda não tenha feito isso. Ao trabalhar nesta lição, você preservará os arquivos iniciais. Se precisar restaurá-los, você pode baixá-los novamente a partir do site.

PROJETO: RESTAURAÇÃO DE FOTOGRAFIA ANTIGA

O Photoshop inclui uma variedade de ferramentas e comandos para melhorar a qualidade de uma imagem fotográfica. Esta lição mostrará como obter, redimensionar e retocar relíquias fotográficas.

Estratégia de retoque

> **Nota:** Nesta lição, você retocará uma imagem usando apenas o Photoshop. Para outras imagens, pode ser mais eficiente trabalhar no Adobe Camera Raw, que é instalado com o Photoshop. Você aprenderá sobre as ferramentas que o Camera Raw tem a oferecer na Lição 12.

A quantidade de retoque aplicada depende da imagem na qual você está trabalhando e de seus objetivos para ela. Em muitos casos, você talvez só precise alterar a resolução, deixar a imagem mais leve ou reparar uma mancha sutil. Em outros, talvez precise realizar diversas tarefas e empregar filtros mais avançados.

Organize uma sequência eficiente de tarefas

A maioria dos procedimentos de retoque segue esses passos gerais, embora nem toda tarefa possa ser necessária em todos os projetos:

- Duplicar a imagem original ou a digitalização; trabalhar em uma cópia do arquivo de imagem facilita a recuperação do original mais tarde, se necessário
- Verificar se a resolução é apropriada para o uso que se fará da imagem
- Cortar a imagem para o tamanho e orientação finais
- Remover qualquer invasão de cor
- Ajustar o contraste geral ou o intervalo tonal da imagem
- Corrigir defeitos na digitalização de fotografias danificadas (como rasgos, pó ou manchas)
- Ajustar a cor e o tom em partes específicas da imagem a fim de ressaltar altas-luzes, meios-tons, sombras e cores dessaturadas
- Dar maior nitidez ao foco geral da imagem

Dependendo do projeto, a ordem dessas tarefas pode variar, mas você sempre deve começar pela duplicação da imagem e pelo ajuste de sua resolução. Além disso, o ajuste da nitidez geralmente deve ser sua etapa final. Para outras tarefas, analise seu projeto e planeje-se de acordo, para que os resultados de um processo não causem alterações indesejadas em outros aspectos da imagem, obrigando-o a refazer parte do trabalho.

Ajuste seu processo para os usos pretendidos

As técnicas de retoque que você aplica em uma imagem dependem em parte de como você a utilizará. Seja a imagem concebida para publicação em preto e branco em papel-jornal, seja para distribuição colorida online, o meio de distribuição afeta todos os aspectos desde a resolução da digitalização inicial até o tipo de intervalo tonal e correção de cor que a imagem requer. O Photoshop suporta o modo de cor CMYK para preparar uma imagem a ser impressa usando cores de processo, bem como RGB e outros modos de cor para criação de conteúdo Web e de dispositivos móveis.

Resolução e tamanho da imagem

O primeiro passo ao retocar uma fotografia no Photoshop é certificar-se de que a imagem tem a resolução correta. O termo *resolução* refere-se ao número de pequenos quadrados, conhecidos como *pixels*, que compõem uma imagem e estabelecem seus detalhes. A resolução é determinada pelas *dimensões em pixels*, ou o número de pixels ao longo da largura e da altura de uma imagem.

● **Nota:** Para determinar a resolução de imagem necessária para uma fotografia que você planeja imprimir, obedeça à seguinte regra básica no uso de computador para imagens coloridas ou em escala de cinza voltadas para impressão em grandes impressoras comerciais: digitalize a uma resolução de 1,5 ou 2 vezes a linhatura utilizada pela gráfica. Por exemplo: se a imagem será impressa usando-se uma linhatura de 133 lpi, digitalize a imagem a 200 ppi (133x1,5).

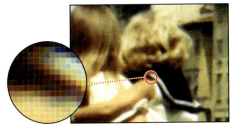

Pixels em uma fotografia

Em imagens gráficas computadorizadas, há diferentes tipos de resolução:

O número de pixels por unidade de comprimento em uma imagem é chamado de *resolução da imagem*, geralmente medido em pixels por polegadas (ppi). Uma imagem com alta resolução possui mais pixels (e, portanto, maior tamanho de arquivo) do que uma imagem com as mesmas dimensões com uma baixa resolução. Imagens no Photoshop podem variar de alta resolução (300 ppi ou mais) a baixa resolução (72 ou 96 ppi).

O número de pixels por unidade de comprimento em um monitor é chamado de *resolução de monitor*, e também costuma ser medido em pixels por polegadas (ppi). Os pixels de uma imagem são convertidos diretamente em pixels de monitor. No Photoshop, se a resolução da imagem for mais alta do que a resolução do monitor, a imagem aparece maior na tela do que suas dimensões de impressão especificadas. Ao exibir, por exemplo, uma imagem de 1x1 polegada com 144 ppi em um monitor de 72 ppi, a imagem preenche uma área de 2x2 polegadas na tela.

● **Nota:** É importante entender o significado de "visualização 100%" quando você trabalha na tela. Em 100%, um pixel de imagem = um pixel de monitor. A menos que a resolução da sua imagem seja exatamente a mesma que a do monitor, o tamanho da imagem na tela (em polegadas, por exemplo) poderá ser maior ou menor que o tamanho da imagem quando ela for impressa.

7x7 polegadas a 72 ppi; tamanho do arquivo 744,2KB visualização 100% na tela

7x7 polegadas a 200 ppi; tamanho do arquivo 5,61MB visualização 100% na tela

O número de pontos de tinta por polegada (dpi) produzido por uma platesetter ou impressora a laser é a resolução, ou saída, da impressora. A saída de imagens de maior resolução em impressoras de maior resolução geralmente produz uma qualidade melhor. A resolução apropriada para uma imagem impressa é determinada tanto pela resolução da impressora quanto pela linhatura, ou linhas por polegada, das telas de meio-tom utilizadas para produzir as imagens.

Tenha em mente que, quanto mais alta a resolução da imagem, maior o tamanho do arquivo e maior o tempo de download do arquivo na Web.

Para mais informações sobre resolução e tamanho de imagem, consulte o Photoshop Help.

Abra um arquivo com o Adobe Bridge

Neste livro, você vai trabalhar com diferentes arquivos iniciais em cada lição. É possível criar cópias desses arquivos e salvá-las com nomes ou em locais diferentes, ou trabalhar diretamente nos arquivos iniciais originais e, então, baixá-los novamente do site se quiser um novo ponto de partida.

Nesta lição, você irá retocar uma digitalização de uma fotografia vintage danificada e desbotada para que possa ser compartilhada e impressa. A imagem final terá o tamanho de 7x7 polegadas.

● **Nota:** Se o Bridge não estiver instalado, você precisará instalá-lo a partir da Adobe Creative Cloud. Para mais informações, veja a página 2.

Na Lição 1, você utilizou o comando Open para abrir um arquivo. Nesta lição, você começará comparando a digitalização original com a imagem finalizada no Adobe Bridge, um navegador visual de arquivos que ajuda a localizar o arquivo de imagem que você precisa.

1 Inicie o Photoshop e então imediatamente pressione Ctrl+Alt+Shift (Windows) ou Command+Option+Shift (Mac OS) para redefinir as configurações padrão.

2 Quando solicitado, clique em Yes para confirmar que deseja excluir o arquivo de configurações do Adobe Photoshop (Adobe Photoshop Settings).

3 Escolha File > Browse In Bridge. Se for solicitado ativar a extensão do Photoshop no Bridge, clique em OK.

O Adobe Bridge abre, exibindo uma série de painéis, menus e botões.

4 Selecione a aba Folders no canto superior esquerdo e, em seguida, vá para a pasta Lessons que você baixou no seu disco rígido, de modo que as lições apareçam no painel Content.

5 Com a pasta Lessons ainda selecionada no painel Folders, escolha File > Add To Favorites.

Ao incluir no painel Favorites aqueles arquivos, pastas, ícones de aplicativos e outros atalhos que você usa frequentemente, é possível acessá-los com mais agilidade.

6 Selecione a aba Favorites para abrir o painel e clique na pasta Lessons para abri-la. Em seguida, no painel Content, dê um clique duplo na pasta Lesson02.

Visualizações em miniatura dos conteúdos da pasta aparecem no painel Content.

7 Compare os arquivos 02Start.tif e 02End.psd. Para ampliar as miniaturas no painel Content, arraste para a direita o controle deslizante de miniaturas na parte de baixo da janela Bridge.

No arquivo 02Start.tif, repare que a imagem está enviesada, as cores estão relativamente desbotadas e a imagem tem uma invasão de cor verde e uma dobra chamativa. Você corrigirá esses problemas nesta lição, além de outros. Você começará cortando e alinhando a imagem.

8 Dê um clique duplo na miniatura 02Start.tif para abrir o arquivo no Photoshop. Clique em OK se a caixa de diálogo Embedded Profile Mismatch aparecer.

9 No Photoshop, escolha File > Save As. Escolha Photoshop no menu Format, e dê o nome de **02Working.psd** ao arquivo. Em seguida, clique em Save.

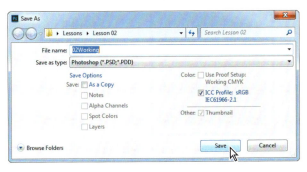

Alinhe e corte a imagem no Photoshop

▶ **Dica:** Desabilite a opção Delete Cropped Pixels caso você deseje cortar de forma não destrutiva, para poder revisar o corte mais tarde.

Você usará a ferramenta Crop para endireitar, aparar e redimensionar a fotografia. Você pode usar a ferramenta Crop ou o comando Crop para cortar uma imagem. Por padrão, qualquer corte acaba deletando os pixels cortados.

1 No painel Tools, selecione a ferramenta Crop (⌼).

Alças de corte aparecem, e uma *demarcação de corte* cobre a área fora da seleção de corte.

2 Na barra de opções, escolha W x H x Resolution no menu Preset Aspect Ratio. (Ratio é o valor padrão.)

3 Na barra de opções, digite **7 in** (polegadas) para a largura, **7 in** para a altura e **200** px/in para a resolução. Uma grade de corte aparece.

Primeiro, comece endireitando a imagem.

4 Clique em Straighten na barra de opções. O ponteiro toma a forma da ferramenta Straighten.

5 Clique no canto superior da foto, pressione o botão do mouse enquanto arrasta uma linha reta ao longo da borda superior, e depois solte.

O Photoshop endireita a imagem, de modo que a linha que você desenhou fique paralela à parte superior da área da imagem. Você desenhou uma linha na parte superior da fotografia, mas qualquer linha que defina o eixo vertical ou horizontal da imagem vai funcionar.

Agora, você vai aparar a borda branca e dimensionar a imagem.

6 Arraste os cantos da grade de corte em direção à própria foto para cortar a borda branca. Se você precisar ajustar a posição da foto, clique nela e arraste-a dentro da grade de corte.

7 Pressione Enter ou Return para aceitar o corte.

Agora a imagem está cortada, ocupando toda a área da janela da imagem, assim como alinhada, dimensionada e posicionada de acordo com as suas especificações.

▶ **Dica:** Você pode escolher Image > Trim para descartar uma área de borda fora do contorno da imagem com base na transparência ou na cor do contorno.

▶ **Dica:** Para endireitar rapidamente uma imagem e cortar o fundo escaneado, escolha File > Automate > Crop And Straighten Photos.

8 Para ver as dimensões da imagem, escolha Document Dimensions a partir do menu pop-up na parte de baixo da janela do aplicativo.

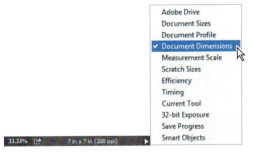

9 Escolha File > Save para salvar seu trabalho. Clique em OK se aparecer a caixa de diálogo Photoshop Format Options.

Ajuste a cor e o tom

Você utilizará camadas de ajuste do tipo Curves e Levels para remover invasão de cor e para ajustar a cor e o tom da imagem. Não se deixe intimidar pelas opções de Curves ou Levels. Você trabalhará mais com elas em outras lições; por ora, você vai utilizar suas ferramentas para aumentar o brilho e ajustar o tom da imagem de maneira mais rápida.

1 Clique em Curves no painel Adjustments e adicione uma camada de ajuste Curves.

2 Selecione a ferramenta White Point no lado esquerdo do painel Properties.

 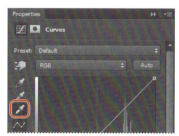

Quando um ponto branco (*white point*) é especificado, todas as cores na imagem são alteradas. O ponto branco é a cor que o Photoshop define como branco puro, e ajusta todas as outras cores de acordo com isso. Para configurar um ponto branco adequado, selecione uma área branca na imagem.

3 Clique em uma faixa branca no vestido da menina.

O tom da cor da imagem se modifica radicalmente. Você pode clicar em diferentes áreas brancas, como no vestido de marinheiro da criança, em uma faixa do vestido da mulher ou na meia da menina, para ver como cada seleção altera a cor.

Em algumas imagens, basta ajustar o ponto branco para remover uma invasão de cor e corrigir o tom da imagem. Aqui, selecionar o ponto branco é um bom começo. Você utilizará a camada de ajuste Levels para fazer a sintonia fina do tom.

4 Clique em Levels no painel Adjustments e adicione uma camada de ajuste Levels.

O histograma Levels (Níveis) no painel Properties exibe uma gama de valores claros e escuros na imagem. Você aprenderá mais sobre o trabalho com níveis mais adiante. Neste momento, você só precisa saber que o triângulo à esquerda representa o ponto preto (o ponto que o Photoshop define como o mais escuro na imagem), o triângulo à direita representa o ponto branco (o mais claro na imagem) e o triângulo do meio representa os meios-tons.

5 Arraste para a direita o triângulo à esquerda (pretos) sob o histograma, onde os pretos estão mais pronunciados. Nosso valor foi **15**.

6 Arraste o triângulo do meio um pouco para a direita para ajustar os meios-tons. Nosso valor foi **0,90**.

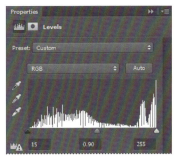

Agora que você ajustou a cor, vai achatar a imagem para facilitar seu trabalho enquanto a retoca. Quando uma imagem é achatada, suas camadas são fundidas. Depois que você achata uma imagem, não é mais possível editar as camadas individualmente, mas o arquivo fica menor, e você pode alterá-la por inteiro de uma só vez.

7 Escolha Layer > Flatten Image.

As camadas de ajuste se fundem com a camada Background.

Como proprietário da Gawain Weaver Art Conservation, Gawain Weaver trabalha na conservação e restauração de obras de artistas que vão de Eadweard Muybridge a Man Ray, e de Ansel Adams a Cindy Sherman. Ele ministra workshops internacionalmente, presenciais e online, a respeito do cuidado e da identificação de fotografias.

Descubra mais em gawainweaver.com.

Restauração fotográfica no mundo real

As ferramentas no Photoshop fazem parecer mágica a restauração de fotografias danificadas, proporcionando a quase todo mundo o poder de digitalizar, retocar, imprimir e enquadrar suas coleções de fotos.

No entanto, ao lidar com obras de artistas famosos, os museus, galerias e colecionadores precisam preservar objetos originais o máximo possível contra a deterioração ou danos acidentais. Conservadores de arte profissionais são convocados para limpar poeira e sujeira de superfícies impressas, remover descoloração e manchas, estabilizar impressões para prevenir dano futuro e até mesmo pintar áreas lacunares de uma obra.

Carleton E. Watkins, Nevada Fall, 700 FT, Yosemite Valley, CA, imensa impressão em papel albuminado, 155/8"x203/4". Esta impressão foi removida de seu quadro para remoção de manchas, sendo enquadrada novamente.

"A conservação de fotografias é tanto uma ciência quanto uma arte", afirma Weaver. "Devemos aplicar o que sabemos sobre a química da fotografia, sua apresentação e quaisquer vernizes ou outros revestimentos a fim de limpar, preservar e aprimorar com segurança a imagem. Como não podemos 'desfazer' rapidamente uma etapa de um tratamento de conservação, precisamos sempre avançar com grande cautela e respeito pela fragilidade do objeto fotográfico, quer seja uma impressão de 160 anos atrás em papel a sal da Notre Dame quer seja uma impressão dos anos 1970 em papel de gelatina e prata do pico Half Dome."

LIÇÃO 2 | 41
Correções básicas de fotografias

Muitas das ferramentas manuais de um conservador de arte têm versões digitais análogas no Photoshop:

 Um conservador de arte pode lavar uma fotografia para remover os componentes descoloridos do papel, ou mesmo usar um processo brando de branqueamento conhecido como branqueamento luminoso (*light-bleaching*) para oxidar e remover os componentes coloridos de uma mancha ou a descoloração em geral. No Photoshop, você pode usar uma camada de ajuste do tipo Curves para remover a invasão de cor de uma imagem.

 Um conservador trabalhando com uma fotografia artística pode usar tintas especiais e finíssimos pincéis para "preencher" áreas danificadas de uma fotografia. Da mesma forma, você pode usar o Spot Healing Brush no Photoshop para encontrar ciscos de poeira ou sujeira em uma imagem digitalizada.

 Um conservador pode usar papéis japoneses e pasta de amido de trigo para reparar e reconstruir cuidadosamente rasgos em papel antes de finalizar o reparo com um preenchimento habilidoso. No Photoshop, você pode remover uma marca de dobra ou reparar um rasgo em uma imagem digitalizada com alguns cliques na ferramenta Clone.

Um agente fixador foi aplicado na assinatura do artista com um pequeno pincel a fim de proteger a área para quando o quadro for lavado.

"Embora nosso trabalho sempre tenha sido voltado, acima de tudo, para a preservação e a restauração do objeto fotográfico original, há ocasiões, em especial com fotografias de famílias, em que o uso do Photoshop é mais apropriado", afirma Weaver. "Resultados mais drásticos podem ser alcançados em menos tempo. Depois da digitalização, a impressão original pode ser armazenada em segurança, enquanto a versão digital pode ser copiada ou impressa para muitos membros da família. Muitas vezes, primeiro limpamos ou expomos esse tipo de fotografia para revelar o máximo possível, e com segurança, a imagem original, e só então reparamos a descoloração, as manchas e os rasgos restantes no computador, após a digitalização."

Utilize a ferramenta Spot Healing Brush

● **Nota:** A ferramenta Healing Brush funciona de modo semelhante à ferramenta Spot Healing Brush, exceto pelo fato de exigir que uma amostragem dos pixels de origem seja feita antes de retocar uma área.

A próxima tarefa é remover a marca de dobra na foto. Você utilizará a ferramenta Spot Healing Brush para apagar a dobra. Enquanto faz isso, você aproveitará para usá-la na correção de outros problemas.

A ferramenta Spot Healing Brush remove rapidamente manchas e outras imperfeições. Ela pinta com pixels obtidos de uma amostra ao redor da área retocada e compara a textura, a iluminação, a transparência e o sombreamento dos pixels obtidos da amostra com os pixels sendo corrigidos.

O Spot Healing Brush é excelente para retocar manchas em retratos, mas também funciona bem sempre que há uma aparência uniforme perto das áreas que você deseja retocar.

1. Amplie para ver a marca de dobra claramente.
2. No painel Tools, selecione a ferramenta Spot Healing Brush (✐).
3. Na barra de opções, abra o painel pop-up Brush e especifique um pincel duro a **100%** com cerca de **25** pixels de diâmetro. Certifique-se de que o item Content-Aware está selecionado na barra de opções.
4. Na janela da imagem, arraste o Spot Healing Brush desde o alto da dobra. Você provavelmente conseguirá corrigir a dobra inteira com quatro ou seis boas pinceladas para baixo. À medida que você arrasta, o traço aparece preto, mas, quando você solta o botão do mouse, a área pintada é "reparada".

5. Amplie para ver o cisco branco no canto superior direito da imagem. Em seguida, selecione a Spot Healing Brush novamente e pinte sobre o cisco.

6 Diminua o zoom, se necessário, para ver todo o céu. Depois, clique na Spot Healing Brush sempre que encontrar áreas escuras que deseja reparar.

7 Salve o seu trabalho até aqui.

Aplique uma correção sensível ao conteúdo

Utilize a ferramenta Patch para remover elementos indesejados de uma imagem. Você utilizará uma correção sensível ao conteúdo (*content-aware*) para remover uma pessoa não relacionada do lado direito da foto. No modo Content-Aware, a ferramenta Patch cria uma fusão quase imperceptível com o conteúdo ao redor.

1 No painel Tools, selecione a ferramenta Patch ( ), oculta sob a ferramenta Spot Healing Brush ( ).

2 Na barra de opções, escolha Content-Aware no menu Patch, e certifique-se de que o item Sample All Layers está selecionado. Digite **4** no controle deslizante Structure.

O menu Structure determina o grau de semelhança da correção com relação aos padrões existentes da imagem. Você pode escolher de 1 a 7, sendo 1 a observância mais vaga em relação à estrutura-fonte e 7 a mais rigorosa.

3 Arraste a ferramenta Patch em torno do garoto e de sua sombra, seguindo seu contorno o mais próximo possível. Talvez precise ampliar a imagem para enxergá-lo mais claramente.

4 Clique dentro da área que você acabou de selecionar, e arraste-a para a esquerda. O Photoshop exibe uma prévia do conteúdo que substituirá o garoto. Siga arrastando para a esquerda até que a área de exibição prévia não esteja mais sobreposta pela área ocupada pelo garoto, mas sem que ela se sobreponha à mulher ou à menina em seu colo. Solte o botão do mouse quando a área selecionada estiver onde você deseja.

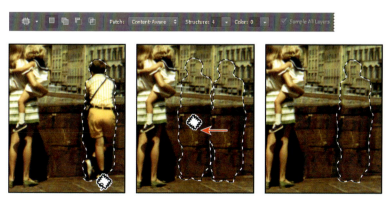

A seleção se modifica para corresponder à área ao seu redor. O garoto desapareceu, e, no local onde ele se encontrava, aparece agora o muro de pedra e um prédio.

5 Escolha Select > Deselect.

O efeito ficou bastante impressionante, mas não perfeito. Você retocará os resultados a seguir.

Corrija áreas com a ferramenta Clone Stamp

A ferramenta Clone Stamp utiliza os pixels de uma área da imagem para substituir os pixels em outra área. Ao usar esta ferramenta, você pode remover objetos indesejáveis das suas imagens, e também preencher áreas ausentes nas fotografias que você digitaliza a partir de originais danificados.

Você utilizará a ferramenta Clone Stamp para suavizar algumas irregularidades no alto do muro da ponte e nas janelas do prédio ao fundo.

1 Selecione a ferramenta Clone Stamp (⚒) no painel Tools, e selecione um pincel de **60** px a **30**% de rigidez. Certifique-se de que a opção Aligned está selecionada.

2 Mova a ferramenta Clone Stamp até uma área em que o alto do muro da ponte esteja suave. Esta é a área que você deve copiar para suavizar a área que foi corrigida previamente.

3 Com a tecla Alt (Windows) ou a tecla Option (Mac OS) pressionada, clique para definir uma amostra dessa parte da imagem. (Quando você pressiona Alt ou Option, o cursor aparece como um alvo.)

4 Arraste a ferramenta Clone Stamp pelo alto do muro da ponte na área corrigida para uniformizá-la, e depois solte o botão do mouse.

Toda vez que você clica na ferramenta Clone Stamp, ela recomeça com um novo ponto de origem, na mesma relação do primeiro traço que você criou com a ferramenta. Ou seja, se você começar a pintar mais à direita, ela vai capturar amostras de pedra que estão mais à direita em vez de continuar com a amostra do ponto de origem. Isso ocorre porque a opção Aligned está selecionada na barra de opções. Desabilite a opção Aligned se quiser iniciar do mesmo ponto de origem.

LIÇÃO 2 | **45**
Correções básicas de fotografias

5 Selecione um ponto de origem em que a parte de baixo do muro de pedra é uniforme, e depois arraste a ferramenta Clone Stamp pela região da base do muro que você corrigiu anteriormente.

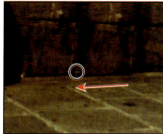

6 Selecione um pincel mais fino e desabilite a opção Aligned. Em seguida, selecione um ponto de origem nas janelas mais à direita na fileira de baixo do prédio que foi preenchido. Clique ao lado para criar janelas precisas ali.

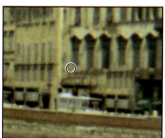

7 Repita o passo 6 para fazer quaisquer ajustes que deseje aplicar na área inferior do prédio e junto ao muro próximo a ela.

8 Se quiser, você pode usar um pincel mais fino para retocar as pedras na porção corrigida do muro.

9 Salve seu trabalho.

Ajuste a nitidez

A última tarefa que você pode fazer ao retocar uma foto é ajustar a nitidez da imagem. Há diversas maneiras de ajustar a nitidez de uma imagem no Photoshop, mas o filtro Smart Sharpen é a que oferece o maior controle. Como o ajuste da nitidez pode ressaltar artefatos (manchas, poeira, arranhões, etc.), primeiro você vai removê-los.

1 Dê um zoom de cerca de **400**% para ver claramente a camiseta do garoto. Os pontos coloridos que você vê são artefatos do processo de digitalização.

2 Escolha Filter > Noise > Dust & Scratches.

3 Na caixa de diálogo Dust & Scratches, deixe as configurações padrão com um Radius de **1** pixel e o Threshold em **0**, e clique em OK.

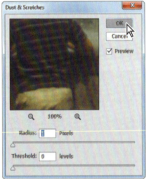

O valor Threshold determina o quanto os pixels tem de ser dissimilares a ponto de serem eliminados. O valor Radius determina o tamanho de uma área vasculhada na busca por pixels dissimilares. Os valores padrão são ótimos para pequenos pontos coloridos como os que aparecem nesta imagem.

Agora que os artefatos sumiram, você pode aumentar a nitidez da imagem.

4 Escolha Filter > Sharpen > Smart Sharpen.

5 Na caixa de diálogo Smart Sharpen, certifique-se de que a opção Preview está selecionada, para que você possa ver o efeito das configurações que ajustar na janela da imagem.

Você pode arrastar a parte de dentro da janela de visualização prévia na caixa de diálogo para ver partes diferentes da imagem, ou usar os botões de soma e subtração abaixo da miniatura aumentar e diminuir o zoom.

6 Certifique-se de que a opção Lens Blur está selecionada no menu Remove.

Você pode optar por remover Lens Blur (Borrão de Lente), Gaussian Blur (Borrão Gaussiano) ou Motion Blur (Borrão de Movimento) na caixa de diálogo Smart Sharpen. Lens Blur oferece uma nitidez de detalhes mais fina e menos halos resultantes do ajuste de nitidez. Gaussian Blur aumenta o contraste ao longo das bordas de uma imagem.

Motion Blur reduz os efeitos de borrão resultantes de movimento da câmera ou do tema quando a foto foi capturada.

7 Arraste o controle deslizante Amount até cerca de **60**% para aumentar a nitidez da imagem.

8 Arraste o controle deslizante Radius até cerca de **1,5**.

O valor Radius determina o número de pixels ao redor dos pixels de borda que afetam a nitidez. Quanto maior a resolução, mais alta a configuração de Radius que você deve usar.

9 Quando você estiver satisfeito com os resultados, clique em OK para aplicar o filtro Smart Sharpen.

10 Escolha File > Save e depois feche o arquivo do projeto. Sua imagem está pronta para ser compartilhada ou impressa!

Extras

Converta uma imagem colorida em preto e branco

No Photoshop, é possível obter resultados excelentes ao converter uma imagem colorida em preto e branco (com ou sem um matiz).

1. Escolha File > Open e navegue até o arquivo bike.tif na pasta Lesson02. Clique em Open.
2. No painel Adjustments, clique no botão Black & White para adicionar uma camada de ajuste Black & White.

3. Ajuste as barras deslizantes de cores para alterar a saturação dos canais de cores. Você também pode fazer experiências com opções do menu de predefinições, como Darker ou Infrared. Ou selecione a ferramenta no canto superior esquerdo do painel Adjustments, posicione-a sobre uma área que você deseja ajustar e arraste horizontalmente para clarear ou escurecer a cor em todas as áreas em que ela aparece na imagem. (Nós escurecemos a bicicleta em si e clareamos as áreas de plano de fundo.)
4. Se você quiser colorir a foto inteira com um único matiz, selecione Tint. Em seguida, clique na amostra de cor e selecione uma cor de matiz (nós usamos R = 227, G=209, B=198).

Perguntas de revisão

1 O que significa *resolução*?

2 O que faz a ferramenta Crop?

3 Como você pode ajustar o tom e a cor de uma imagem no Photoshop?

4 Quais ferramentas você pode utilizar para remover manchas em uma imagem?

5 Como você pode remover artefatos digitais, como pixels coloridos, de uma imagem?

Respostas

1 O termo *resolução* refere-se ao número de pixels que compõem uma imagem e estabelece seus detalhes. As *resoluções de imagem* e *de monitor* são medidas em pixels por polegada (ppi). A *resolução de impressora*, ou *de saída*, é medida em pontos de tinta por polegada (dpi).

2 A ferramenta Crop pode ser usada para cortar, redimensionar ou endireitar uma imagem.

3 Para ajustar o tom e a cor de uma imagem no Photoshop, comece usando a ferramenta White Point em uma camada de ajuste do tipo Curves. Em seguida, redefina o tom usando uma camada de ajuste do tipo Levels.

4 As ferramentas Healing Brush, Spot Healing Brush, Patch e Clone Stamp permitem que você substitua porções indesejadas de uma imagem por outras áreas da mesma imagem. A ferramenta Clone Stamp copia a área de origem precisamente; as ferramentas Healing Brush e Spot Healing Brush mesclam a área com os pixels adjacentes. A ferramenta Spot Healing Brush não exige uma área de origem; ela "corrige" as áreas fazendo com que se adequem aos pixels adjacentes. No modo Content-Aware, a ferramenta Patch substitui uma seleção por conteúdo que corresponda à área circundante.

5 O filtro Dust & Scratches remove artefatos digitais de uma imagem.

3 TRABALHE COM SELEÇÕES

Visão geral da lição

Nesta lição, você vai aprender a:

- Criar áreas específicas em uma imagem utilizando ferramentas de seleção.
- Reposicionar um contorno de seleção.
- Mover e duplicar o conteúdo de uma seleção.
- Usar combinações de teclado e mouse que economizam tempo e movimentos manuais.
- Desmarcar uma seleção.
- Restringir o movimento de uma área selecionada.
- Ajustar a posição de uma área selecionada utilizando as setas do teclado.
- Adicionar e subtrair de uma seleção.
- Girar uma seleção.
- Utilizar várias ferramentas de seleção para criar uma seleção complexa.

Esta lição levará aproximadamente 1 hora para ser concluída. Faça download dos arquivos de projeto Lesson03 a partir da página do livro no site www.grupoa.com.br, caso ainda não tenha feito isso. Ao trabalhar nesta lição, você preservará os arquivos iniciais. Se precisar restaurá-los, você pode baixá-los novamente a partir do site.

PROJETO: COLAGEM PARA QUADRO

Aprender a selecionar áreas de uma imagem é de suma importância – antes de alterar qualquer coisa, é preciso selecioná-la. Depois de fazer uma seleção, somente a área dentro dela pode ser editada.

A seleção e as ferramentas de seleção

• **Nota:** Você vai aprender a selecionar áreas vetoriais com as ferramentas de caneta na Lição 8.

No Photoshop, fazer alterações em uma área dentro de uma imagem é um processo de dois passos. Primeiro, você seleciona a parte da imagem que deseja alterar com uma das ferramentas de seleção. Depois, utiliza outra ferramenta, filtro ou recurso para fazer as modificações, como mover os pixels selecionados para outro ponto ou aplicar um filtro à área. As seleções podem ser feitas com base em tamanho, forma e cores. Quando uma seleção está ativa, as modificações feitas aplicam-se apenas à área selecionada; outras áreas não são afetadas.

A melhor ferramenta de seleção para uma área específica muitas vezes depende das características da área, como sua cor ou forma. Há quatro tipos de seleções:

Seleções geométricas A ferramenta Rectangular Marquee (⬚) seleciona uma área retangular em uma imagem. A ferramenta Elliptical Marquee (◯), oculta atrás da Rectangular Marquee, seleciona áreas elípticas. As ferramentas Single Row Marquee (┅) e Single Column Marquee (⁞) selecionam uma linha com 1 pixel de altura ou uma coluna com 1 pixel de altura, respectivamente.

Seleções à mão livre A ferramenta Lasso (◯) traça uma seleção à mão livre ao redor de uma área. A ferramenta Polygonal Lasso (⧖) define os pontos de ancoragem em segmentos retilíneos em torno de uma área. A ferramenta Magnetic Lasso (⧖) é quase uma combinação das outras duas ferramentas Lasso e fornece os melhores resultados quando há um bom contraste entre a área que você deseja selecionar e a área em torno dela.

Seleções por borda A ferramenta Quick Selection (⧖) "pinta" rapidamente uma seleção, localizando e seguindo automaticamente as bordas definidas na imagem.

Seleções por cor A ferramenta Magic Wand (⧖) seleciona partes de uma imagem com base na semelhança das cores dos pixels adjacentes. Ela é útil para selecionar áreas com diferentes formas que compartilham uma gama específica de cores.

Introdução

Primeiro, examinaremos a imagem que você criará à medida que explorar as ferramentas de seleção no Photoshop.

1 Inicie o Photoshop e pressione Ctrl+Alt+Shift (Windows) ou Command+Option+Shift (Mac OS) para restaurar as preferências padrão. (Consulte "Restaure as preferências padrão", na página 4.)

2 Quando solicitado, clique em Yes para confirmar que deseja excluir o arquivo de configurações do Adobe Photoshop (Adobe Photoshop Settings).

3 Escolha File > Browse In Bridge para abrir o Adobe Bridge.

4 No painel Favorites, clique na pasta Lessons. Em seguida, dê um clique duplo na pasta Lesson03 no painel Content para ver seu conteúdo.

5 Estude o arquivo 03End.psd. Mova o controle deslizante da miniatura para a direita se quiser ver mais detalhes na imagem.

● **Nota:** Se o Bridge não estiver instalado, você será instado a instalá-lo quando escolher Browse In Bridge. Para mais informações, veja a página 2.

O projeto é um quadro com divisórias, que inclui um pedaço de coral, uma bolacha-do-mar, um mexilhão, um náutilo e um prato com conchas. O desafio nesta lição é organizar esses elementos, que foram digitalizados em conjunto na página que você vê no arquivo 03Start.psd.

6 Dê um clique duplo na miniatura 03Start.psd para abrir o arquivo de imagem na Photoshop.

7 Escolha File > Save As, mude o nome do arquivo para **03Working.psd** e clique em Save.

Ao salvar outra versão do arquivo inicial, você não precisa se preocupar em sobrescrever o original.

Utilize a ferramenta Quick Selection

A ferramenta Quick Selection oferece uma das maneiras mais fáceis de fazer uma seleção. Basta pintar uma área da imagem e a ferramenta automaticamente encontra as bordas. Você pode adicionar ou retirar áreas de seleção até obter exatamente a área que deseja.

A imagem da bolacha-do-mar no arquivo 03Working.psd tem bordas claramente definidas, tornando-a candidata ideal para a ferramenta Quick Selection. Você selecionará apenas a bolacha-do-mar, sem o fundo por trás dela.

1 Selecione a ferramenta Zoom no painel Tools e então amplie para enxergar bem a bolacha-do-mar.
2 Selecione a ferramenta Quick Selection (🖌) no painel Tools.
3 Selecione Auto-Enhance na barra de opções.

Quando o Auto-Enhance é selecionado, a ferramenta Quick Selection cria seleções de melhor qualidade, com bordas mais rentes ao objeto em si. O processo de seleção fica um pouco mais lento do que usando a ferramenta Quick Selection sem o Auto-Enhance, mas os resultados são superiores.

4 Clique em uma área de cor esbranquiçada perto da borda da bolacha-do-mar.

A ferramenta Quick Selection encontra a borda inteira automaticamente, selecionando toda a bolacha-do-mar. Deixe a seleção ativa para poder utilizá-la no próximo exercício.

Mova uma área selecionada

Depois de fazer a seleção, qualquer modificação feita é aplicada exclusivamente aos pixels dentro da seleção. O restante da imagem não é afetado por essas alterações.

Para mover a área selecionada para outra parte da composição, utilize a ferramenta Move. Como nossa imagem tem uma única camada, os pixels que você mover substituirão os pixels abaixo deles. Essa alteração só fica definitiva depois que você desmarca os pixels movidos; assim, você pode experimentar diferentes posições para a seleção antes de tomar a decisão final.

1 Se a bolacha-do-mar ainda não estiver selecionada, repita o exercício anterior para selecioná-la.
2 Diminua o zoom para poder ver o quadro com divisórias e a bolacha-do-mar.

3 Selecione a ferramenta Move (▸✥). Repare que a bolacha-do-mar continua selecionada.

4 Arraste a área selecionada (a bolacha-do-mar) para a área superior esquerda do enquadramento, que apresenta a marcação "A". Posicione-a sobre a silhueta do quadro, deixando a parte inferior esquerda da silhueta aparecendo como uma sombra.

5 Escolha Select > Deselect, e então escolha File > Save.

No Photoshop, é difícil perder uma seleção. A menos que uma ferramenta de seleção esteja ativa, clicar em qualquer lugar da imagem não desmarcará a área ativa. Para desmarcar deliberadamente uma seleção, escolha Select > Deselect, pressione Ctrl+D (Windows) ou Command+D (Mac OS), ou clique fora da seleção com qualquer ferramenta de seleção para iniciar uma seleção diferente.

Julieanne Kost é divulgadora oficial do Adobe Photoshop.

Dicas de ferramentas de uma divulgadora do Photoshop

Dica sobre a ferramenta Move

Se você estiver movendo objetos em um arquivo de várias camadas com a ferramenta Move e, de repente, precisar selecionar uma das camadas, experimente isto: com a ferramenta Move selecionada, mova o cursor sobre qualquer área de uma imagem e clique com o botão direito do mouse (Windows) ou com a tecla Control pressionada (Mac OS). As camadas sob o cursor aparecem no menu contextual. Escolha aquela que quiser ativar.

Manipule seleções

Você pode mover seleções, reposicioná-las à medida que as cria e até duplicá-las. Nesta seção, você aprenderá diversas maneiras de manipular seleções. A maioria desses métodos funciona com qualquer seleção, mas você vai utilizá-los aqui com a ferramenta Elliptical Marquee, que permite selecionar formas ovais ou círculos perfeitos.

Uma das melhores coisas nesta seção é a apresentação dos atalhos de teclado que podem economizar tempo e movimentos.

Reposicione um contorno de seleção ao criá-lo

Pode ser difícil selecionar formas ovais e círculos. Nem sempre é óbvio onde você deve começar a arrastar; por isso, a seleção por vezes fica descentralizada ou a relação entre os eixos (largura e altura) não corresponde àquilo que você precisa. Neste exercício, você aprenderá técnicas para gerenciar esses problemas, incluindo duas importantes combinações de teclado e mouse que podem facilitar muito seu trabalho no Photoshop.

À medida que fizer o exercício, cuide para seguir as orientações sobre manter o botão do mouse ou teclas específicas pressionadas. Se você soltar o botão do mouse acidentalmente no momento errado, reinicie o exercício a partir do passo 1.

1 Selecione a ferramenta Zoom (🔍) e clique no prato com conchas na base da janela da imagem para ampliá-lo até pelo menos 100% de visualização (use 200% se o prato inteiro ainda couber na janela da imagem na sua tela).

2 Selecione a ferramenta Elliptical Marquee (○), oculta atrás da ferramenta Rectangular Marquee (▭).

3 Mova o cursor sobre o prato com conchas e arraste-o diagonalmente sobre o prato oval para criar uma seleção, *sem soltar o botão do mouse*. Tudo bem se sua seleção ainda não coincidir com o formato do prato.

Se soltar o botão do mouse acidentalmente, desenhe a seleção de novo. Na maioria dos casos – incluindo este –, a nova seleção substitui a anterior.

4 Com o botão do mouse pressionado, pressione a barra de espaço e continue arrastando a seleção. Em vez de redimensionar a seleção, você agora vai movê-la. Posicione-a de modo que se alinhe mais ao prato.

● **Nota:** Você não precisa incluir todos os pixels do prato com conchas, mas a seleção deve ter a forma do prato e deve conter as conchas com alguma folga.

5 Solte cuidadosamente a barra de espaço (mas não o botão do mouse) e continue arrastando, tentando fazer o tamanho e a forma da seleção corresponderem o máximo possível aos do prato. Se necessário, pressione a barra de espaço mais uma vez e arraste o cursor para mover o contorno da seleção para a posição em torno do prato com conchas.

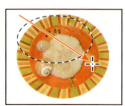
Comece arrastando uma seleção.

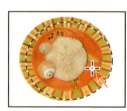
Pressione a barra de espaço para movê-la.

Complete a seleção.

6 Quando a borda da seleção estiver posicionada corretamente, solte o botão do mouse.

7 Escolha View > Fit On Screen ou utilize o controle deslizante no painel Navigator para reduzir o zoom e ver todos os objetos na janela da imagem.

Deixe ativa a ferramenta Elliptical Marquee e a seleção para o próximo exercício.

Mova pixels selecionados com um atalho de teclado

Agora, você utilizará um atalho de teclado para mover os pixels selecionados para o quadro com divisórias. O atalho troca temporariamente a ferramenta ativa pela ferramenta Move, para que você não precise selecioná-la no painel Tools.

1 Se o prato com as conchas ainda não estiver selecionado, repita o exercício anterior para selecioná-lo.

2 Com a ferramenta Elliptical Marquee (○) selecionada no painel Tools, pressione Ctrl (Windows) ou Command (Mac OS) e mova o cursor para dentro da seleção.

O ícone do cursor agora inclui uma tesoura (✂) para indicar que a seleção será recortada de sua localização atual.

3 Arraste o prato com conchas até a área do quadro marcada com um "B". (Daqui a pouco você utilizará outra técnica para situar o prato oval na posição exata.)

4 Solte o botão do mouse, mas não remova a seleção do prato com as conchas.

● **Nota:** Ao soltar a tecla Ctrl ou Command depois de começar a arrastar o cursor, a ferramenta Move permanece ativa. O Photoshop retorna à ferramenta anteriormente selecionada quer você remova a seleção clicando fora dela, quer utilize o comando Deselect.

Mova uma seleção com as setas do teclado

Você pode fazer ajustes menores na posição dos pixels selecionados, utilizando as setas do teclado. Você pode fazer ajustes em incrementos de um ou dez pixels.

Quando uma ferramenta de seleção está ativa no painel Tools, as setas do teclado deslocam a borda de seleção, mas não o conteúdo. Quando a ferramenta Move está ativa, elas movem tanto a borda de seleção quanto seu conteúdo.

Você utilizará as setas do teclado para ajustar o prato com as conchas. Antes de começar, certifique-se de que o prato continua selecionado na janela da imagem.

1 Pressione algumas vezes a seta para cima (▲) a fim de mover a seleção oval para cima.

Observe que toda vez que você pressiona a seta, o prato com conchas se desloca um pixel. Experimente pressionar outras setas do teclado para ver como elas afetam a seleção.

2 Mantenha pressionada a tecla Shift enquanto pressiona uma seta.

Ao manter o Shift pressionado, a seleção move-se dez pixels quando você pressiona uma seta.

Às vezes, a borda em torno da área selecionada pode atrapalhar enquanto você faz ajustes. Ela pode ser temporariamente ocultada sem que a seleção seja removida e, então, exibida novamente depois de completados os ajustes.

3 Escolha View > Show > Selection Edges ou View > Extras.

Qualquer um desses comandos oculta a borda de seleção em torno do prato com as conchas.

4 Utilize as setas para deslocar o prato até que esteja sobre a silhueta, de modo que haja uma sombra à esquerda e abaixo dele. Depois escolha View > Show > Selection Edges para exibir a borda de seleção novamente.

Bordas de seleção ocultas   *Bordas de seleção visíveis*

5 Escolha Select > Deselect, ou pressione Ctrl+D (Windows) ou Command+D (Mac OS).

6 Escolha File > Save para salvar seu trabalho.

Utilize a ferramenta Magic Wand

A ferramenta Magic Wand seleciona todos os pixels em um intervalo ou gamut específico de cores. Ela é a melhor ferramenta para selecionar uma área de cores semelhantes cercada de áreas de cores bem diferentes. Como ocorre com muitas das ferramentas de seleção, depois de fazer a seleção inicial, você pode adicionar ou retirar áreas da seleção.

A opção Tolerance configura a sensibilidade da ferramenta Magic Wand. Esse valor limita ou estende o intervalo de similaridade dos pixels. O valor de tolerância padrão 32 seleciona a cor em que você clica e também os 32 tons mais claros e os 32 mais escuros de tal cor. Talvez seja necessário aumentar ou reduzir o nível de tolerância, dependendo dos intervalos de cor e das variações na imagem.

Se uma área multicolorida que você deseja selecionar estiver configurada em um fundo de outra cor, pode ser muito mais fácil selecionar o fundo do que a própria área. Neste procedimento, você utilizará a ferramenta Rectangular Marquee para selecionar uma grande área, para então usar a ferramenta Magic Wand a fim de retirar o plano de fundo a partir da seleção.

1 Selecione a ferramenta Retangular Marquee (▢), oculta atrás da ferramenta Elliptical Marquee (○).

2 Arraste uma seleção em torno do pedaço de coral. Certifique-se de fazer uma seleção grande o bastante para formar uma margem branca entre o coral e as bordas da marca de seleção.

Neste ponto, o coral e a área de fundo branco estão selecionados. Você vai retirar a área branca para que apenas o coral permaneça na seleção.

3 Selecione a ferramenta Magic Wand (✦), oculta sob a ferramenta Quick Selection (✔).

4 Na barra de opções, confirme se o valor de Tolerance é **32**. Este valor determina o intervalo de cores que a ferramenta seleciona.

5 Clique no botão Subtract From Selection (▣) na barra de opções.

Um sinal de menos aparece ao lado da varinha no ícone do cursor. Qualquer coisa que você selecionar agora será retirada da seleção inicial.

6 Clique na área de fundo branco dentro da marca de seleção.

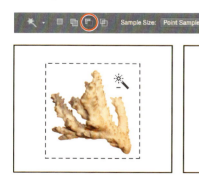

A ferramenta Magic Wand seleciona o fundo inteiro, retirando-o da seleção. Agora todos os pixels brancos estão desmarcados, deixando o coral perfeitamente selecionado.

7 Selecione a ferramenta Move (▶︎✢) e arraste o coral até a área do quadro com divisórias marcada com "C", posicionando-o de tal modo que uma sombra apareça à esquerda e abaixo do coral.

8 Escolha Select > Deselect, e então salve o seu trabalho.

Suavize as bordas de uma seleção

Para suavizar as bordas duras de uma seleção, você pode aplicar suavização de serrilhado, difusão ou utilizar a opção Refine Edge.

A *suavização de serrilhado*, ou *anti-aliasing*, corrige as bordas irregulares de uma seleção, tornando mais sutil a transição de cores entre os pixels da borda e os pixels do fundo. Como são alterados apenas os pixels da borda, nenhum detalhe é perdido. Ela é útil ao cortar, copiar e colar seleções para criar imagens compostas.

A suavização de serrilhado está disponível para as ferramentas Lasso, Polygonal Lasso, Magnetic Lasso, Elliptical Marquee e Magic Wand. (Selecione a ferramenta para exibir suas opções na barra de opções.) Para aplicá-la, você deve selecionar a opção antes de fazer a seleção. Depois que uma seleção é criada, não é possível adicionar a suavização de serrilhado.

A *difusão*, ou *feathering*, desfoca as bordas estabelecendo um limite de transição entre a seleção e seus pixels adjacentes. Esse desfoque pode causar alguma perda de detalhe na borda da seleção.

Você pode definir a opção difusão para as ferramentas Marquee e Lasso à medida que as utiliza, ou pode adicionar a difusão a uma seleção existente. Os efeitos da difusão tornam-se aparentes quando você move, corta ou copia a seleção.

- Para utilizar a opção Refine Edge, faça primeiro uma seleção e depois clique em Refine Edge na barra de opções para abrir sua caixa de diálogo. Você pode usar a opção Refine Edge para suavizar ou adicionar difusão ao contorno, ou para contrai-lo ou expandi-lo.
- Para usar a suavização de serrilhado, selecione uma ferramenta Lasso, ou as ferramentas Elliptical Marquee ou Magic Wand, e selecione Anti-alias na barra de opções.
- Para aplicar difusão a uma borda usando uma ferramenta de seleção, selecione qualquer das ferramentas Lasso ou Marquee. Insira um valor de Feather na barra de opções. Esse valor define a largura da difusão na borda e pode variar de 1 a 250 pixels.
- Para definir a difusão de uma borda em uma seleção existente, escolha Select > Modify > Feather. Insira um valor de Feather Radius e clique em OK.

Selecione com as ferramentas Lasso

Como mencionado anteriormente, o Photoshop inclui três ferramentas Lasso: Lasso, Polygonal Lasso e Magnetic Lasso. A ferramenta Lasso pode ser usada para seleções que requerem tanto linhas à mão livre quanto linhas retas, utilizando atalhos de teclado para alternar entre a ferramenta Lasso e a Polygonal Lasso. Você utilizará a ferramenta Lasso para selecionar o mexilhão. É preciso um pouco de prática para alternar entre as seleções feitas à mão livre e as retilíneas – se você cometer um erro ao selecionar o mexilhão, basta remover a seleção e reiniciar.

1 Selecione a ferramenta Zoom (🔍) e clique no mexilhão até que a visualização aumente para 100%. Certifique-se de que pode ver o mexilhão inteiro na janela.

2 Selecione a ferramenta Lasso (⌒). Iniciando na parte esquerda inferior do mexilhão, arraste o cursor em torno de sua extremidade arredondada, contornando o formato com a maior precisão possível. *Não solte o botão do mouse.*

3 Pressione a tecla Alt (Windows) ou Option (Mac OS) e então solte o botão do mouse para que o cursor da ferramenta Lasso assuma a forma da Polygonal Lasso (⌐). *Não solte a tecla Alt ou Option.*

4 Comece clicando ao longo da extremidade do mexilhão para posicionar pontos de ancoragem, acompanhando os seus contornos. Não esqueça de manter pressionada a tecla Alt ou Option durante o processo.

Arraste com a ferramenta Lasso.   *Clique com a ferramenta Polygonal Lasso.*

A borda da seleção se estica automaticamente como um elástico entre os pontos de ancoragem.

5 Quando alcançar a ponta do mexilhão, mantenha o botão do mouse pressionado enquanto solta a tecla Alt ou Option. O cursor aparece novamente como ícone de laço.

6 Arraste o cursor cuidadosamente em torno da ponta do mexilhão, mantendo pressionado o botão do mouse.

7 Depois de contornar a ponta e alcançar a parte inferior do mexilhão, primeiro pressione a tecla Alt ou Option novamente e, então, solte o botão do mouse. Clique ao longo da parte inferior do mexilhão com a ferramenta Polygonal Lasso como fez na parte superior. Continue a delinear o mexilhão até atingir outra vez o ponto inicial da sua seleção perto da extremidade esquerda da imagem.

● **Nota:** Para assegurar que a seleção tem a forma que você deseja, ao utilizar a ferramenta Lasso, finalize a seleção arrastando o cursor até o ponto inicial da seleção. Se você iniciar e parar a seleção em pontos diferentes, o Photoshop desenhará uma linha reta entre os pontos inicial e final da seleção.

8 Clique no ponto inicial da seleção e depois solte a tecla Alt ou Option. O mexilhão está agora inteiramente selecionado. Deixe o mexilhão selecionado para o próximo exercício.

Gire uma seleção

Agora você vai girar o mexilhão.

Antes de começar, certifique-se de que o mexilhão está selecionado.

1 Escolha View > Fit On Screen para redimensionar a janela da imagem, a fim de que se ajuste à tela.

2 Pressione Ctrl (Windows) ou Command (Mac OS) enquanto arrasta o mexilhão selecionado até a seção marcada com "D" no quadro com divisórias.

Quando você pressiona Ctrl ou Command, o cursor muda para o ícone da ferramenta Move.

3 Escolha Edit > Transform > Rotate.

O mexilhão e a marca de seleção são posicionados em uma caixa delimitadora.

4 Mova o cursor para fora da caixa delimitadora, para que ele se torne uma seta curva de ponta dupla (↻). Arraste para girar o mexilhão a um ângulo de 90 graus. Você pode conferir o ângulo na caixa Rotate na barra de opções. Pressione Enter ou Return para confirmar as alterações na transformação.

5 Caso necessário, selecione a ferramenta Move (▸⊕) e arraste para reposicionar o mexilhão, deixando uma sombra similar às outras. Quando estiver satisfeito, escolha Select > Deselect.

6 Escolha File > Save.

Selecione com a ferramenta Magnetic Lasso

Você pode utilizar a ferramenta Magnetic Lasso para criar seleções à mão livre em áreas com bordas de alto-contraste. Ao desenhar com a ferramenta Magnetic Lasso, a borda da seleção se ajusta automaticamente à borda entre as áreas de contraste. Você também pode controlar o demarcador de seleção, clicando com o mouse para posicionar pontos de ancoragem na borda de seleção.

Você utilizará a ferramenta Magnetic Lasso para selecionar o náutilo e movê-lo para o quadro com divisórias.

1 Selecione a ferramenta Zoom (🔍) e clique no náutilo para uma visualização de pelo menos 100%.

2 Selecione a ferramenta Magnetic Lasso (🧲), oculta sob a ferramenta Lasso (⊘).

3 Clique uma vez na borda esquerda do náutilo e mova a ferramenta Magnetic Lasso ao longo da borda para marcar seu contorno.

▶ **Dica:** Em áreas de baixo-contraste, é recomendável clicar para posicionar seus próprios pontos de travamento. Você pode adicionar tantos quantos forem necessários. Para remover o ponto de travamento mais recente, pressione Delete e depois mova o mouse novamente até o ponto de travamento anterior e continue a selecionar.

Mesmo sem manter o botão do mouse pressionado, a ferramenta se ajusta à borda do náutilo e adiciona automaticamente pontos de travamento.

4 Quando atingir o lado esquerdo do náutilo novamente, dê um clique duplo para fazer a ferramenta Magnetic Lasso retornar ao ponto inicial, fechando a seleção. Ou você pode mover a ferramenta Magnetic Lasso sobre o ponto inicial e clicar uma vez.

5 Dê um clique duplo na ferramenta Hand (✋) para ajustar a imagem na janela de imagem.

6 Selecione a ferramenta Move (↠) e arraste o náutilo até sua silhueta na seção do quadro marcada com a letra "E", deixando uma sombra abaixo e à esquerda dele.

7 Escolha Select > Deselect, e então escolha File > Save.

Selecione a partir de um ponto central

Em alguns casos, é mais fácil criar seleções elípticas ou retangulares desenhando uma seleção a partir do ponto central de um objeto. Você utilizará esta técnica para selecionar a cabeça do parafuso para os cantos do quadro com divisórias.

1 Selecione a ferramenta Zoom (🔍) e amplie a imagem do parafuso até cerca de 300%. Certifique-se de que consegue ver toda a cabeça do parafuso na sua janela de imagem.

2 Selecione a ferramenta Elliptical Marquee (○) no painel Tools.

3 Mova o cursor até o centro aproximado do parafuso.

4 Clique e comece a arrastar o cursor. Então, sem soltar o botão do mouse, pressione Alt (Windows) ou Option (Mac OS) enquanto continua arrastando a seleção até a borda externa do parafuso.

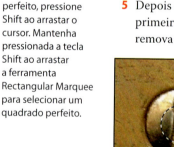

Dica: Para selecionar um círculo perfeito, pressione Shift ao arrastar o cursor. Mantenha pressionada a tecla Shift ao arrastar a ferramenta Rectangular Marquee para selecionar um quadrado perfeito.

A seleção é centralizada sobre seu ponto inicial.

5 Depois de selecionar toda a cabeça do parafuso, solte o botão do mouse primeiro, e então solte Alt ou Option (e a tecla Shift, se a utilizou). Não remova a seleção, pois você a utilizará no próximo exercício.

6 Se necessário, reposicione a borda da seleção utilizando um dos métodos vistos anteriormente. Caso tenha soltado acidentalmente a tecla Alt ou Option antes de soltar o botão do mouse, selecione o parafuso outra vez.

Redimensione e copie uma seleção

Agora você moverá o parafuso para o canto inferior direito do quadro de madeira com divisórias, e então o duplicará para usá-lo nos outros cantos.

Redimensione o conteúdo de uma seleção

Você começará movendo o parafuso, mas como ele é grande demais para o espaço, precisará redimensioná-lo também.

Antes de começar, certifique-se de que o parafuso ainda está selecionado. Caso não esteja, selecione-o novamente completando o exercício anterior.

1 Escolha View > Fit On Screen para que a imagem inteira caiba dentro da janela da imagem.

2 Selecione a ferramenta Move (▸⊕) no painel Tools.

3 Posicione o cursor dentro da seleção do parafuso.

O cursor torna-se uma seta com uma tesoura (▸✂), o que indica que a seleção será recortada de seu local atual e movimentada para um novo local.

4 Arraste o parafuso até o canto inferior direito do quadro com divisórias.

5 Escolha Edit > Transform > Scale. Uma caixa delimitadora aparece em torno da seleção.

6 Pressione a tecla Shift enquanto arrasta para dentro um dos pontos de aresta a fim de reduzir o parafuso até cerca de 40% de seu tamanho original, ou até que ele fique pequeno o suficiente para caber na moldura do quadro. Em seguida, pressione Enter ou Return para confirmar a alteração e remover a caixa delimitadora de transformação.

Ao redimensionar o objeto, o contorno de seleção também é redimensionado. Se você redimensionar o objeto enquanto mantém a tecla Shift pressionada, suas proporções serão mantidas de modo a não distorcê-lo.

7 Utilize a ferramenta Move para reposicionar o parafuso após redimensioná-lo, para que fique centralizado na moldura do quadro.

8 Deixe o parafuso selecionado, e escolha File > Save para salvar seu trabalho.

Mova e duplique uma seleção simultaneamente

Você pode mover e duplicar uma seleção ao mesmo tempo. Você fará uma cópia do parafuso para os outros cantos da moldura. Se o parafuso não estiver mais selecionado, selecione-o de novo, utilizando as técnicas que aprendeu anteriormente.

1. Com a ferramenta Move (▶︎⊕) selecionada, pressione Alt (Windows) ou Option (Mac OS) enquanto posiciona o cursor dentro da seleção do parafuso.

O cursor muda, exibindo a seta preta usual com uma seta branca adicional, o que indica que uma cópia será criada quando você mover a seleção.

2. Continue pressionando a tecla Alt ou Option enquanto arrasta uma cópia do parafuso para o canto superior direito da moldura. Solte o botão do mouse e a tecla Alt ou Option, mas não remova a seleção da imagem duplicada.

3. Pressione Alt+Shift (Windows) ou Option+Shift (Mac OS) e arraste uma nova cópia do parafuso para a esquerda até o canto superior esquerdo da moldura.

Pressionar a tecla Shift enquanto move uma seleção restringe o movimento na horizontal ou na vertical em incrementos de 45 graus.

4. Repita o passo 3 para arrastar um quarto parafuso até o canto inferior esquerdo da moldura.

5. Quando estiver satisfeito com a posição do quarto parafuso, escolha Select > Deselect e, então, File > Save.

Copie seleções

Você pode utilizar a ferramenta Move para copiar seleções ao arrastá-las para dentro ou entre imagens, ou pode copiar e mover as seleções utilizando os comandos Copy, Copy Merged, Paste e Paste Into. Arrastar com a ferramenta Move economiza memória, já que a área de transferência não é usada como acontece com os comandos.

O Photoshop tem vários comandos de copiar e colar:

- **Copy** copia a área selecionada na camada ativa.
- **Copy Merged** cria uma cópia mesclada de todas as camadas visíveis na área selecionada.
- **Paste** cola um recorte ou seleção copiada em outra parte da imagem ou em outra imagem como uma nova camada.
- **Paste Into** cola um recorte ou seleção copiada dentro de uma outra seleção na mesma imagem ou em uma imagem diferente. A seleção de origem é colada sobre uma nova camada e a borda da seleção de destino é convertida em uma máscara de camada.

Tenha em mente que, quando uma seleção é colada entre imagens com diferentes resoluções, os dados colados retêm suas dimensões em pixels. Isso pode fazer a parte colada parecer que está fora de proporção em relação à nova imagem. Utilize o comando Image Size para atribuir às imagens de origem e destino a mesma resolução antes de copiar e colar.

Recorte uma imagem

Agora que a sua composição está no lugar, você vai cortar a imagem para deixá-la com seu tamanho final. Você pode usar a ferramenta Crop ou o comando Crop para recortar uma imagem.

1 Selecione a ferramenta Crop (⊟) ou pressione C para passar da ferramenta atual para a ferramenta Crop. O Photoshop cria um limite de corte em torno de toda a imagem .

2 Na barra de opções, certifique-se de que a opção Ratio está selecionada no menu pop-up Preset e que não há valor algum especificado. Em seguida, confirme se Delete Cropped Pixels está selecionado.

Quando Ratio está selecionado, sem nenhum valor especificado, você pode recortar a imagem com qualquer proporção.

▶ **Dica:** Para recortar uma imagem com suas proporções originais intactas, escolha Original Ratio a partir do menu pop-up Preset na barra de opções.

3 Arraste as alças de corte até ajustar o quadro com divisórias dentro da área em destaque, omitindo os fundos dos objetos originais na base da imagem. Recorte o quadro, deixando uma área branca uniforme ao seu redor.

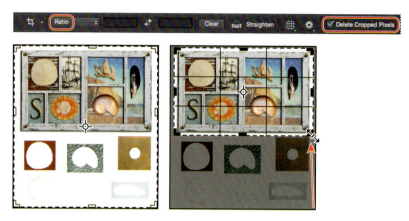

4 Quando estiver satisfeito com a posição da área de corte, clique no botão Commit Current Crop Operation (✔) na barra de opções.

5 Escolha File > Save para salvar seu trabalho.

Você utilizou diversas ferramentas de seleção para mover todas as conchas até seus respectivos lugares. O quadro com divisórias está concluído!

Perguntas de revisão

1 Depois de criar uma seleção, qual área da imagem pode ser editada?

2 Como adicionar elementos à seleção e como retirá-los?

3 Como você pode mover uma seleção enquanto a desenha?

4 O que a ferramenta Quick Selection faz?

5 De que forma a ferramenta Magic Wand determina quais áreas selecionar em uma imagem? O que é tolerância e como ela afeta uma seleção?

Respostas

1 Somente a área dentro de uma seleção ativa pode ser editada.

2 Para adicionar elementos a uma seleção, clique no botão Add To Selection na barra de opções, e depois na área que deseja adicionar. Para retirar elementos de uma seleção, clique no botão Subtract From Selection na barra de opções, e então na área que deseja retirar. Também é possível adicionar elementos a uma seleção pressionando Shift ao arrastar ou clicar; para retirá-los, pressione Alt (Windows) ou Option (Mac OS) ao arrastar ou clicar.

3 Para reposicionar uma seleção enquanto ela está sendo desenhada, sem soltar o botão do mouse, mantenha a barra de espaço pressionada e arraste.

4 A ferramenta Quick Selection expande-se a partir do local em que você clica para localizar e acompanhar automaticamente as bordas definidas na imagem.

5 A ferramenta Magic Wand seleciona pixels adjacentes com base em suas semelhanças de cor. O valor de Tolerance determina quantos tons de cor a ferramenta Magic Wand selecionará. Quanto mais alto for o valor de tolerância, mais tons serão selecionados.

4 PRINCÍPIOS BÁSICOS DE CAMADAS

Visão geral da lição

Nesta lição, você vai aprender a:

- Organizar o trabalho em camadas.
- Criar, visualizar, ocultar e selecionar camadas.
- Reorganizar camadas para alterar a ordem de empilhamento do trabalho.
- Aplicar modos de mesclagem a camadas.
- Redimensionar e girar camadas.
- Aplicar degradê à camada.
- Aplicar um filtro à camada.
- Adicionar efeitos de texto e de camada à camada.
- Adicionar uma camada de ajuste.
- Salvar uma cópia do arquivo com as camadas achatadas.

Esta lição levará aproximadamente 1 hora para ser concluída. Faça download dos arquivos de projeto Lesson04 a partir da página do livro no site www.grupoa.com.br, caso ainda não tenha feito isso. Ao trabalhar nesta lição, você preservará os arquivos iniciais. Se precisar restaurá-los, você pode baixá-los novamente a partir do site.

PROJETO: CARTÃO-POSTAL

O Photoshop permite isolar diferentes partes de uma imagem em camadas (*layers*). Cada camada pode ser editada como um trabalho independente, dando enorme flexibilidade à composição e à revisão de uma imagem.

As camadas (*layers*)

Todo arquivo do Photoshop contém uma ou mais camadas (*layers*). Novos arquivos geralmente são criados com uma camada de fundo (*background*), que contém uma cor ou uma imagem que aparece nas áreas transparentes das camadas subsequentes. Todas as novas camadas em uma imagem são transparentes até que se acrescente texto ou arte (valores de pixel).

Trabalhar com camadas é análogo a posicionar partes de um desenho em folhas de filme transparentes, como as usadas em retroprojetor: folhas individuais podem ser editadas, reposicionadas e excluídas sem afetar as outras folhas. Quando as folhas são empilhadas, a composição inteira fica visível.

Introdução

Você iniciará esta lição visualizando a imagem de uma composição final.

1 Inicie o Photoshop e pressione Ctrl+Alt+Shift (Windows) ou Command+Option+Shift (Mac OS) para restaurar as preferências padrão. (Consulte "Restaure as preferências padrão", na página 4.)

2 Quando solicitado, clique em Yes para excluir o arquivo de configurações do Adobe Photoshop (Adobe Photoshop Settings).

● **Nota:** Se o Bridge não estiver instalado, você será instado a instalá-lo. Para mais informações, veja a página 3.

3 Escolha File > Browse In Bridge para abrir o Adobe Bridge.

4 No painel Favorites, clique na pasta Lessons. Em seguida, dê um clique duplo na pasta Lesson04 no painel Content para ver seu conteúdo.

5 Estude o arquivo 04End.psd. Mova o controle deslizante da miniatura para a direita se quiser ver mais detalhes na imagem.

Esta composição em camadas representa um cartão postal. Nesta lição, você vai criá-lo enquanto aprende a criar, editar e gerenciar camadas.

6 Dê um clique duplo no arquivo 04Start.tif para abri-lo no Photoshop.

7 Escolha File > Save As, mude o nome do arquivo para **04Working.psd** e clique em Save. Clique em OK se aparecer a caixa de diálogo Photoshop Format Options.

Ao salvar outra versão do arquivo inicial, você não precisa se preocupar em sobrescrever o original.

Utilize o painel Layers

O painel Layers lista todas as camadas de uma imagem, exibindo o nome das camadas e a miniatura do conteúdo de cada uma. Você pode utilizar o painel Layers para ocultar, visualizar, reposicionar, deletar, renomear e mesclar camadas. As miniaturas das camadas são atualizadas automaticamente à medida que você edita as camadas.

1 Se o painel Layers não estiver visível na área de trabalho, escolha Window > Layers.

O painel Layers lista cinco camadas para o arquivo 04Working.psd (de cima para baixo): Postage, HAWAII, Flower, Pineapple e Background.

2 Selecione a camada Background para ativá-la (caso ainda não esteja selecionada). Observe a miniatura e os ícones da camada Background:

- O ícone de cadeado (🔒) indica que a camada está protegida.
- O ícone de olho (👁) indica que a camada está visível na janela da imagem. Se você clicar no olho, a janela da imagem deixará de exibir essa camada.

▶ **Dica:** Utilize o menu contextual para ocultar ou redimensionar a miniatura da camada. Clique com o botão direito do mouse (Windows) ou segure Control e clique (Mac OS) em uma miniatura no painel Layers para abrir o menu contextual e, então, escolha um tamanho de miniatura.

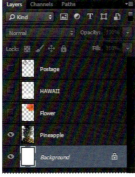

A primeira tarefa para este projeto é adicionar uma foto da praia ao cartão postal. Para começar, você abrirá a imagem da praia no Photoshop.

3 No Photoshop, escolha File > Open, navegue até a pasta Lesson04 e clique duas vezes no arquivo Beach.psd para abri-lo.

O painel Layers é modificado para exibir as informações de camada do arquivo ativo Beach.psd. Repare que apenas uma camada aparece na imagem Beach.psd: Layer 1, não Background. (Para mais informações, leia o quadro "A camada Backgound".)

A camada Background

Quando você cria uma nova imagem com um fundo branco ou colorido, a última camada no painel Layers, que corresponde ao fundo, é denominada Background. Uma imagem só pode ter um fundo. Não é possível alterar a ordem de empilhamento da camada de fundo, seu modo de mesclagem nem sua opacidade. Mas é possível converter uma camada de fundo em uma camada normal.

Quando você cria uma nova imagem com conteúdo transparente, essa imagem não tem camada. A camada inferior não é limitada como a camada Background; você pode movê-la para qualquer lugar no painel Layers e alterar sua opacidade e modo de mesclagem.

Para converter uma camada Background em uma camada normal:

1 Clique no ícone de cadeado ao lado do nome da camada.
2 Renomeie a camada.

Para converter uma camada normal em uma camada Background:

1 Selecione a camada no painel Layers.
2 Escolha Layer > New > Background From Layer.

Renomeie e copie uma camada

Para adicionar conteúdo a uma imagem e simultaneamente criar uma nova camada para ela, arraste um objeto ou camada a partir de um arquivo até a janela da imagem de outro arquivo. Se arrastar a partir da janela da imagem do arquivo original ou do painel Layers, apenas a camada ativa será reproduzida no arquivo de destino.

Você arrastará a imagem Beach.psd até o arquivo 04Working.psd. Antes de começar, confira se os arquivos 04Working.psd e Beach.psd estão abertos e se o arquivo Beach.psd está selecionado.

Primeiro, você atribuirá um nome mais descritivo à Layer 1.

1 No painel Layers, dê um clique duplo no nome Layer 1, digite **Beach** e, então, pressione Enter ou Return. Mantenha o texto selecionado.

2 Escolha Window > Arrange > 2-Up Vertical. O Photoshop exibe os dois arquivos de imagem abertos. Selecione a imagem Beach.psd para que seja o arquivo ativo.

3 Selecione a ferramenta Move e utilize-a para arrastar a imagem Beach.psd até a janela da imagem 04Working.psd.

▶ **Dica:** Se mantiver a tecla Shift pressionada ao arrastar uma imagem de um arquivo para outro, a imagem arrastada será automaticamente centralizada na janela da imagem alvo.

▶ **Dica:** Precisa de imagens para um projeto como este? No Photoshop, escolha File > Search Adobe Stock para baixar imagens amostrais em baixa resolução a partir da biblioteca de fotos online do Adobe Stock sem encargos adicionais. Se você comprar as imagens, o Photoshop substituirá as amostras por imagens em alta resolução.

A camada Beach agora aparece na janela da imagem do arquivo 04Working. psd e no painel Layers, entre as camadas Background e Pineapple. O Photoshop sempre adiciona novas camadas logo acima da camada selecionada; você selecionou a camada Background anteriormente.

 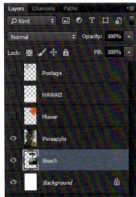

4 Feche o arquivo Beach.psd sem salvar as alterações.

Visualize camadas individuais

O arquivo 04Working.psd agora contém seis camadas. Algumas delas estão visíveis e outras não. O ícone de olho (👁) ao lado de uma miniatura de camada no painel Layers indica que a camada está visível.

1 Clique no ícone de olho (👁) ao lado da camada Pineapple para ocultar a imagem do abacaxi.

 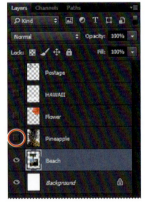

Você pode ocultar ou exibir uma camada clicando nesse ícone ou na sua coluna – também chamada de coluna Show/Hide Visibility.

2 Clique novamente na coluna Show/Hide Visibility para exibir o abacaxi.

Adicione borda a uma camada

Agora, você adicionará uma borda branca em torno da camada Beach para criar a impressão de que ela é uma fotografia antiga.

1 Selecione a camada Beach. (Para isso, clique no nome da camada no painel Layers.)

A camada fica em destaque, indicando que está ativa. As modificações que você fizer na janela da imagem afetam a camada ativa.

2 Para ressaltar as áreas opacas nesta camada, oculte todas as camadas exceto a camada Beach. Pressione Alt (Windows) ou Option (Mac OS) ao clicar no ícone de olho (👁) ao lado da camada Beach.

 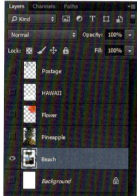

O fundo branco e outros objetos na imagem desaparecem, restando apenas a imagem da praia contra um fundo xadrez. O xadrez indica as áreas transparentes da camada ativa.

3 Escolha Layer > Layer Style > Stroke.

A caixa de diálogo Layer Style abre. Agora você vai selecionar as opções para a moldura branca em torno da imagem da praia.

4 Especifique as seguintes configurações:
- Size: **5** px
- Position: Inside
- Blend Mode: Normal
- Opacity: **100**%
- Color: White (clique na caixa Color e escolha branco no Color Picker)

5 Clique em OK. Uma borda branca aparece em torno da foto da praia.

Reorganize as camadas

A ordem em que as camadas de uma imagem são organizadas é chamada de *ordem de empilhamento*. A ordem de empilhamento determina como a imagem é visualizada – você pode alterar a ordem para que partes da imagem apareçam acima ou abaixo de outras camadas.

Você reorganizará as camadas para que a imagem da praia fique por cima de outra imagem que está oculta no arquivo.

LIÇÃO 4 | 79
Princípios básicos de camadas

1 Torne as camadas Postage, HAWAII, Flower, Pineapple e Background visíveis clicando na coluna Show/Hide Visibility ao lado de seus nomes de camada.

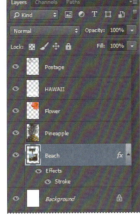

A imagem da praia está quase inteiramente bloqueada pelas imagens das outras camadas.

2 No painel Layers, arraste a camada Beach um pouco para cima para que ela permaneça posicionada entre as camadas Pineapple e Flower – depois de posicioná-la corretamente, você verá uma linha grossa entre as camadas no painel – e solte o botão do mouse.

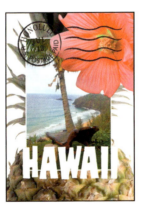

▶ **Dica:** Você também pode controlar a ordem de empilhamento das imagens em camadas selecionando-as no painel Layers, escolhendo Layer > Arrange e então Bring To Front, Bring Forward, Send To Back ou Send Backward.

A camada Beach sobe um nível na ordem de empilhamento e a imagem da praia aparece acima das imagens do abacaxi e do fundo, e abaixo da flor e da palavra "HAWAII".

Altere a opacidade de uma camada

É possível reduzir a opacidade de qualquer camada para que outras camadas apareçam através dela. Neste exercício, o carimbo postal está escuro demais sobre a flor. Você editará a opacidade da camada Postage para permitir que a flor e outras imagens fiquem visíveis.

1 Selecione a camada Postage e clique na seta ao lado da caixa Opacity para exibir o controle deslizante Opacity. Arraste o controle deslizante até 25%. Você também pode digitar o valor na caixa Opacity ou clicar e arrastar pelo nome Opacity.

A camada Postage torna-se semitransparente para que você possa ver outras camadas abaixo dela. Observe que a alteração na opacidade só afeta a camada Postage. As camadas Pineapple, Beach, Flower e HAWAII permanecem opacas.

2 Escolha File > Save para salvar seu trabalho.

Duplique uma camada e altere o modo de mesclagem

Você pode aplicar diferentes modos de mesclagem a uma camada. Os *modos de mesclagem* afetam a maneira como os pixels coloridos em uma camada mesclam-se aos pixels nas camadas abaixo. Primeiro, você utilizará os modos de mesclagem para aumentar a intensidade da imagem na camada Pineapple para que ela pareça mais vibrante. Depois, vai alterar o modo de mesclagem na camada Postage. (Atualmente, o modo de mesclagem das duas camadas é Normal.)

1 Clique nos ícones de olho ao lado das camadas HAWAII, Flower e Beach para ocultá-las.

2 Clique com o botão direito do mouse ou com a tecla Control pressionada na camada Pineapple e escolha Duplicate Layer no menu contextual. (Cuide para clicar no nome da camada, não na sua miniatura, senão você verá o menu contextual errado.) Clique em OK na caixa de diálogo Duplicate Layer.

Uma camada chamada "Pineapple copy" aparece acima da camada Pineapple no painel Layers.

LIÇÃO 4 | 81
Princípios básicos de camadas

Modos de mesclagem

Os modos de mesclagem afetam a maneira como os pixels coloridos em uma camada mesclam-se aos pixels nas camadas abaixo. O modo de mesclagem padrão, Normal, oculta pixels abaixo da camada mais de cima a menos que esta camada seja parcial ou completamente transparente. Os outros modos de mesclagem permitem que você controle a maneira como os pixels em diferentes camadas interagem entre si.

Muitas vezes, a melhor maneira de ver como um modo de mesclagem afeta a sua imagem é experimentando. É fácil fazer experiências com diferentes modos de mesclagem no painel Layers, basta aplicar um após o outro a fim de comparar seus efeitos. Quando estiver pronto para começar suas experiências, tenha em mente os efeitos de cada grupo de modos de mesclagem sobre uma imagem. Se você quiser, por exemplo:

- Escurecer sua imagem, experimente Darken, Multiply, Color Burn ou Linear Burn.
- Clarear sua imagem, experimente Lighten, Screen, Color Dodge ou Linear Dodge.
- Aumentar o contraste na imagem, experimente Overlay, Soft Light, Hard Light, Vivid Light, Linear Light, Pin Light ou Hard Mix.
- Modificar os próprios valores de cor da imagem, experimente Hue, Saturation, Color ou Luminosity.
- Criar um efeito de inversão, experimente Difference ou Exclusion.

Os modos de mesclagem a seguir costumam ser bastante úteis, e podem ser um bom lugar para começar:

- **Multiply** faz exatamente o que o nome sugere: ele multiplica a cor nas cores subjacentes com a cor na camada mais de cima.
- **Lighten** substitui pixels nas camadas subjacentes por aqueles na camada mais de cima, sempre que os pixels nesta camada forem mais claros.
- **Overlay** multiplica as cores ou o inverso das cores, dependendo das cores nas camadas subjacentes. Padrões ou cores se sobrepõem (*overlay*) aos pixels existentes, preservando ao mesmo tempo as altas-luzes e as sombras das camadas subjacentes.
- **Luminosity** substitui apenas a luminância das cores subjacentes por aquela da camada mais de cima.
- **Difference** subtrai cores mais escuras daquelas mais claras.

Multiply

Lighten

Overlay

Luminosity

Difference

3 Com a camada Pineapple copy selecionada, escolha Overlay no menu Blending Modes no painel Layers.

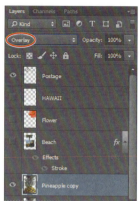

O modo de mesclagem Overlay mescla a camada Pineapple copy com a camada Pineapple abaixo dela para criar um abacaxi vibrante, mais colorido, com sombras mais profundas e altas-luzes mais brilhantes.

4 Selecione a camada Postage e escolha Multiply no menu Blending Modes.

O modo de mesclagem Multiply multiplica as cores nas camadas subjacentes pelas cores na camada superior. Neste caso, o carimbo postal fica um pouco mais destacado.

5 Escolha File > Save para salvar seu trabalho.

Redimensione e gire camadas

Você pode redimensionar e transformar as camadas.

1 Clique na coluna Visibility na camada Beach para torná-la visível.

2 Selecione a camada Beach no painel Layers e escolha Edit > Free Transform.

Uma caixa delimitadora Transform aparece em torno da imagem da praia. Ela tem alças nos quatro cantos e nos quatro lados.

Primeiro, você vai redimensionar e inclinar a camada.

3 Pressione a tecla Shift enquanto arrasta uma alça de canto para dentro a fim de reduzir a foto da praia em cerca de 50%. (Observe as porcentagens Width e Height na barra de opções.)

4 Com a caixa delimitadora ainda ativa, posicione o cursor fora de uma das alças de canto até que ela se torne uma seta dupla curvada. Arraste no sentido horário para girar a imagem da praia em aproximadamente 15 graus. Você também pode inserir **15** na caixa Set Rotation na barra de opções.

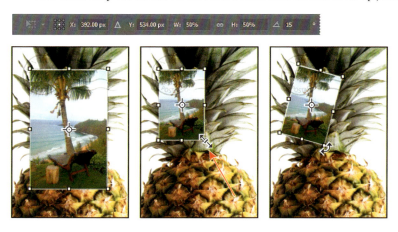

5 Clique no botão Commit Transform (✔) na barra de opções.

6 Deixe a camada Flower visível. Em seguida, selecione a ferramenta Move (▶⊕) e arraste a foto da praia para que seu canto permaneça totalmente oculto sob a flor, como na figura.

7 Escolha File > Save.

Utilize um filtro para criar uma arte

A seguir, você criará uma nova camada sem nenhuma arte. (Adicionar camadas vazias a um arquivo é comparável a adicionar folhas de acetato em branco a uma pilha de imagens.) Você utilizará essa camada para adicionar nuvens ao céu, usando um filtro do Photoshop.

1 No painel Layers, selecione a camada Background para ativá-la, e então clique no botão Create A New Layer ( ) na base do painel Layers.

● **Nota:** Você também pode criar uma nova camada escolhendo Layer > New > Layer, ou escolhendo New Layer a partir do menu do painel Layers.

Uma nova camada, chamada Layer 1, aparece entre as camadas Background e Pineapple. Como a camada não tem conteúdo algum, ela não exerce qualquer efeito sobre a imagem.

2 Dê um clique duplo no nome Layer 1, digite **Clouds** e, então, pressione Enter ou Return para renomear a camada.

3 No painel Tools, clique na amostra de cor de primeiro plano, selecione uma cor azul para o céu no Color Picker e clique em OK. Selecionamos uma cor com os seguintes valores: R=48, G=138 e B=174. A cor de fundo permanece o branco.

4 Com a camada Clouds ainda ativa, escolha Filter > Render > Clouds.

As nuvens atrás da imagem parecem mais reais.

5 Escolha File > Save.

Arraste para adicionar uma nova camada

Para adicionar uma camada a uma imagem, arraste um arquivo de imagem a partir da área de trabalho, do Bridge ou do Explorer (Windows), ou do Finder (Mac OS). Você adicionará outra flor ao cartão postal agora.

1 Se o Photoshop preencher seu monitor, reduza o tamanho da janela:

- No Windows, clique no botão Maximizar/Restaurar (▣), posicionado no canto superior direito, e arraste o canto inferior direito da janela do Photoshop para reduzi-la.
- No Mac OS, clique no botão verde Maximize/Restore (●) no canto superior esquerdo da janela da imagem.

2 No Photoshop, selecione a camada Pineapple copy no painel Layers para ativá-la.

3 No Explorer (Windows) ou no Finder (Mac OS), vá até a pasta Lessons que você baixou do site. Em seguida, navegue até a pasta Lesson04.

4 Selecione Flower2.psd e arraste-o do Explorer ou do Finder até a sua imagem.

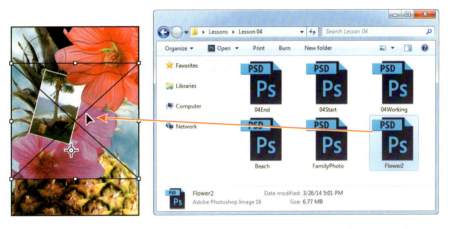

A camada Flower2 aparece no painel Layers, logo acima da camada Pineapple copy. O Photoshop coloca a imagem como um Smart Object, que é uma camada que você pode editar sem efetuar mudanças definitivas. Você trabalhará mais extensivamente com Smart Objects na Lição 8.

▶ **Dica:** Você pode arrastar imagens de uma janela do Bridge para o Photoshop com a mesma facilidade com que pode arrastar no desktop do Windows ou Mac.

5 Posicione a camada Flower2 no canto inferior esquerdo do cartão postal, de modo que quase metade da flor fique visível.

6 Clique no botão Commit Transform (✓) na barra de opções para aceitar a camada.

Adicione texto

Agora, você está pronto para adicionar texto utilizando a ferramenta Horizontal Type, que posiciona o texto em uma camada própria. Depois, você vai editar esse texto e aplicar um efeito especial.

1 Deixe a camada HAWAII visível. Você vai adicionar uma camada de texto abaixo dessa camada e aplicar efeitos especiais às duas camadas.

2 Escolha Select > Deselect Layers para que nenhuma camada seja selecionada.

3 No painel Tools, selecione a ferramenta Horizontal Type (T). Em seguida, escolha Window > Character para abrir o painel Character. Faça o seguinte nesse painel:

- Selecione uma fonte serifada (utilizamos Birch Std; se você usar uma fonte diferente, ajuste outras configurações de acordo).

- Selecione um estilo de fonte (utilizamos Regular).

- Selecione um tamanho grande de fonte (utilizamos 36 pontos).

- Selecione um valor grande de espaçamento entre caracteres (VA) (utilizamos 250).

- Clique na amostra de cores, selecione um verde de tonalidade grama no Color Picker e clique em OK para fechar o Color Picker.

- Clique no botão Faux Bold (T).

- Clique no botão All Caps (TT).

- Selecione Crisp no menu Anti-aliasing (ªa).

4 Clique um pouco abaixo do "H" da palavra "HAWAII" e digite **Island Paradise**. Em seguida, clique no botão Commit Any Current Edits (✓) na barra de opções.

O painel Layers agora inclui uma camada chamada Island Paradise com uma miniatura em forma de "T", indicando que se trata de uma camada de texto. Essa camada encontra-se no alto da pilha de camadas.

● **Nota:** Se cometer algum erro ao clicar para posicionar o texto, basta clicar longe do texto e repetir o passo 4.

 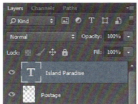

O texto aparece onde você clicou, que provavelmente não é o lugar em que gostaria de posicioná-lo.

5 Selecione a ferramenta Move (▸⊕) e arraste o texto "Island Paradise" até centralizá-lo abaixo de "HAWAII".

Aplique degradê a uma camada

Você pode aplicar um degradê de cores em toda ou em parte de uma camada. Neste exemplo, você aplicará degradê ao texto "HAWAII" para deixá-lo mais colorido. Primeiro, você vai selecionar o texto e depois aplicar o degradê.

1 Selecione a camada HAWAII no painel Layers para ativá-la.

● **Nota:** Cuide para clicar na miniatura, não no nome da camada, senão você verá o menu contextual errado.

2 Clique com o botão direito do mouse ou com a tecla Control pressionada na miniatura na camada HAWAII e escolha Select Pixels.

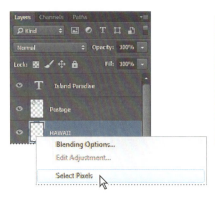

● **Nota:** Embora a camada contenha a palavra "HAWAII", não se trata de uma camada de texto. O texto foi rasterizado.

Tudo na camada HAWAII (as letras em branco) é selecionado. Agora que você selecionou a área a ser preenchida, aplicará o degradê.

3 No painel Tools, selecione a ferramenta Gradient (■).

4 No painel Tools, clique na amostra de cores de primeiro plano, selecione um tom claro de laranja no Color Picker e clique em OK. A cor de fundo deve continuar branca.

5 Na barra de opções, certifique-se de que Linear Gradient (■) está selecionado.

▶ **Dica:** Para listar as opções de degradê pelo nome em vez de pela amostra, clique no botão do seletor de degradê e escolha Small List ou Large List. Ou posicione o cursor sobre uma miniatura até que a dica de tela apareça, mostrando o nome do degradê.

6 Na barra de opções, clique na seta ao lado da caixa Gradient Editor para abrir o seletor de degradê. Selecione a amostra Foreground To Background (a primeira) e então clique em qualquer lugar fora do seletor para fechá-lo.

7 Com a seleção ainda ativa, arraste a ferramenta Gradient da parte inferior para a parte superior das letras. Se quiser se assegurar de que está arrastando reto para cima, pressione a tecla Shift ao arrastar.

O degradê cobre todo o texto, iniciando com laranja na parte inferior e mesclando-se gradualmente com branco na parte superior.

8 Escolha Select > Deselect para desmarcar o texto HAWAII.

9 Salve o trabalho feito até aqui.

Aplique um estilo de camada

Você pode aprimorar uma camada adicionando Shadow, Stroke, Satin Sheen ou outro efeito especial, a partir de um conjunto de estilos de camada automáticos e editáveis. Esses estilos são fáceis de aplicar e de vincular diretamente à camada que você escolher.

Como ocorre com as camadas, os estilos de camada podem ser ocultados clicando-se nos ícones de olho (👁) no painel Layers. Como eles são não destrutivos, você pode editá-los ou removê-los a qualquer momento. Uma cópia de um estilo de camada pode ser aplicada a uma camada diferente arrastando-se o efeito para a camada de destino.

Anteriormente, você utilizou um estilo de camada para adicionar uma moldura à foto da praia. Agora, você adicionará sombras projetadas ao texto para que ele se destaque.

1 Selecione a camada Island Paradise e depois escolha Layer > Layer Style > Drop Shadow.

2 Na caixa de diálogo Layer Style, cuide para que a opção Preview esteja selecionada e, se necessário, mova a caixa de diálogo para ver o texto "Island Paradise" na janela da imagem.

3 Na área Structure, selecione Use Global Light e então especifique as seguintes configurações:

- Blend Mode: Multiply
- Opacity: **75%**
- Angle: **78°**
- Distance: **5** px
- Spread: **30%**
- Size: **10** px

▶ **Dica:** Você também pode abrir a caixa de diálogo Layer Style clicando no botão Add A Layer Style na parte inferior do painel Layers e, então, escolher um estilo de camada, como Bevel And Emboss, no menu pop-up.

Quando Use Global Light está selecionado, um ângulo "mestre" de iluminação fica disponível em todos os efeitos de camada que utilizam sombreado. Quando você configura um ângulo de iluminação em um desses efeitos, todos os efeitos com Use Global Light selecionado herdam o mesmo ajuste angular.

▶ **Dica:** Para alterar as configurações de Global Light, escolha Layer > Layer Style > Global Light.

Angle determina o ângulo de iluminação no qual o efeito é aplicado à camada. Distance determina o efeito de separação para um efeito de Shadow ou Satin. Spread determina o quão gradualmente a sombra se esvai rumo às extremidades. Size determina até onde a sombra se estende.

O Photoshop adiciona uma sombra projetada abaixo do texto "Island Paradise" na imagem.

4 Clique em OK para aceitar as configurações e feche a caixa de diálogo Layer Style.

O Photoshop adiciona o estilo de camada à camada Island Paradise. Ele primeiro lista os efeitos e depois os estilos de camada aplicados à camada. Um ícone de olho (👁) aparece ao lado da categoria do efeito e de cada efeito. Para desativar um efeito, clique no ícone de olho. Clique na coluna Visibility novamente para restaurar o efeito. Para ocultar todos os estilos de camada, clique no ícone de olho ao lado de Effects. Para recolher a lista de efeitos, clique na seta ao lado da camada.

5 Certifique-se de que os ícones de olho aparecem para os dois itens adicionados à camada Island Paradise.

6 Pressione Alt (Windows) ou Option (Mac OS) e arraste a linha Effects ou o símbolo fx (*fx*) até a camada HAWAII.

O estilo de camada Drop Shadow é aplicado à camada HAWAII, copiando as configurações que você havia aplicado à camada Island Paradise. Agora, você adicionará um traço verde em torno da palavra HAWAII.

Julieanne Kost é divulgadora oficial do Adobe Photoshop.

Dicas de ferramentas de uma divulgadora do Photoshop

Efeitos de mesclagem

Mesclar camadas em ordem diferente ou em um agrupamento diferente altera o efeito. Você pode aplicar um modo de mesclagem a um grupo inteiro de camadas e obter um resultado muito diferente do que se aplicasse o mesmo modo de mesclagem para cada uma das camadas individualmente. Quando um modo de mesclagem é aplicado a um grupo, o Photoshop trata o grupo como um único objeto mesclado e, em seguida, aplica o modo de mesclagem. Faça experiências com modos de mesclagem para obter o efeito desejado.

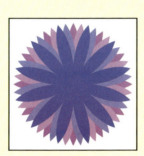

7 Selecione a camada HAWAII no painel Layers, clique no botão Add A Layer Style (fx) na parte inferior do painel e escolha Stroke no menu pop-up.

8 Na área Structure da caixa de diálogo Layer Styles, especifique as seguintes configurações:

- Size: **4** px
- Position: Outside
- Blend Mode: Normal
- Opacity: **100**%
- Color: Verde (selecione um tom que caia bem com o que você utilizou para o texto "Island Paradise")

9 Clique em OK para aplicar o traço.

Agora, você adicionará uma sombra projetada e um brilho acetinado à flor.

10 Selecione a camada Flower e escolha Layer > Layer Style > Drop Shadow. Em seguida, altere as seguintes configurações na área Structure:

- Opacity: **60**%
- Distance: **13** px

- Spread: **9**%.
- Cuide para que Use Global Light esteja selecionado e que o Blend Mode esteja em Multiply. Não clique em OK.

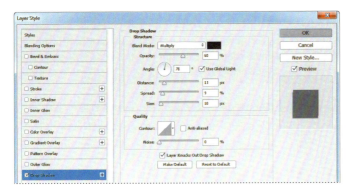

11 Com a caixa de diálogo Layer Style ainda aberta, clique na palavra Satin à esquerda para selecioná-la e exibir suas opções. Em seguida, verifique se Invert está selecionado e aplique as seguintes configurações:

- Color (ao lado do Blend Mode): Fúcsia (escolha uma cor que combine com a cor da flor)
- Opacity: **20**%
- Distance: **22** px

● **Nota:** Certifique-se de clicar na palavra Satin. Se você clicar apenas na caixa de seleção, o Photoshop aplicará o estilo de camada com suas configurações padrão, mas você não verá as opções.

O efeito de camada Satin aplica sombreado interior a fim de dar um acabamento acetinado. O contorno controla o formato de efeito; Invert inclina a curva de contorno.

Extras

Utilize um efeito mais de uma vez em um estilo de camada

Uma ótima maneira de adicionar impacto visual a um elemento de design é aplicar várias instâncias de efeitos como traços, brilhos ou sombras. Você não precisa duplicar camadas para fazer isso, já que pode aplicar várias instâncias de um efeito dentro da caixa de diálogo Layer Styles.

1 Abra 04End.psd na sua pasta Lesson04.
2 No painel Layers, dê um clique duplo no efeito Drop Shadow aplicado à camada HAWAII.
3 Clique no botão + ao lado do efeito Drop Shadow e selecione o segundo efeito Drop Shadow.

Agora começa a parte divertida! Você pode ajustar a sua segunda sombra projetada para alterar opções como cor, tamanho e opacidade.

4 Nas opções de Drop Shadow, clique na amostra de cores, mova o cursor para fora da caixa de diálogo Layer Style até se transformar em um conta-gotas e clique na flor, na parte de baixo, para capturar uma amostra de sua cor rosa. Em seguida, configure os ajustes de Drop Shadow conforme mostrado abaixo e clique em OK.

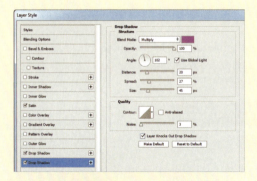

5 A nova sombra projetada cor-de-rosa ajuda a destacar da página o texto HAWAII.

12 Clique em OK para aplicar os dois estilos de camada.

Antes da aplicação de estilos de camada

A flor com os estilos de sombra projetada e de acetinado aplicados à sua camada

Adicione uma camada de ajuste

As camadas de ajuste podem ser adicionadas a uma imagem para aplicar ajustes tonais e de cor sem alterar permanentemente os valores de pixel na imagem. Se você adicionar, por exemplo, uma camada de ajuste Color Balance a uma imagem, pode experimentar cores diferentes repetidamente, pois a alteração apenas ocorre na camada de ajuste. Se decidir retornar aos valores de pixel originais, basta ocultar ou excluir a camada de ajuste.

Você já utilizou camadas de ajuste em outras lições. Aqui, você vai adicionar uma camada de ajuste Hue/Saturation (matiz/saturação) para alterar a cor da flor. Uma camada de ajuste afeta todas as camadas abaixo dela na ordem de empilhamento da imagem, a menos que uma seleção esteja ativa quando você a cria, ou que você crie uma máscara de corte.

1 Selecione a camada Flower2 no painel Layers.

2 Clique no ícone Hue/Saturation no painel Adjustments para adicionar uma camada de ajuste de matiz/saturação.

3 No painel Properties, aplique as seguintes configurações:

- Hue: **43**
- Saturation: **19**
- Lightness: **0**

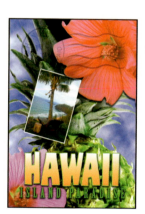

As alterações afetam as camadas Flower2, Pineapple Copy, Pineapple, Clouds e Background. O efeito é interessante, mas você só quer alterar a camada Flower2.

● **Nota:** Certifique-se de clicar no nome da camada, não na miniatura, para ver o menu contextual apropriado.

4 Clique com o botão direito do mouse (Windows) ou clique com a tecla Control pressionada (Mac OS) na camada de ajuste Hue/Saturation e escolha Create Clipping Mask.

Uma seta aparece no painel Layers, indicando que a camada de ajuste aplica-se apenas à camada Flower2. Você aprenderá mais sobre máscaras de corte nas Lições 6 e 7.

Atualize os efeitos de camada

Os efeitos de camada são automaticamente atualizados quando você faz alterações em uma camada. Você pode editar o texto e observar como o efeito de camada monitora a alteração.

1 Selecione a camada Island Paradise no painel Layers.

2 No painel Tools, selecione a ferramenta Horizontal Type (T).

3 Na barra de opções, configure o tamanho da fonte para **32** pontos e pressione Enter ou Return.

Embora você não tenha selecionado o texto arrastando a ferramenta Type (como teria de fazer em um programa de edição de texto), "Island Paradise" agora aparece em tamanho de 32 pontos.

4 Usando a ferramenta Horizontal Type, clique entre "Island" e "Paradise" e digite **of**. À medida que você edita o texto, os estilos de camada são aplicados ao novo texto.

5 Na verdade, você não precisa da palavra "of", então a delete.

6 Selecione a ferramenta Move ( ) e arraste o texto "Island Paradise" até centralizá-lo abaixo da palavra "HAWAII".

▶ **Dica:** Você pode procurar por camadas no painel Layers por tipo de camada, nome da camada, efeito, modo, atributo e cor. Você também pode exibir apenas as camadas selecionadas: escolha Select > Isolate Layers, ou escolha Selected a partir do menu Kind no painel Layers, para inserir Isolation Mode.

● **Nota:** Você não precisa clicar no botão Commit Any Current Edits depois de editar texto, pois selecionar a ferramenta Move tem o mesmo efeito.

Quando você adiciona texto, os efeitos de camada são aplicados automaticamente.

Centralize o texto abaixo da palavra "HAWAII".

7 Escolha File > Save.

Adicione uma borda

O cartão postal Hawaii está quase pronto. Os elementos estão quase todos organizados corretamente na composição. Para finalizar, você vai posicionar o carimbo postal e adicionar uma borda branca ao cartão postal.

1 Selecione a camada Postage e então utilize a ferramenta Move ( ) para arrastá-la até a metade direita da imagem, conforme mostra a figura.

2 Selecione a camada Island Paradise no painel Layers, e então clique no botão Create A New Layer (🗐) na base do painel.

3 Escolha Select > All.

4 Escolha Select > Modify > Border. Na caixa de diálogo Border Selection, digite **10** pixels para Width (largura) e clique em OK.

Uma borda de 10 pixels é selecionada em torno da imagem. Agora você a preencherá com branco.

5 Selecione branco como a cor de primeiro plano e então escolha Edit > Fill.

6 Na caixa de diálogo Fill, escolha a cor de primeiro plano no menu Contents e clique em OK.

 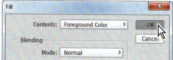

7 Escolha Select > Deselect.

8 Dê um clique duplo no nome Layer 1 no painel Layers e renomeie a camada como **Border**.

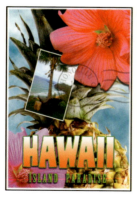 

Achate e salve arquivos

Depois de editar todas as camadas da sua imagem, você pode mesclar ou *achatar* as camadas para reduzir o tamanho do arquivo. O achatamento junta todas as camadas em uma só camada. No entanto, como as camadas não podem ser editadas depois de achatadas, você só deve achatar uma imagem quando tiver certeza de que está satisfeito com todas as suas decisões de design. Em vez de achatar seus arquivos PSD originais, uma boa ideia é salvar uma cópia do arquivo com suas camadas intactas, caso você precise editar uma camada mais tarde.

Para verificar o que o achatamento faz, observe os dois números para tamanho de arquivo na barra de status na parte inferior da janela da imagem. O primeiro número refere-se ao tamanho do arquivo se você achatasse a imagem. O segundo número representa o tamanho do arquivo sem o achatamento. Se achatado, esse arquivo de lição teria entre 2 e 3 MB, mas seu tamanho atual é muito maior. Portanto, o achatamento vale a pena neste caso.

● **Nota:** Se os tamanhos não aparecerem na barra de status, clique na seta do menu pop-up da barra de status e escolha Document Sizes.

1 Selecione qualquer ferramenta, exceto a Type (T), para garantir que você não esteja no modo de edição de texto. Em seguida, escolha File > Save (se estiver disponível) para salvar todas as suas alterações no arquivo.

2 Escolha Image > Duplicate.

3 Na caixa de diálogo Duplicate Image, nomeie o arquivo como **04Flat.psd** e clique em OK.

4 Deixe o arquivo 04Flat.psd aberto, mas feche o arquivo 04Working.psd.

5 Escolha Flatten Image no menu do painel Layers.

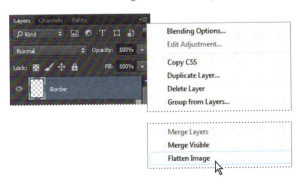

Apenas uma camada, chamada Background, permanece no painel Layers.

6 Escolha File > Save. Ainda que você tenha escolhido Save, em vez de Save As, a caixa de diálogo Save As aparece.

7 Confira se a localização é a pasta Lessons/Lesson04 e, então, clique em Save para aceitar as configurações padrão e salvar o arquivo achatado.

> ▶ **Dica:** Para achatar apenas algumas camadas em um arquivo, clique nos ícones de olho para ocultar as camadas que você não quer achatar e, então, escolha Merge Visible no menu do painel Layers.

Você salvou duas versões do arquivo: uma cópia achatada da camada e o arquivo original, no qual todas as camadas permanecem intactas.

Você criou um cartão postal colorido e atraente. Esta lição apenas começou a explorar as amplas possibilidades e a flexibilidade que você ganha depois de dominar a arte de utilizar as camadas do Photoshop. Você vai ganhar mais experiência e experimentar diferentes técnicas de camadas em quase todos os capítulos à medida que você avança neste livro.

As composições de camadas

As composições de camada (*layer comps*) alternam entre diferentes visualizações de um arquivo de imagem com várias camadas, com apenas um clique do mouse. Uma composição de camada é simplesmente uma definição das configurações no painel Layers. Uma vez definida a composição de camada, você pode mudar quantas configurações quiser no painel Layers e, então, criar outra composição de camada para preservar essa configuração das propriedades da camada. Em seguida, alternando de uma composição de camada para outra, você pode rever rapidamente os dois designs. A elegância das composições de camada fica evidente quando você quer demonstrar, por exemplo, uma quantidade de possíveis arranjos de design. Depois de criar algumas composições de camada, você pode rever as variações no design sem precisar selecionar e remover a seleção dos ícones de olho ou alterar configurações no painel Layers.

Digamos que você esteja fazendo o design de um folheto e produzindo uma versão em inglês e em francês. Você poderia posicionar o texto em francês em uma camada e o texto em inglês em outra, no mesmo arquivo de imagem. Para criar duas composições de camadas diferentes, simplesmente ative a visibilidade da camada em francês e desative a da camada em inglês e, então, clique no botão Create New Layer Comp no painel Layer Comps. Em seguida, faça o inverso – ative a visibilidade da camada em inglês e desative a da camada em francês e clique no botão Create New Layer Comp – para criar uma composição da camada em inglês. Para visualizar as diferentes composições de camada, clique na caixa Layer Comp de cada composição no painel Layer Comps, a fim de visualizá-las uma de cada vez.

Composições de camada podem ser um recurso especialmente valioso quando o design está em andamento ou quando você precisa criar várias versões do mesmo arquivo de imagem. Se alguns aspectos precisarem manter a uniformidade entre composições de camada, você pode alterar a visibilidade, a posição ou a aparência de uma camada de uma composição e então sincronizá-la para ver a alteração refletida em todas as outras composições de camadas.

LIÇÃO 4 | **101**
Princípios básicos de camadas

Extras

Mescle fotos

Remova olhos fechados e poses ruins de um belo retrato de família com o recurso Auto-Align Layers.

1 Abra FamilyPhoto.psd na sua pasta Lesson04.

2 No painel Layers, ative e desative a Layer 2 para ver as duas fotos. Quando as duas camadas estão visíveis, a Layer 2 mostra o homem mais alto, no centro, de olhos fechados, e as duas meninas no meio da rede olhando para o lado.

Você vai alinhar as duas fotos e, então, usar a ferramenta Eraser para remover partes da foto na Layer 2 que você quer arrumar.

3 Deixe as duas camadas visíveis e clique com a tecla Shift pressionada para selecioná-las. Escolha Edit > Auto-Align Layers; clique em OK para aceitar a posição padrão Auto. Clique no ícone de olho ao lado da Layer 2 para ver se as camadas estão perfeitamente alinhadas.

Agora a parte divertida! Você vai melhorar a foto.

4 Selecione a ferramenta Eraser no painel Tools e um pincel macio de 45 pixels na barra de opções. Selecione a Layer 2 e comece a pincelar no centro da cabeça do homem com os olhos fechados para revelar o rosto sorridente na camada por baixo.

5 Utilize a ferramenta Eraser nas duas meninas que estão olhando para o lado, revelando a imagem por baixo, em que elas olham para a câmera.

Você criou uma foto de família natural.

Perguntas de revisão

1 Qual a vantagem do uso de camadas?

2 Quando você cria uma nova camada, onde ela aparece na pilha do painel Layers?

3 Como você pode fazer a imagem de uma camada aparecer na frente da imagem de outra camada?

4 Como você pode aplicar um estilo de camada?

5 Depois de completar seu trabalho, o que você pode fazer para diminuir o tamanho do arquivo sem alterar a qualidade ou as dimensões da imagem?

Respostas

1 As camadas permitem mover e editar diferentes partes de uma imagem como objetos independentes. Você também pode ocultar camadas individuais enquanto trabalha em outras camadas.

2 Uma nova camada sempre aparece imediatamente acima da camada ativa.

3 Você pode fazer a arte de uma camada aparecer na frente da arte de outra camada, arrastando as camadas para cima ou para baixo na ordem de empilhamento, no painel Layers, ou usando os subcomandos Layer > Arrange – Bring To Front, Bring Forward, Send To Back e Send Backward. Porém, não é possível alterar a posição da camada Background.

4 Para aplicar um estilo de camada, selecione a camada e, no painel Layers, clique no botão Add A Layer Style, ou escolha Layer > Layer Style > [estilo].

5 Para minimizar o tamanho do arquivo, você pode achatar a imagem, o que mescla todas as camadas em um só fundo. Uma boa ideia é duplicar os arquivos de imagem com as camadas intactas antes de compactá-las, para o caso de você precisar fazer alterações em uma camada posteriormente.

5 CORREÇÕES RÁPIDAS

Visão geral da lição

Nesta lição, você vai aprender a:

- Remover olhos vermelhos.
- Aumentar o brilho de uma imagem.
- Combinar imagens a fim de criar um panorama.
- Desfocar o plano de fundo de uma imagem usando Iris Blur.
- Mesclar duas imagens para ampliar a profundidade de campo.
- Aplicar correção de lente óptica em uma imagem distorcida.
- Mover um objeto com naturalidade.
- Utilizar Perspective Warp para colocar um objeto em uma imagem com uma perspectiva diferente.

Esta lição levará aproximadamente 1 hora para ser concluída. Faça download dos arquivos de projeto Lesson05 a partir da página do livro no site www.grupoa.com.br, caso ainda não tenha feito isso. Ao trabalhar nesta lição, você preservará os arquivos iniciais. Se precisar restaurá-los, você pode baixá-los novamente a partir do site.

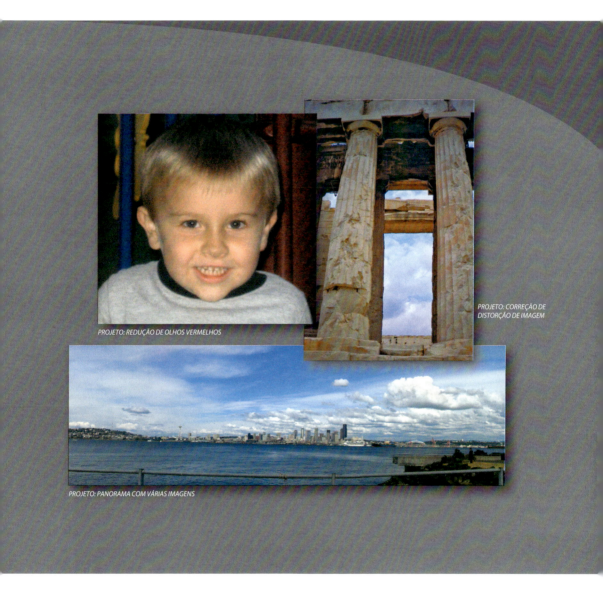

Às vezes, um ou dois cliques no Photoshop são o bastante para dar um ar incrível a uma imagem mediana (ou pior). As correções rápidas permitem que você obtenha bons resultados sem grande complicação.

Introdução

Nem toda imagem precisa de uma remodelação complicada usando recursos do Photosop. Na verdade, conhecendo um pouco o Photoshop, é possível aprimorar uma imagem rapidamente. O truque é saber o que é possível e como encontrar o que você precisa.

Nesta lição, você fará correções rápidas em diversas imagens usando uma variedade de ferramentas e técnicas. Você pode utilizar essas técnicas individualmente ou em conjunto, quando estiver trabalhando com uma imagem que exija um pouco mais.

1 Inicie o Photoshop e pressione Ctrl+Alt+Shift (Windows) ou Command+Option+Shift (Mac OS) para restaurar as preferências padrão. (Consulte "Restaure as preferências padrão", na página 4.)

2 Quando solicitado, clique em Yes para excluir o arquivo de configurações do Adobe Photoshop (Adobe Photoshop Settings).

Aprimore uma foto

Quando uma foto é compartilhada apenas com amigos e familiares, talvez ela não precise de um visual profissional. Mas sempre é recomendável que os olhos estejam brilhantes, e nunca é bom uma foto escura demais a ponto de ocultar detalhes importantes. O Photoshop oferece as ferramentas para você fazer alterações rápidas em uma foto.

Corrija olhos vermelhos

O efeito de *olhos vermelhos* ocorre quando o flash da câmera reflete na retina da pessoa fotografada. Isso costuma acontecer em fotografias tiradas em lugares escuros, porque as pupilas ficam completamente abertas. Felizmente, é fácil corrigir olhos vermelhos no Photoshop. Neste exercício, você removerá a cor vermelha dos olhos do garoto no retrato.

Primeiro, você verá as imagens de antes e depois no Adobe Bridge.

● **Nota:** Se o Bridge não estiver instalado, você será instado a instalá-lo quando escolher Browse In Bridge. Para mais informações, veja a página 2.

1 Escolha File > Browse In Bridge para abrir o Adobe Bridge.

2 No painel Favorites no Bridge, clique na pasta Lessons. Em seguida, no painel Content, dê um clique duplo na pasta Lesson05 para abri-la.

3 Ajuste o controle deslizante de miniaturas, se necessário, para ver as prévias em miniatura claramente. Então, olhe para os arquivos Boy_Start.jpg e Boy_End.psd.

LIÇÃO 5 | 107
Correções rápidas

Boy_Start.jpg   Boy_End.psd

Olhos vermelhos não apenas dão uma aparência sinistra a uma pessoa ou a um animal comum, como podem atrapalhar o tema da imagem. É fácil corrigir olhos vermelhos no Photoshop, e você ainda aproveitará para dar uma clareada nesta imagem.

4 Dê um clique duplo no arquivo Boy_start.jpg para abri-lo no Photoshop.

5 Escolha File > Save As, escolha Photoshop para o Format, nomeie o arquivo como **Boy_Working.psd** e clique em Save.

6 Selecione a ferramenta Zoom (🔍) e arraste para ampliar e ver os olhos do garoto. Se Scrubby Zoom não estiver selecionado, arraste uma delimitação em torno dos olhos para ampliá-los.

7 Selecione a ferramenta Red Eye (⁺👁), oculta sob a ferramenta Spot Healing Brush (🖌).

8 Na barra de opções, reduza Pupil Size (tamanho da pupila) para **23**% e Darken Amount para **30**%.

Darken Amount especifica o quão escura a pupila deve ser.

9 Clique na pupila do olho esquerdo do garoto. O reflexo vermelho desaparece.

10 Clique na pupila do olho direito do garoto para também remover esse reflexo.

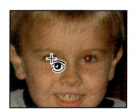 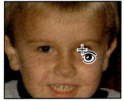 

Se o reflexo vermelho estiver diretamente sobre a pupila, ele será removido quando você clicar na pupila. Porém, se o reflexo vermelho estiver um pouco deslocado da pupila, tente clicar primeiro na parte mais clara do olho. Talvez você precise clicar em alguns pontos diferentes, mas é fácil desfazer cada ação e tentar novamente.

11 Escolha View > Fit On Screen para ver toda a imagem.

12 Escolha File > Save para salvar seu trabalho.

Aumente o brilho de uma imagem

Os olhos do garoto já não estão mais cintilantes, mas a imagem está um tanto escura. No Photoshop, você pode clarear uma imagem de diversas formas. Atendo-se apenas às camadas de ajuste, você pode tentar modificar Brightness/Contrast, Levels, Curves e Exposure. Às vezes, a melhor opção é experimentar todas e ver a que você mais gosta. Isso é fácil de fazer com as camadas de ajuste. Mas quando você procura por uma correção bem rápida, a camada de ajuste Curves é uma ótima opção.

1 Clique em Curves no painel Adjustments.

2 Clique em Auto para ver o que o Photoshop aplica. A imagem fica mais clara.

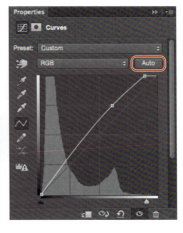

3 Escolha Lighter no menu Preset. O Photoshop aplica algumas alterações sutis.

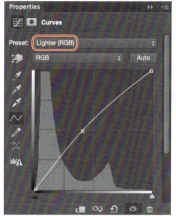

4 Selecione o conta-gotas de White Point no painel Curves e depois clique na área branca da estampa da camiseta do menino. Isso clareia a imagem, e também melhora o contraste.

5 Se você quiser experimentar um pouco mais com as configurações, pode mover a curva manualmente, ou escolher um ponto de preto ou de cinza. Para ver como você clareou a imagem, oculte a camada Curves e depois a exiba de novo.

6 Salve e feche o arquivo. A foto está pronta para ser compartilhada.

Desfoque um plano de fundo

Os desfoques interativos na Blur Gallery permitem que você customize um desfoque trabalhando com uma prévia da sua imagem. Você utilizará um desfoque de íris para desfocar o plano de fundo de uma imagem, chamando a atenção do observador para a garça. Você aplicará o desfoque na forma de um Smart Filter, para poder modificá-lo mais tarde se quiser.

Primeiro, você vai olhar os arquivos de antes e depois no Bridge.

1 Escolha File > Browse In Bridge para abrir o Adobe Bridge.

2 No painel Favorites no Bridge, clique na pasta Lessons. Em seguida, no painel Content, dê um clique duplo na pasta Lesson05 para abri-la.

3 Compare as prévias em miniatura Egret_Start.jpg e Egret_End.psd.

Egret_Start.jpg   *Egret_End.psd*

Na imagem final, a garça está mais nítida, já que seu reflexo e a grama ao seu redor foram desfocados. O Iris Blur, um dos desfoques interativos na Blur Gallery, facilita muito essa tarefa, sem a necessidade de máscaras.

4 Retorne para o Photoshop e escolha File > Open As Smart Object.

5 Selecione o arquivo Egret_Start.jpg na pasta Lesson05 e clique em OK ou Open.

O Photoshop abre a imagem. Há uma camada no painel Layers, e trata-se de um Smart Object.

6 Escolha File > Save As, escolha Photoshop para o Format, nomeie o arquivo como **Egret_Working.psd** e clique em Save. Clique em OK na caixa de diálogo Photoshop Format Options.

7 Escolha Filter > Blur Gallery > Iris Blur.

Uma elipse de desfoque é centralizada na sua imagem. Você pode ajustar a posição e o escopo do desfoque movendo o pino central, as alças de suavização e as alças de elipse. O Photoshop também abre a Blur Gallery, que inclui os painéis Blur Tools, Blur Effects e Motion Blur Effects.

8. Arraste o pino central de modo que ele fique na base do corpo do pássaro.

9. Clique e arraste a elipse para dentro a fim de restringir o foco em volta do pássaro.

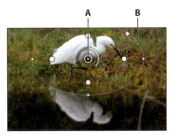 

A. *Pino central* **B.** *Elipse* **C.** *Alça de suavização* **D.** *Foco*

10. Pressione Alt (Windows) ou Option (Mac OS) ao clicar e arrastar as alças de suavização, até deixá-las como na imagem abaixo. Pressionando Alt ou Option, você pode arrastar cada alça separadamente.

11. Clique e arraste o anel de foco para reduzir a quantidade de desfoque para **5** px, criando um desfoque gradual, mas perceptível. Você também pode alterar a quantidade de desfoque ao mover o controle deslizante Blur na área Iris Blur do painel Blur Tools.

12. Clique em OK na barra de opções para aplicar o desfoque.

O desfoque talvez tenha ficado um tanto sutil demais. Você editará o desfoque para aumentá-lo um pouco.

13. Dê um clique duplo na Blur Gallery na camada Egret (garça) no painel Layers para abri-la novamente. Ajuste o desfoque para **6** px e clique em OK na barra de opções para aplicá-lo.

Como você aplicou o filtro a um Smart Object, pode ocultá-lo ou editá-lo sem afetar a imagem original.

14. Salve e feche o arquivo.

A garça ficou acentuada pelo desfoque.

Blur Gallery

A Blur Gallery inclui cinco desfoques interativos: Field Blur, Iris Blur, Tilt-Shift, Path Blur e Spin Blur. Todos oferecem ferramentas seletivas de desfoque por movimento sobre a imagem, com um pino inicial de desfoque. Você pode criar pinos de desfoque adicionais clicando na imagem. Também pode aplicar um ou vários desfoques, assim como criar efeitos estroboscópicos e desfoques de rotação.

Antes *Depois* *Antes* *Depois*

Field Blur aplica um desfoque degradê a áreas da imagem, definido por pinos que você mesmo cria e por configurações que você especifica para eles. Quando você aplica Field Blur pela primeira vez, um pino é colocado no centro da imagem. Você pode ajustar o desfoque relativo a esse ponto ao arrastar a alça de desfoque ou ao especificar um valor no painel Blur Tools; você também pode arrastar o pino para um local diferente.

Iris Blur simula um efeito de profundidade de campo pequena, desfocando gradualmente tudo na parte de fora do anel de foco. Ajuste as alças de elipse, as alças de suavização e a quantidade de desfoque para customizar o desfoque de íris.

Antes *Depois* *Antes* *Depois*

Tilt-Shift simula uma imagem feita com uma lente *tilt-shift*. Este desfoque define áreas de nitidez e então recai para um desfoque nas bordas. Você pode usar esse efeito para simular fotos de objetos em miniatura.

Spin Blur é um desfoque de rotação em estilo radial medido em graus. Você pode modificar o tamanho e a forma da elipse, recentralizar o ponto de rotação pressionando Alt ou Option, ao clicar e arrastar ou ajustar o ângulo de desfoque. Você também pode especificar o ângulo de desfoque no painel Blur Tools. Múltiplos desfoques de rotação podem se sobrepor.

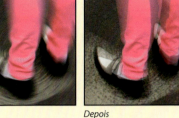

Antes   *Depois*   *Antes*   *Depois*

Path Blur cria desfoques de movimento ao longo dos caminhos que você mesmo desenha. Você controla a forma e a quantidade de desfoque.

Quando você aplica Path Blur pela primeira vez, um caminho padrão aparece. Arraste sua extremidade para reposicioná-lo. Clique no ponto central e arraste para modificar a curva. Clique para adicionar pontos adicionais à curva. A seta no caminho indica a direção do desfoque.

Você também pode criar um caminho com vários pontos ou uma forma. As formas de desfoque descrevem os desfoques de movimento locais, semelhantes ao tremor de câmera (veja "Redução de tremor de câmera", na página 132). O controle deslizante Speed no painel Blur Tools determina a velocidade de todos os desfoques de caminho. A opção Centered Blur garante que a forma de desfoque para qualquer pixel está centralizada naquele pixel, resultando em desfoques de movimento com aparência mais estável; para dar uma aparência mais fluida ao desfoque, desmarque essa opção.

Na aba **Effects**, você especifica os parâmetros de *bokeh* para controlar a aparência de áreas desfocadas. Light Bokeh clareia áreas desfocadas; Bokeh Color adiciona cores mais vivas a áreas clareadas que não estejam estouradas em branco; Light Bokeh determina a gama de tons que as configurações afetam.

Você pode adicionar um **efeito estroboscópio** a desfoques de rotação e de caminho. Selecione a aba **Motion Effects** para trazer seu painel para frente. O controle deslizante Strobe Strength determina quanto desfoque aparece entre exposições de flash (0% não gera qualquer efeito estrobo; 100% gera efeito estrobo integral com pouco desfoque entre as exposições). Strobe Flashes determina o número de exposições.

Antes   *Depois*

A aplicação de desfoque suaviza ruídos visíveis em imagens digitais ou granulação em filme que consta da imagem original, e esse descompasso entre as áreas originais e desfocadas pode dar uma aparência artificial ao desfoque. Você pode usar a aba **Noise** para restaurar ruído ou granulação para que as áreas desfocadas se assemelhem às áreas não desfocadas. Comece com o controle deslizante Amount e depois use as outras opções de Noise para igualar a noção de granulação original. Aumente o valor de Color, caso o original apresente um ruído de cor visível, e reduza o valor de Highlights se precisar equilibrar o nível de ruído das altas-luzes com relação às sombras.

Crie um panorama

Às vezes, uma paisagem é grande demais para uma única foto. Com o Photoshop, fica fácil combinar várias imagens em um único panorama, para que os observadores possam receber o efeito por inteiro.

Mais uma vez, você examinará o arquivo final primeiro, para ver aonde quer chegar.

1 Escolha File > Browse In Bridge.

2 Navegue até a pasta Lesson05, se já não estiver nela. Em seguida, olhe para a prévia em miniatura Skyline_End.psd.

Skyline_End.psd

Você combinará quatro fotos da silhueta de Seattle em um único e amplo panorama, para que os observadores tenham uma noção da cena como um todo. Para criar um panorama a partir de várias imagens, é preciso apenas alguns cliques. O Photoshop cuida do resto.

▶ **Dica:** Você também pode abrir imagens selecionadas do Bridge diretamente no Photoshop ao escolher Tools > Photoshop > Photomerge.

3 Retorne ao Photoshop.

4 Sem nenhum arquivo aberto no Photoshop, escolha File > Automate > Photomerge.

5 Na área Source Files, clique em Browse e navegue até a pasta Lesson05/Files For Panorama.

6 Com a tecla Shift pressionada, selecione todas as imagens na pasta e clique em OK ou em Open.

7 Na área de Layout da caixa de diálogo Photomerge, selecione Perspective.

8 Na parte de baixo da caixa de diálogo Photomerge, selecione Blend Images Together, Vignette Removal, Geometric Distortion Correction e Content Aware Fill Transparent Areas. Em seguida, clique em OK.

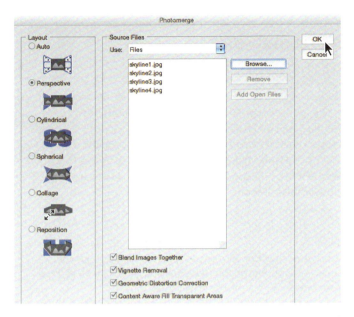

A opção Blend Images Together mescla imagens com base nas fronteiras ideais entre elas, em vez de apenas criar uma mescla retangular simples. Vignette Removal realiza compensação de exposição nas imagens com bordas escurecidas. Geometric Distortion Correction compensa distorções do tipo barril (*barrel*), almofada (*pincushion*) ou olho-de-peixe. Content Aware Fill Transparent Areas recobre automaticamente as áreas vazias entre as bordas da imagem mesclada e as laterais do quadro.

O Photoshop cria a imagem em panorama. Como se trata de um processo complexo, você talvez precise esperar um momento enquanto o Photoshop trabalha. Depois de pronto, você verá toda a paisagem na janela da imagem com cinco camadas no painel Layers. As quatro camadas mais de baixo são as quatro imagens originais que você selecionou. O Photoshop identificou as áreas de sobreposição mútua entre as imagens e as combinou, corrigindo qualquer discrepância angular. A camada mais de cima, contendo ("merged") no nome da camada, é uma única imagem em panorama mesclada a partir de todas as imagens que você selecionou, combinada com áreas anteriormente vazias que foram preenchidas pelo Content Aware Fill. Essas áreas são indicadas pelo contorno de seleção.

▶ **Dica:** Se você quer ver como o panorama fica sem as áreas criadas pelo Content Aware Fill, oculte a camada mais de cima.

Obtenha os melhores resultados com o Photomerge

Se você já sabe de antemão que vai criar um panorama ao bater suas fotos, tenha em mente as diretrizes a seguir para obter os melhores resultados.

Sobreponha as imagens em cerca de 40%. Recomenda-se que você sobreponha o suficiente para que o Photomerge consiga montar o panorama, mas não demais a ponto dele não poder mesclar as imagens.

Utilize uma distância focal consistente. Se estiver usando lente com zoom, mantenha a mesma distância focal para todas as imagens no panorama.

Use um tripé, se possível. Você obterá os melhores resultados se a câmera estiver no mesmo nível quando você bater cada foto. Um tripé com um cabeçote rotativo facilita isso.

Bata as fotos da mesma posição. Se você não estiver usando um tripé com um cabeçote rotativo, tente permanecer na mesma posição ao bater suas fotos, para que todas apresentem o mesmo ponto de visão.

Evite lentes com distorção. Elas podem interferir no Photomerge. (A opção Auto, porém, é capaz de ajustar imagens capturadas com lente olho-de-peixe.)

Use a mesma exposição. As imagens serão mescladas mais graciosamente se todas apresentarem a mesma exposição. Por exemplo: use flash para todas as imagens ou então para nenhuma.

Experimente diferentes opções de layout. Se você não gostar dos resultados obtidos ao criar o panorama, experimente criá-lo novamente usando uma opção diferente de layout. Muitas vezes, o Auto seleciona a opção apropriada, mas há ocasiões em que você obterá uma imagem melhor com uma das outras opções.

9 Escolha Select > Deselect.

10 Escolha Layer > Flatten Image.

11 Escolha File > Save As. Escolha Photoshop para o Format e atribua o nome **Skyline_Working.psd** ao arquivo. Salve o arquivo na pasta Lesson05. Clique em Save.

O panorama ficou ótimo, mas está um pouco escuro. Você adicionará uma camada de ajuste Levels para clareá-lo um pouco.

12 Clique no ícone Levels no painel Adjustments para adicionar uma camada de ajuste Levels.

13 Selecione o conta-gotas de White Point e depois clique em uma área branca nas nuvens.

O céu fica mais azul e a imagem inteira ganha clareza.

14 Salve seu trabalho. Clique em OK na caixa de diálogo Photoshop Format Options e feche o arquivo.

Viu como é fácil criar um panorama?

Corrija distorções na imagem

O filtro Lens Correction corrige falhas comuns de lente de câmera, como distorções ópticas do tipo barril (*barrel*) e almofada (*pincushion*), aberração cromática e vinhetas. A *distorção de barril* é um defeito de lente que faz as linhas retas se curvarem em direção às bordas da imagem. A *distorção de almofada* tem o efeito oposto, fazendo as linhas retas se curvarem para dentro. A *aberração cromática* aparece como um filete de cor na borda dos objetos da imagem. A *vinheta* (ou *vinhetagem*) ocorre quando as bordas de uma imagem, especialmente os cantos, são mais escuras que o centro.

Algumas lentes causam esses defeitos dependendo da distância focal ou do f-stop utilizado. O filtro Lens Correction pode aplicar configurações com base na câmera, nas lentes e na distância focal usadas para capturar a imagem. Ele também pode girar uma imagem ou corrigir problemas de perspectiva causados por inclinação vertical ou horizontal da câmera. A grade de imagem do filtro torna esses ajustes mais fáceis e exatos do que com o comando Transform.

1 Escolha File > Browse In Bridge.

2 Navegue até a pasta Lesson05, se já não estiver nela, e então observe as prévias em miniatura de Columns_Start.psd e de Columns_End.psd.

Columns_Start.psd   Columns_End.psd

Neste caso, a imagem original de um templo grego está distorcida, com as colunas parecendo encurvadas. Esta foto foi tirada a uma distância muito pequena com uma lente grande-angular. Você vai corrigir rapidamente a distorção de barril causada pela lente.

3 Dê um clique duplo no arquivo Columns_Start.psd para abri-lo no Photoshop.

4 Escolha File > Save As. Na caixa de diálogo Save As, nomeie o arquivo como **Columns_Working.psd** e salve-o na pasta Lesson05. Clique em OK se aparecer a caixa de diálogo Photoshop Format Options.

5   Escolha Filter > Lens Correction. A caixa de diálogo Lens Correction abre.
6   Selecione Show Grid no final da caixa de diálogo, se ainda não estiver selecionado.

Uma grade de alinhamento sobrepõe-se à imagem e ao lado aparecem as opções para remover a distorção, corrigir a aberração cromática, remover as vinhetas e transformar a perspectiva.

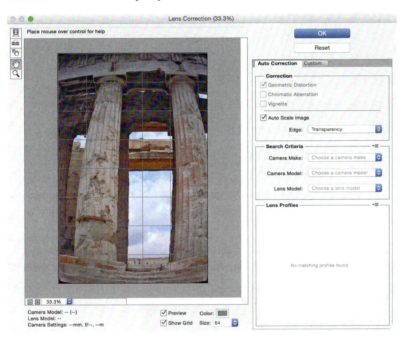

A caixa de diálogo Lens Correction contém opções de autocorreção. Você ajustará uma configuração na aba Auto Corrections e depois personalizará as configurações.

7   Na área Correction da aba Auto Corrections, verifique se a opção Auto Scale Image está selecionada e se a opção Transparency está selecionada no menu Edge.
8   Selecione a aba Custom.
9   Na aba Custom, arraste o controle deslizante Remove Distortion para +52.00 para remover a distorção de barril da imagem. Ou então, você pode selecionar a ferramenta Remove Distortion (▣) e arrastá-la na área de visualização da imagem até que as colunas fiquem retas. O ajuste faz as margens da imagem se curvarem para dentro. Entretanto, como você selecionou a opção Auto Scale Image, o filtro Lens Correction vai escalonar automaticamente a imagem para ajustar as bordas.

▶ **Dica:** Observe a grade de alinhamento, enquanto faz essas alterações, para poder ver quando as colunas verticais ficam alinhadas na imagem.

10 Clique em OK para aplicar suas alterações e fechar a caixa de diálogo Lens Correction.

A distorção curva causada pela lente grande-angular e pela pouca distância do objeto é eliminada.

11 (Opcional) Para ver o efeito da sua alteração na janela principal, pressione Ctrl+Z (Windows) ou Command+Z (Mac OS) duas vezes para desfazer e refazer o filtro.

12 Escolha File > Save para salvar suas alterações, clique em OK se a caixa de diálogo Photoshop Format Options aparecer e, em seguida, feche a imagem.

O templo parece bem mais estável agora!

Adicione profundidade de campo

Ao tirar uma foto, muitas vezes você precisa optar entre focar o fundo ou o primeiro plano. Se quiser que a imagem inteira fique em foco, tire duas fotos, uma com o fundo e outra com o primeiro plano em foco, e junte as duas no Photoshop.

Como você deve alinhar as imagens precisamente, é útil utilizar um tripé para manter a câmera firme. Porém, mesmo com uma câmera portátil, você pode conseguir resultados impressionantes. Você adicionará profundidade de campo à imagem de uma taça de espumante em uma praia.

1 Escolha File > Browse In Bridge.

2 Navegue até a pasta Lesson05, se já não estiver nela, e então observe as prévias em miniatura de Glass_Start.psd e de Glass_End.psd.

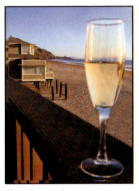
Glass_Start.psd

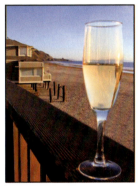
Glass_End.psd

A primeira imagem tem duas camadas. Dependendo da camada que estiver visível, ou a taça em primeiro plano, ou a praia no plano de fundo estará em foco. Você ampliará a profundidade de campo para deixar ambos nítidos.

3 Dê um clique duplo no arquivo Glass_Start.psd para abri-lo.

4 Escolha File > Save As. Nomeie o arquivo como **Glass_Working.psd** e salve-o na pasta Lesson05. Clique em OK se a caixa de diálogo Photoshop Format Options aparecer.

5 No painel Layers, oculte a camada Beach para que apenas a camada Glass permaneça visível. A taça está em foco, mas o fundo está desfocado. Então, exiba a camada Beach e oculte a camada Glass. Agora a praia está em foco, mas a taça está desfocada.

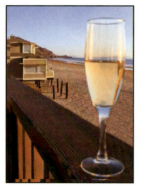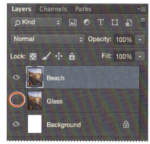

Você vai mesclar as camadas utilizando a parte de cada camada que está em foco. Primeiro, você precisa alinhar as camadas.

6 Exiba as duas camadas novamente e então clique com a tecla Shift pressionada para selecioná-las.

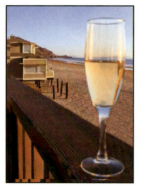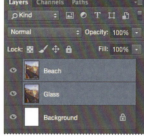

7 Escolha Edit > Auto-Align Layers.

Como estas imagens foram tiradas do mesmo ângulo, Auto funcionará bem.

8 Selecione Auto, se ainda não estiver selecionado. Certifique-se de que nem Vignette Removal, nem Geometric Distortion estão selecionados. Então clique em OK para alinhar as camadas.

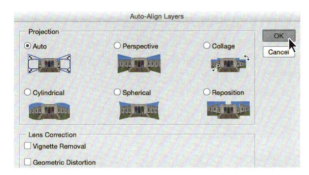

Agora que as camadas estão perfeitamente alinhadas, você está pronto para mesclá-las.

9 Verifique se as duas camadas estão selecionadas no painel Layers. Em seguida, escolha Edit > Auto-Blend Layers.

10 Selecione Stack Images e Seamless Tones And Colors, se ainda não estiver selecionado. Certifique-se de que Content Aware Fill Transparent Areas não está selecionado, e clique em OK.

11 Salve o seu trabalho e feche o arquivo.

Tanto a taça de espumante quanto a praia atrás estão em foco.

Mova objetos com a ferramenta Content-Aware Move

Você já utilizou ferramentas sensíveis ao conteúdo (*content-aware*) de formas bem interessantes em lições anteriores, e para preencher o céu no projeto de panorama nesta lição. Agora você utilizará a ferramenta Content-Aware Move para mover algo dentro de uma imagem (neste caso, um pato) e fazer o Photoshop preencher a área onde se encontrava o item que você moveu. Você também pode usar a ferramenta Content-Aware Move para ampliar sem emendas uma parte da imagem, como um renque de árvores ou mourões.

1 Escolha File > Browse In Bridge.

2 Navegue até a pasta Lesson05, se já não estiver nela, e observe as prévias em miniatura de Ducks_Start.jpg e de Ducks_End.psd.

Ducks_Start.jpg Ducks_End.psd

Você utilizará a ferramenta Content-Aware Move para agrupar o último pato mais perto de seus companheiros.

3 Dê um clique duplo no arquivo Ducks_start.jpg para abri-lo no Photoshop.

4 Escolha File > Save As, escolha Photoshop para o tipo de formato e nomeie o novo arquivo como **Ducks_Working.psd**. Clique em Save.

5 Selecione a ferramenta Content-Aware Move (✄), que está escondida sob a ferramenta Red Eye Removal (⊕).

6 Na barra de opções, escolha Move no menu Mode e insira **3** na campo Structure.

7 Desenhe um contorno de seleção em volta do terceiro pato, com uma margem grande o suficiente para incluir a grama e o terreno ao seu redor.

8 Arraste a seleção para a esquerda, ligeiramente acima do segundo pato, para que os animais fiquem agrupados.

Quando você soltar o mouse, o pato arrastado aparecerá com um retângulo e alças de transformação. Esses controles de transformação lhe dão a oportunidade de girar e dimensionar o conteúdo, mas você não precisa fazer isso nesta etapa.

9 Clique no botão Commit Transform na barra de opções.

10 Mude a configuração Structure para **5**, o que exige uma conformidade mais rigorosa com o padrão, e observe como a imagem se altera. Em seguida, mude a configuração Structure para **1**, o que resulta em uma adaptação muito mais vaga. Você também pode experimentar com diferentes configurações de Color, de 0 a 10.

Agora que você se comprometeu com a movimentação, o Photoshop preencherá a área que o pato deixou em aberto. A maneira como ele cria a área depende das configurações de Structure e Color na barra Options. Você pode tentar diferentes opções enquanto a seleção permanece ativa.

11 Escolha as melhores opções de Structure e Color na sua opinião. Em seguida, escolha Select > Deselect. Salve e feche o arquivo.

Os três patos estão mais agrupados agora, e nem dá para perceber que o terceiro estava em uma posição diferente.

Mais sobre a ferramenta Content- Aware Move

A ferramenta Content-Aware Move é bastante interessante quando você trabalha com certas imagens, e menos interessante com outras. Para melhores resultados, utilize-a quando o plano de fundo for uniforme o suficiente para que o Photoshop consiga reconhecer e replicar um padrão. Na imagem dos patos, a grama e o terreno são bastante uniformes e repetitivos. Você também pode tentar mover objetos com planos de fundo como campos, paredes de cores sólidas, céu, madeira e água.

O ideal é ampliar objetos arquitetônicos em fotos que foram batidas em plano paralelo, em vez de em ângulo. Se você estiver trabalhando com uma imagem que possui diversas camadas, selecione Sample All Layers na barra de opções para incluir todas na seleção.

As opções de Structure e Color definem com que precisão os resultados refletem os padrões existentes na imagem. Nas configurações de Structure, 1 é a mais vaga e 5 a mais rigorosa. As configurações de Color vão de 0 (nenhuma adaptação de cor) até 10 (combinando a cor o máximo possível). Experimente com as opções enquanto o objeto ainda estiver selecionado para ver quais delas lhe rendem os melhores resultados em uma determinada imagem. Pode ser recomendável ocultar as bordas de seleção (escolha View > Show > Selection Edges ou View > Extras) para ver como o objeto se integra à sua nova posição.

Extras

Transformações com a ferramenta Content-Aware Move

Com a ferramenta Content-Aware Move, alguns passos rápidos bastam para você criar uma cópia do cardo que combina sutilmente com o plano de fundo e que também é diferente o bastante para não ser uma cópia exata da flor original.

1. Abra Thistle.psd na sua pasta Lesson05/Extra_Credit.
2. Selecione a ferramenta Content-Aware Move (✂).
3. Na barra de opções, escolha Extend no menu Mode. Quando Extend é escolhido, o cardo é duplicado; se você quisesse apenas reposicionar o cardo solitário, escolheria Move.

4. Desenhe um contorno de seleção em volta do cardo, com uma margem grande o suficiente para incluir a grama ao seu redor.
5. Arraste a seleção para a esquerda, e solte-a sobre o espaço aberto com grama.
6. Clique com o botão direito do mouse (Windows) ou segure Control e clique (Mac OS) para arrastar o cardo, e então escolha Flip Horizontal.
7. Arraste a alça de transformação no canto superior esquerdo para diminuir o cardo. Se achar que a cópia do cardo deve ficar mais afastada do original, posicione o cursor dentro do retângulo de transformação (mas não sobre o ponto de ancoragem) e arraste a cópia do cardo um pouco para a esquerda.
8. Pressione Enter ou Return para tornar as transformações permanentes, mantendo o conteúdo selecionado para ainda poder ajustar as opções de Structure e Color.
9. Escolha Select > Deselect, e salve suas alterações.

Ajuste a perspectiva de uma imagem

O recurso Perspective Warp permite que você ajuste o modo como os objetos na sua imagem se relacionam com a cena. Você pode corrigir distorções, alterar o ângulo do qual um objeto parece ser visto ou deslocar sua perspectiva para que ele se mescle suavemente com um novo plano de fundo.

A aplicação do recurso Perspective Warp envolve duas etapas: definir os planos e ajustá-los. Você começa no modo Layout, desenhando quadriláteros, ou *quads*, para definir dois planos ou mais; é uma boa ideia alinhar as bordas dos quads para que fiquem paralelos às linhas do objeto original. Em seguida, você passa para o modo Warp e manipula os planos que definiu.

Você utilizará o Perspective Warp para mesclar imagens com perspectivas diferentes.

1 Escolha File > Browse In Bridge.

2 Navegue até a pasta Lesson05, se já não estiver nela, e observe as prévias em miniatura de Bridge_Start.psd e de Bridge_End.psd.

Bridge_Start.psd

Bridge_End.psd

No arquivo Bridge_Start.psd, a imagem do trem foi combinada com a imagem de uma ponte de madeira, mas suas perspectivas não combinam. Se você estivesse ilustrando uma história sobre um trem voador que está pousando sobre uma ponte de madeira, isso poderia ser perfeito. Mas se você quiser uma imagem mais realista, precisará ajustar a perspectiva do trem para colocá-lo firmemente sobre os trilhos. Você utilizará o Perspective Warp para fazer isso.

3 Dê um clique duplo no arquivo Bridge_Start.psd para abri-lo no Photoshop.

4 Escolha File > Save As e renomeie o arquivo como **Bridge_Working.psd**. Clique em OK na caixa de diálogo Photoshop Format Options.

5 Selecione a camada Train.

 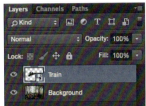

Os trilhos estão na camada Background. O trem está na camada Train. Como a camada Train é um Smart Object, você pode aplicar Perspective Warp e então modificar os resultados, se não estiver satisfeito.

6 Escolha Edit > Perspective Warp. Este recurso exige uma boa dose de poder de processamento. Se o Perspective Warp estiver sombreado quando você tentar selecioná-lo, certifique-se de que há um cartão de vídeo no seu computador e um mínimo de 512 MB VRAM.

Um pequeno tutorial animado aparece, ensinando-o a desenhar um quad, que define um plano.

7 Assista à animação e feche-a.

No primeiro passo do processo, você deve envolver o objeto em quads que representam os planos atuais do objeto.

8 Desenhe o quad para a lateral do trem: clique acima da chaminé, arraste para baixo até o dormente abaixo da roda frontal, e arraste até o final do vagão. O plano fica em forma de retângulo.

9 Desenhe um segundo quad referente à frente do trem, arrastando pelo limpa-trilhos na base e rumo às árvores na parte de cima. Arraste-o para a direita até se encaixar com a extremidade esquerda do primeiro quad.

10 Arraste as arestas dos planos para coincidir com os ângulos do trem. A linha inferior do plano lateral deve avançar pela parte de baixo das rodas do trem; já superior deve acompanhar o alto do vagão. O plano frontal deve espelhar as linhas do limpa-trilhos e o alto do farol.

Agora que os quads estão desenhados, você está pronto para o segundo passo do processo: abaular.

11 Na barra de opções, clique em Warp. Feche a caixa tutorial que mostra como abaular o plano.

12 Clique no botão Automatically Straighten Near Vertical Lines, ao lado de Warp na barra de opções.

Isso faz o trem parecer adequadamente vertical, facilitando o ajuste preciso da perspectiva.

13 Arraste as alças para manipular os planos, movendo para baixo a traseira do trem e em perspectiva com os trilhos. Exagere a perspectiva rumo ao vagão para um resultado mais acentuado.

14 Faça o mesmo para as outras partes do trem conforme necessário. Talvez seja preciso ajustar a parte frontal do trem. Preste atenção nas rodas; cuidado para não distorcê-las ao abaular a perspectiva.

Não existe um jeito certo ou errado de ajustar a perspectiva. Confie nos seus olhos para saber quando está bom. Lembre-se de que você pode voltar para dar mais retoques no futuro, já que está aplicando Perspective Warp na forma de um Smart Filter.

15 Quando estiver satisfeito com a perspectiva, clique no botão Commit Perspective Warp na barra de opções.

16 Para comparar a imagem modificada com a original, oculte o filtro Perspective Warp no painel Layers. Depois exiba o filtro novamente.

Se quiser fazer outros ajustes, dê um clique duplo no filtro Perspective Warp no painel Layers. Você pode seguir ajustando os planos existentes ou clicar em Layout na barra de opções para remodelá-los.

Modifique a perspectiva de uma edificação

No exercício, você aplicou Perspective Warp em uma camada para alterar sua relação com outra camada. Mas você também pode utilizar Perspective Warp para mudar a perspectiva de um objeto em relação a outros na mesma camada. Você pode alterar, por exemplo, o ângulo a partir do qual visualiza uma edificação.

Neste caso, você aplica Perspective Warp da mesma maneira: no modo Layout, desenhe os planos do objeto que você quer afetar. No modo Warp, manipule esses planos. Como você está deslocando ângulos em uma mesma camada, certamente outros objetos também se moverão dentro dela, obrigando-o a evitar qualquer irregularidade.

Nesta imagem, o deslocamento da perspectiva da casa deslocou também as árvores ao seu redor.

Redução de tremor de câmera

Mesmo com mãos firmes, movimentos não intencionais de câmera podem ocorrer com velocidades mais lentas de obturador ou grandes distâncias focais. O filtro Camera Shake Reduction reduz os tremores de câmera resultantes, produzindo uma imagem mais nítida.

Antes da aplicação do filtro Camera Shake Reduction

Você obterá os melhores resultados se aplicar o filtro a uma parte específica de uma imagem, e não à imagem inteira. Isso pode ser muito útil quando o tremor da câmera deixa um texto ilegível.

Para utilizar o filtro Camera Shake Reduction, abra a imagem e escolha Filter > Sharpen > Shake Reduction. O filtro analisa a imagem automaticamente, seleciona uma região de interesse e corrige o desfoque. Use a lupa Detail para visualizar melhor. Você talvez não precise fazer mais nada além disso. Neste caso, clique em OK para fechar a caixa de diálogo Shake Reduction e aplicar o filtro.

Após a aplicação do filtro Camera Shake Reduction

Se quiser fazer outros ajustes, amplie a área Advanced da caixa de diálogo. Você pode alterar a região de interesse ou ajustar seu tamanho; visualizar e redimensionar o traçado de desfoque, que tem o tamanho e a forma do tremor de câmera que o Photoshop identificou; e ajustar valores de Smoothing e Artifact Suppression para corrigir ruído e artefatos. Você pode até salvar o traçado de desfoque para usar as configurações em outra imagem. Para informações completas sobre o filtro Camera Shake Reduction, consulte Photoshop Help.

Perguntas de revisão

1 O que são olhos vermelhos e como corrigi-los no Photoshop?

2 Como você pode criar um panorama a partir de várias imagens?

3 Descreva como corrigir defeitos de lente de câmera comuns no Photoshop. O que provoca esses defeitos?

4 Quais condições proporcionam os melhores resultados ao se usar a ferramenta Content--Aware Move?

Respostas

1 O efeito de olhos vermelhos ocorre quando o flash da câmera reflete na retina da pessoa fotografada. Para corrigir olhos vermelhos no Photoshop, amplie os olhos da pessoa na imagem, selecione a ferramenta Red Eye e depois clique nos olhos.

2 Para mesclar várias imagens em um único panorama, escolha File > Automate > Photomerge, selecione os arquivos que você deseja combinar e clique em OK.

3 O filtro Lens Correction corrige defeitos comuns de lente, como distorções do tipo barril e almofada, em que linhas retas curvam-se para fora, em direção às bordas da imagem (barril), ou para dentro (almofada); aberração cromática, em que uma faixa de cor aparece ao longo das bordas dos objetos na imagem; e vinheta (ou vinhetagem) nas bordas de uma imagem, que são mais escuras do que o centro, principalmente nos cantos. Defeitos podem ocorrer devido à configuração incorreta da distância focal da lente ou do f-stop, ou pela inclinação vertical ou horizontal da câmera.

4 A ferramenta Content-Aware Move funciona melhor em imagens que apresentam planos de fundo uniformes, para que o Photoshop possa replicar os padrões.

6 MÁSCARAS E CANAIS

Visão geral da lição

Nesta lição, você vai aprender a:

- Criar uma máscara para remover um indivíduo de um plano de fundo.
- Refinar uma máscara de modo a incluir bordas complexas.
- Criar uma máscara rápida para fazer alterações em uma área selecionada.
- Editar uma máscara no painel Properties.
- Manipular uma imagem com a ferramenta Puppet Warp.
- Salvar uma seleção como um canal alpha.
- Visualizar uma máscara no painel Channels.
- Carregar um canal como uma seleção.
- Isolar um canal para fazer alterações específicas na imagem.

Esta lição levará aproximadamente 1 hora para ser concluída. Faça download dos arquivos de projeto Lesson06 a partir da página do livro no site www.grupoa.com.br, caso ainda não tenha feito isso. Ao trabalhar nesta lição, você preservará os arquivos iniciais. Se precisar restaurá-los, você pode baixá-los novamente a partir do site.

PROJETO: IMAGEM DE CAPA DE REVISTA

Use máscaras para isolar e manipular partes específicas de uma imagem. A área de recorte de uma máscara pode ser alterada, mas a área que cerca o recorte permanece protegida contra alterações. Você pode criar uma máscara temporária para utilizar uma vez ou salvar máscaras para vários usos.

Trabalhe com máscaras e canais

O Photoshop mascara e protege partes isoladas de uma imagem da mesma maneira que uma fita adesiva protege o painel ou o quadro de uma janela quando uma casa é pintada. Ao criar uma máscara com base em uma seleção, a área não selecionada é *mascarada*, ou protegida contra edição. Com máscaras, você pode criar e salvar seleções que tomam muito tempo e então utilizá-las novamente. Além disso, é possível usar as máscaras para outras tarefas complexas de edição – por exemplo, alterar cores ou aplicar efeitos de filtro a uma imagem.

No Photoshop, você pode criar máscaras temporárias, chamadas *máscaras rápidas* (*quick masks*), ou criar máscaras permanentes e armazená-las como canais de tons cinza (ou escala de cinza) especiais chamados *canais alpha*. O Photoshop também utiliza canais para armazenar as informações sobre as cores de uma imagem. Ao contrário das camadas, os canais não podem ser impressos. Você utiliza o painel Channels para visualizar e trabalhar com canais alpha.

Um conceito fundamental no uso de máscaras é que o preto oculta e o branco revela. Assim como na vida real, raramente alguma coisa é preta e branca. Tonalidades de cinza permanecem parcialmente ocultas, dependendo dos níveis de cinza.

Introdução

Primeiro, visualize a imagem que você vai criar utilizando máscaras e canais.

1 Inicie o Photoshop e pressione Ctrl+Alt+Shift (Windows) ou Command+Option+Shift (Mac OS) para restaurar as preferências padrão. (Consulte "Restaure as preferências padrão", na página 4.)

2 Quando solicitado, clique em Yes para excluir o arquivo de configurações do Adobe Photoshop (Adobe Photoshop Settings).

● **Nota:** Se o Bridge não estiver instalado, você será instado a instalá-lo quando escolher Browse In Bridge. Para mais informações, veja a página 2.

3 Escolha File > Browse In Bridge para abrir o Adobe Bridge.

4 Clique na aba Favorites à esquerda da janela Bridge. Selecione a pasta Lessons e dê um clique duplo na pasta Lesson06 no painel Content.

5 Analise o arquivo 06End.psd. Para expandir a miniatura e vê-la mais claramente, mova para a direita o controle deslizante da miniatura na parte inferior da janela do Bridge.

Nesta lição, você criará uma capa de revista. O modelo da capa foi fotografado diante de um fundo diferente. Você usará máscara e o recurso Refine Mask para posicionar o modelo sobre o fundo adequado.

6 Dê um clique duplo na miniatura 06Start.psd para abri-la no Photoshop. Clique em OK se for exibida a caixa de diálogo Embedded Profile Mismatch.

Crie uma máscara

Você usará a ferramenta Quick Selection para criar a máscara inicial a fim de separar o modelo do fundo.

1 Escolha File > Save As, mude o nome do arquivo para **06Working.psd** e clique em Save. Clique em OK se a caixa de diálogo Photoshop Format Options aparecer.

Ao salvar uma versão de trabalho de um arquivo, você poderá voltar ao original, se precisar dele.

2 Selecione a ferramenta Quick Selection ( ). Na barra de opções, configure um pincel com tamanho de **15** px e Hardness de **100**%.

3 Arraste para selecionar o homem. É relativamente fácil selecionar a camisa e o rosto dele, mas o cabelo é mais complicado. Não se preocupe se a seleção não ficar perfeita. Você vai aperfeiçoar a máscara no exercício seguinte.

▶ **Dica:** Para ajudar a fazer seleções, consulte a Lição 3.

4 Na parte inferior do painel Layers, clique no botão Add Layer Mask ( ) para criar uma máscara de camada.

Máscaras e o processo de máscara

Canais alpha, máscaras de canal, máscaras de corte, máscaras de camada, máscaras vetoriais – qual a diferença? Em alguns casos, eles são intercambiáveis: uma máscara de canal pode ser convertida em uma máscara de camada, uma máscara de camada pode ser convertida em uma máscara vetorial e vice-versa.

Eis uma breve descrição que ajuda a entender todos esses termos. O que eles têm em comum é que todos armazenam seleções e permitem editar uma imagem de modo não destrutivo, para que você possa retornar a qualquer momento ao original.

- Um **canal alpha** – também chamado máscara ou seleção – é um canal extra adicionado a uma imagem que armazena seleções como imagens em escala de cinza. Você pode adicionar canais alpha para criar e armazenar máscaras.

- Uma **máscara de camada** é como um canal alpha, mas está associada a uma camada específica. Uma máscara de camada controla a parte de uma camada que é revelada ou ocultada. Ela aparece como uma miniatura em branco ao lado da miniatura da camada, no painel Layers, até você adicionar conteúdo a ela; um contorno preto indica que ela está selecionada.

- Uma **máscara vetorial** é essencialmente uma máscara de camada composta de vetores, não de pixels. Independentes de resolução, as máscaras vetoriais têm bordas duras e são criadas com as ferramentas Pen ou Shape. Elas não suportam transparência, portanto suas arestas não podem ser suavizadas. Suas miniaturas parecem idênticas às miniaturas da máscara de camada.

- Uma **máscara de corte** é aplicada a uma camada. Ela isola a influência de um efeito a camadas específicas em vez de exibir tudo abaixo da camada na pilha de camadas. Utilizar uma máscara de corte transforma as camadas em uma camada de base; apenas essa camada de base é afetada. As miniaturas de uma camada cortada são recuadas com uma seta em ângulo reto apontando para a camada abaixo. O nome da camada de base cortada é sublinhado.

- Uma **máscara de canal** restringe a edição a um canal específico (por exemplo, um canal Cyan em uma imagem CMYK). Máscaras de canal são úteis para criar seleções intrincadas com bordas contínuas ou fragmentadas. Você pode criar uma máscara de canal com base na cor dominante de uma imagem ou com base em um contraste pronunciado em um canal isolado, por exemplo, entre o tema e o fundo.

A seleção torna-se uma máscara de pixel e aparece como parte da camada 0 no painel Layers. Tudo do lado de fora da seleção fica transparente, representado por um padrão de tabuleiro de damas.

Refine uma máscara

A máscara funciona bem, mas a ferramenta Quick Selection não conseguiu capturar todo o cabelo do modelo. A máscara também está um pouco grosseira ao redor dos contornos da camisa e do rosto. Você vai suavizar a máscara e depois ajustar a área ao redor do cabelo.

1 Escolha Window > Properties para abrir o painel Properties.

2 Se ela ainda não estiver selecionada, clique na máscara na camada 0 do painel Layers.

3 No painel Properties, clique em Mask Edge. A caixa de diálogo Refine Mask abre.

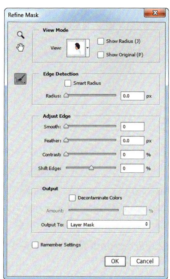

4 Na área View Mode da caixa de diálogo, clique na seta posicionada ao lado da janela de visualização. Escolha On Black no menu pop-up.

A máscara aparece sobre um fundo preto, o que facilita ver a borda da camisa branca e o rosto.

5 Na área Adjust Edge da caixa de diálogo, mova as barras deslizantes para gerar uma borda suave e sem serrilhas ao longo da camisa e do rosto. As configurações ideais dependem da seleção criada, mas provavelmente serão parecidas com as suas. Movemos a barra deslizante Smooth para 15, a fim de criar um contorno mais suave; Contrast para 40%, a fim de deixar mais abruptas as transições ao longo da borda de seleção; e Shift Edge para -8%, a fim de levar a borda de seleção mais para dentro e ajudar a remover cores indesejadas de fundo. (Quando Shift Edge é ajustado em um número positivo, as bordas avançam para fora.)

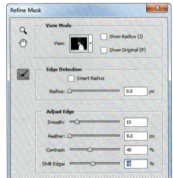

6 Na área Output da caixa de diálogo, selecione Decontaminate Colors. Escolha New Layer With Layer Mask no menu Output To.

Decontaminate Colors substitui as faixas coloridas pela cor de pixels totalmente selecionados nas proximidades. Como ela altera a cor dos pixels, essa opção exige que você recorra a uma nova camada ou documento.

7 Selecione a ferramenta Zoom na caixa de diálogo Refine Mask e, em seguida, clique no rosto para aumentar o zoom, a fim de poder ver suas bordas mais claramente.

8 Selecione a ferramenta Refine Radius ( ) na caixa de diálogo Refine Mask. Use-a para pintar todo o fundo branco restante ao redor dos lábios e nariz. Pressione o colchete da esquerda ([) para diminuir o tamanho do pincel e o da direita (]) para aumentá-lo.

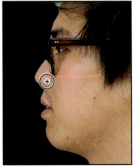

Julieanne Kost é divulgadora oficial do Adobe Photoshop.

Dicas de ferramentas de uma divulgadora do Photoshop

Atalhos para a ferramenta Zoom

Na edição de imagens, muitas vezes você precisa ampliar a imagem para trabalhar em um detalhe, depois reduzi-la novamente para ver as alterações no contexto. Eis alguns atalhos de teclado que tornam o zoom ainda mais rápido e mais fácil.

- Com qualquer ferramenta selecionada, pressione Ctrl (Windows) ou Command (Mac OS) com o sinal de mais (+) para ampliar ou com o sinal de menos (-) para reduzir.
- Dê um clique duplo na ferramenta Zoom, no painel Tools, para que a imagem volte à visualização em 100%.
- Quando a ferramenta Scrubby Zoom estiver selecionada na barra de opções, basta arrastar a ferramenta Zoom para a esquerda, a fim de ampliá-la, ou para a direita, a fim de reduzi-la.
- Pressione Alt (Windows) ou Option (Mac OS) para passar da ferramenta Zoom In para a ferramenta Zoom Out, e clique na área da imagem que você quer reduzir. Cada clique com Alt/Option pressionados reduz a imagem de acordo com o próximo incremento predefinido.

9 Quando estiver satisfeito com a máscara ao redor do rosto, clique em OK.

Vai aparecer uma nova camada, chamada Layer 0 copy, no painel Layers. Você a utilizará para adicionar as pontas à máscara do cabelo.

10 Com a camada Layer 0 copy ativa, clique em Mask Edge no painel Properties para abrir novamente a caixa de diálogo Refine Mask.

11 No menu pop-up View, escolha On White. O cabelo preto ficará muito bem sobre o branco fosco. Se necessário, reduza ou use a ferramenta Hand a fim de reposicionar a imagem, para que você veja todo o cabelo.

12 Selecione a ferramenta Refine Radius na caixa de diálogo Refine Mask. Pressione a tecla] para aumentar o tamanho do pincel. (A barra de opções exibe o tamanho do pincel; inicialmente usamos 300 px.) Em seguida, comece a pintar ao longo do topo do cabelo, alto o bastante para incluir as pontas espichadas.

13 Pressione a tecla [para reduzir o tamanho do pincel quase à metade. Depois, pinte ao longo do lado direito da cabeça, onde o cabelo tem uma cor sólida, para separar todos os fios finos que se sobressaírem.

À medida que você pinta, o Photoshop refina a borda da máscara, inclusive o cabelo, mas elimina a maior parte do fundo. Se você estivesse pintando sobre uma máscara de camada, o fundo seria incluído. O recurso Refine Mask é eficiente, mas não é perfeito. Você limpará as áreas do fundo incluídas no cabelo.

14 Selecione a ferramenta Erase Refinements ( ), oculta atrás da ferramenta Refine Radius na caixa de diálogo Refine Mask. Clique uma ou duas vezes em cada área onde aparecer a cor do fundo. Quando você apaga uma área, o recurso Refine Mask apaga as cores semelhantes, limpando mais partes da máscara para você. Tome cuidado para não apagar os aperfeiçoamentos que você efetuou na borda do cabelo. Você pode desfazer uma etapa ou utilizar a ferramenta Refine Radius para restaurar a borda, se necessário.

15 Selecione Decontaminate Colors e mova a barra deslizante Amount para **85**%. Escolha New Layer With Layer Mask no menu Output To. Em seguida, clique em OK.

16 No painel Layers, deixe a camada Magazine Background visível. O modelo aparece sobre um fundo de padrão alaranjado.

 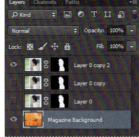

Crie uma máscara rápida

Você criará uma máscara rápida para alterar a cor das armações dos óculos. Primeiro, você vai limpar o painel Layers.

1 Oculte a camada Magazine Background para que você foque o modelo. Em seguida, exclua as camadas Layer 0 e Layer 0 copy. Clique em Yes ou Delete para confirmar a exclusão das camadas ou das respectivas máscaras, se solicitado; não é necessário aplicar a máscara à camada atual, porque a Layer 0 copy 2 já tem uma máscara.

2 Clique duas vezes no nome da camada Layer 0 copy 2 e renomeie-a como **Model**.

3 Clique no botão Edit In Quick Mask Mode no painel Tools. (Por padrão, você tem trabalhado no modo Standard.)

No modo Quick Mask, aparece uma sobreposição vermelha quando você faz uma seleção, mascarando a área existente fora da seleção, do mesmo modo como uma película de máscara Rubylith, ou acetato vermelho, era usada para mascarar imagens nas gráficas tradicionais. Você só pode modificar as áreas desprotegidas, visíveis e selecionadas. Convém observar que o realce da camada selecionada no painel Layers aparece acinzentado em vez de azulado, o que sugere que você está no modo Quick Mask.

4 No painel Tools, selecione a ferramenta Brush (✏).

5 Na barra de opções, certifique-se de que o modo é o Normal. Abra o painel pop-up Brush e selecione um pincel pequeno, com diâmetro de **13** px. Clique fora do painel para fechá-lo.

6 Pinte as hastes das armações dos óculos. A área pintada aparecerá na cor vermelha, criando uma máscara.

7 Continue pintando com a ferramenta Brush para mascarar as hastes das armações e a armação ao redor das lentes. Reduza o tamanho do pincel para pintar ao redor das lentes. Não se preocupe com a parte da haste sobreposta pelo cabelo; a mudança de cor não vai afetar a área.

No modo Quick Mask, o Photoshop predefine automaticamente o modo Grayscale, com cor preta de primeiro plano e cor branca de fundo. Ao utilizar uma ferramenta de pintura ou edição no modo Quick Mask, lembre-se dos seguintes princípios:

- Pintar com preto acrescenta a máscara (a sobreposição vermelha) e diminui a área selecionada.
- Pintar com branco apaga a máscara (a sobreposição vermelha) e aumenta a área selecionada.
- Pintar com cinza acrescenta parcialmente a máscara.

8 Clique no botão Edit In Standard Mode para sair do modo Quick Mask.

A área sem máscara é selecionada. A menos que você salve uma máscara rápida como uma máscara de canal alpha permanente, o Photoshop descartará a máscara temporária assim que ela for convertida em uma seleção.

9 Escolha Select > Inverse para selecionar a área que você mascarou inicialmente.

10 Escolha Image > Adjustments > Hue/Saturation.

11 Na caixa de diálogo Hue/Saturation, altere Hue para **70**. Uma cor verde preenche a armação dos óculos. Clique em OK.

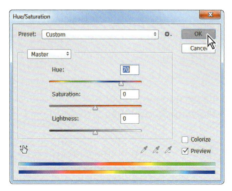

12 Escolha Select > Deselect.

13 Salve o seu trabalho.

Manipule uma imagem com Puppet Warp

O recurso Puppet Warp oferece flexibilidade na manipulação de uma imagem. Você pode reposicionar áreas, como o cabelo ou um braço, da mesma maneira como se puxa as cordinhas de um fantoche. Coloque os pinos onde você deseja controlar os movimentos. Você usará a ferramenta Puppet Warp a fim de inclinar para trás a cabeça do modelo, dando a impressão de que ele está olhando para cima.

1 Diminua o zoom para poder ver todo o modelo.

2 Com a camada Model selecionada no painel Layers, escolha Edit > Puppet Warp.

Será exibida uma malha sobre as áreas visíveis da camada – neste caso, a malha aparecerá sobre o modelo. Você vai usar essa malha para posicionar os pinos onde o movimento deve ser controlado (ou para ter certeza de que não ocorrerá qualquer movimento).

3 Clique ao redor das bordas da camisa. Sempre que você clicar, o recurso Puppet Warp incluirá um pino. Cerca de 10 pinos devem ser o bastante.

Os pinos acrescentados ao redor da camisa manterão a peça no lugar, à medida que você inclinar a cabeça.

4 Selecione o pino posicionado na nuca. Vai aparecer um ponto branco no centro desse pino para indicar que ele está selecionado.

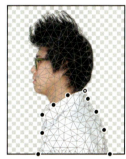

5 Pressione Alt (Windows) ou Option (MacOS). Um círculo maior aparece ao redor do pino, bem como uma seta dupla encurvada ao lado dele. Continue pressionando Alt ou Option ao arrastar o cursor, para girar a cabeça para trás. É possível ver o ângulo de rotação na barra de opções; você pode digitar **135** nessa barra para girar a cabeça para trás.

● **Nota:** Tome cuidado para clicar no próprio ponto enquanto pressiona Alt ou Option, senão deletará o pino.

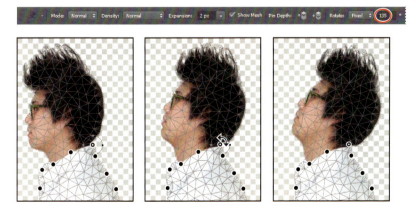

6 Quando você estiver satisfeito com a rotação, clique no botão Commit Puppet Warp (✓) na barra de opções, ou pressione Enter ou Return.

7 Salve o seu trabalho.

Trabalhe com canais

Assim como as diversas informações contidas em uma imagem são armazenadas em camadas distintas, os canais também permitem acessar tipos específicos de informações. Os canais alpha armazenam seleções como imagens em escala de cinza. Os canais de informações de cores armazenam as informações sobre cada cor em uma imagem; por exemplo, uma imagem RGB possui automaticamente canais vermelho, verde, azul e compostos.

Para evitar confundir canais e camadas, pense nos canais como se contivessem as informações de cor e seleção de uma imagem; imagine as camadas como se contivessem pintura e efeitos.

Você usará um canal alpha para criar uma sombra para o modelo. Em seguida, vai converter a imagem para o modo CMYK e usar o canal Black para acrescentar detalhes coloridos ao cabelo.

Use um canal alpha para criar uma sombra

Você já criou uma máscara do modelo. Para criar uma sombra, você vai duplicar essa máscara e depois modificá-la. Para viabilizar essa ação, você vai usar um canal alpha.

1 No painel Layers, pressione Ctrl (Windows) ou Command (Mac OS) e clique no ícone de camada na camada Model. A área mascarada é selecionada.

2 Escolha Select > Save Selection. Na caixa de diálogo Save Selection, verifique se a opção New está selecionada no menu Channel. Em seguida, atribua ao canal o nome **Model Outline** e clique em OK.

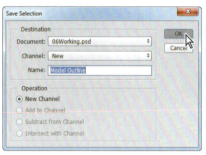

Não ocorre alteração alguma no painel Layers ou na janela da imagem. Entretanto, um novo canal chamado Model Outline foi adicionado ao painel Channels.

3 Clique no ícone Create A New Layer (), posicionado no final do painel Layers. Arraste a nova camada abaixo da camada Model, para que a sombra fique abaixo da imagem do modelo. Em seguida, clique duas vezes no nome da camada e renomeie-a como **Shadow**.

4 Com a camada Shadow selecionada, escolha Select > Refine Edge. Na caixa de diálogo Refine Edge, mova a barra deslizante Shift Edge para **+36**%. Em seguida, clique em OK.

5 Escolha Edit > Fill. Na caixa de diálogo Fill, escolha Black no menu Contents e clique em OK.

A camada Shadow exibe um contorno preto preenchido do modelo. Geralmente, as sombras não são tão escuras quanto a pessoa que as projeta. Você reduzirá a opacidade da camada.

6 No painel Layers, mude a opacidade da camada para **30**%.

A sombra ocupa exatamente a mesma posição do modelo, onde não pode ser vista. Você vai mudar isso.

7 Escolha Select > Deselect para remover a seleção.

8 Escolha Edit > Transform > Rotate. Gire a sombra manualmente, ou digite **-15°** no campo Rotate, na barra de opções. Em seguida, arraste a sombra para a esquerda, ou digite **845** no campo X, na barra de opções. Clique no botão Commit Transform (✔) na barra de opções, ou pressione Enter ou Return, para aceitar a transformação.

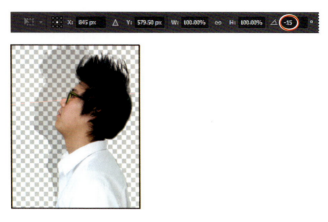

9 Escolha File > Save para salvar seu trabalho.

Ajuste um canal específico

A imagem da capa da revista já está quase pronta. Resta apenas adicionar detalhes coloridos ao cabelo do modelo. Você converterá a imagem para o modo CMYK, a fim de aproveitar o canal Black para fazer exatamente isso.

1 Selecione a camada Model no painel Layers.

2 Escolha Image > Mode > CMYK Color. Clique em Don't Merge na caixa de diálogo exibida, porque você quer manter suas camadas intactas. Clique em OK se receber uma solicitação sobre os perfis de cores.

3 Mantenha pressionado Alt (Windows) ou Option (MacOS) e clique no ícone da visibilidade da camada Model para ocultar as outras camadas.

Sobre os canais alpha

Se você trabalhar muito tempo no Photoshop, acabará lidando com os canais alpha. Por isso, convém conhecer alguns aspectos sobre eles.

- Uma imagem pode conter até 56 canais, inclusive todos os canais de cores e alpha.
- Todos os canais são imagens em escala de cinza, de 8 bits, capazes de exibir 256 tons de cinza.
- Você pode especificar nome, cor, opção de máscara e opacidade para cada canal. (A opacidade altera a visualização do canal, mas não a imagem.)
- Todos os canais novos têm as mesmas dimensões e o mesmo número de pixels que a imagem original.
- É possível editar a máscara em um canal alpha com as ferramentas de pintura, de edição e de filtros.
- Você pode converter canais alpha em canais de cores especiais.

4 Selecione a aba Channels. No painel Channels, selecione o canal Black. Em seguida, escolha Duplicate Channel no menu do painel Channels. Atribua ao canal o nome **Hair** e clique em OK.

Os canais individuais aparecem em escala de cinza. Se existir mais de um canal visível no painel Channels, esses canais serão exibidos em cores.

5 Torne o canal Hair visível e oculte o canal Black. Em seguida, selecione o canal Hair e escolha Image > Adjustments > Levels.

 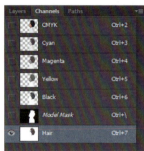

6 Na caixa de diálogo Levels, ajuste os níveis para mover Black para **85**, Midtones para **1** e White para **165**. A mudança dos pontos de Black e White cria contraste no cabelo. Clique em OK.

 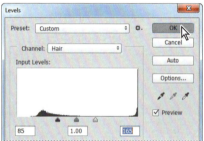

7 Com o canal Hair ainda selecionado, escolha Image > Adjustments > Invert. O canal aparece na cor branca sobre um fundo preto.

8 Selecione a ferramenta Brush e clique no ícone Switch Foreground And Background Colors no painel Tools, para que a cor preta seja a cor de primeiro plano. Em seguida, pinte sobre os óculos, olhos e sobre tudo o que estiver no canal, exceto cabelos.

9 Clique no ícone Load Channel As Selection no final do painel Channels.

10 Selecione a aba Layers. No painel Layers, selecione a camada Model.

11 Escolha Select > Refine Edge. Na caixa de diálogo Refine Edge, mova a barra deslizante Feather para **1.2** px e clique em OK.

12 Escolha Image > Adjustments > Hue/Saturation. Selecione Colorize, mova as barras deslizantes conforme indicado a seguir e clique em OK:

- Hue: **230**
- Saturation: **56**
- Lightness: **11**

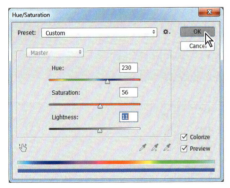 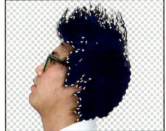

13 Escolha Image > Adjustments > Levels. Na caixa de diálogo Levels, mova as barras deslizantes de modo que a barra deslizante Black fique posicionada no pico de pretos, a barra deslizante White fique no pico de brancos e a barra Midtones fique entre as duas. Em seguida, clique em OK.

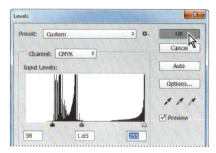 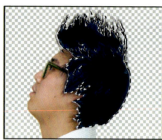

Usamos os valores 58, 1.65, 255, mas os seus valores podem ser diferentes.

14 No painel Layers, deixe as camadas Shadow e Magazine Background visíveis.

15 Escolha Select > Deselect.

16 Escolha File > Save.

A capa da sua revista já está pronta!

Perguntas de revisão

1 Qual a vantagem de se utilizar uma máscara rápida?

2 O que acontece com uma máscara rápida quando sua seleção é removida?

3 Quando você salva uma seleção como uma máscara, onde a máscara é armazenada?

4 Como você pode editar uma máscara em um canal depois de salvá-la?

5 Qual a diferença entre canais e camadas?

Respostas

1 Máscaras rápidas são úteis para criar seleções rápidas que serão utilizadas uma só vez. Além disso, utilizar uma máscara rápida é uma maneira fácil de editar uma seleção com as ferramentas de pintura.

2 A máscara rápida desaparece quando você a desmarca.

3 As máscaras são salvas nos canais, os quais podem ser vistos como áreas de armazenamento para informações de cores e de seleção em uma imagem.

4 Você pode pintar sobre uma máscara em um canal usando preto, branco e tons de cinza.

5 Os canais são usados como áreas de armazenamento para seleções salvas. A menos que você exiba um canal explicitamente, ele não aparecerá na imagem ou na impressão. As camadas podem ser utilizadas para isolar várias partes de uma imagem, de modo que possam ser editadas como objetos independentes com as ferramentas de pintura ou de edição, ou com outros efeitos.

7 DESIGN TIPOGRÁFICO

Visão geral da lição

Nesta lição, você vai aprender a:

- Utilizar guias para posicionar texto em uma composição.
- Criar uma máscara de corte a partir de texto.
- Mesclar texto a outras camadas.
- Pré-visualizar fontes.
- Formatar texto.
- Distribuir texto ao longo de um demarcador.
- Controlar e posicionar texto utilizando recursos avançados.

Esta lição levará aproximadamente 1 hora para ser concluída. Faça download dos arquivos de projeto Lesson07 a partir da página do livro no site www.grupoa.com.br, caso ainda não tenha feito isso. Ao trabalhar nesta lição, você preservará os arquivos iniciais. Se precisar restaurá-los, você pode baixá-los novamente a partir do site.

O Photoshop inclui ferramentas de texto flexíveis e poderosas para que você possa adicionar texto às suas imagens com excelente controle e criatividade.

O texto

Texto (ou fonte) no Photoshop consiste em formas matematicamente definidas que descrevem letras, números e símbolos de uma família de fontes. Muitas fontes estão disponíveis em mais de um formato, sendo os mais comuns Type 1 ou PostScript, TrueType e OpenType (consulte "OpenType no Photoshop", mais adiante neste capítulo).

Ao adicionar texto a uma imagem no Photoshop, os caracteres são compostos de pixels e têm a mesma resolução que o arquivo de imagem – a ampliação dos caracteres revela bordas serrilhadas. Entretanto, o Photoshop preserva os contornos da fonte com base em vetores e os utiliza quando você modifica a escala ou redimensiona o texto, salva um arquivo PDF ou EPS ou imprime a imagem em uma impressora PostScript. Como resultado, você pode criar texto com bordas nítidas independentemente da resolução, aplicar efeitos e estilos ao texto e modificar forma e tamanho.

Introdução

Nesta lição, você trabalhará no layout da capa de uma revista de tecnologia. Você vai iniciar com a imagem criada na Lição 6: a capa tem um modelo, sua sombra e um fundo alaranjado. Você vai adicionar e estilizar o texto da capa, e até deixá-lo sinuoso.

Comece visualizando a composição final.

1 Inicie o Photoshop e pressione Ctrl+Alt+Shift (Windows) ou Command+Option+Shift (Mac OS) para restaurar as preferências padrão. (Consulte "Restaure as preferências padrão", na página 4.)

2 Quando solicitado, clique em Yes para excluir o arquivo de configurações do Adobe Photoshop (Adobe Photoshop Settings).

3 Escolha File > Browse In Bridge para abrir o Adobe Bridge.

4 No painel Favorites, no lado esquerdo do Bridge, clique na pasta Lessons e, então, dê um clique duplo na pasta Lesson07 no painel Content.

5 Selecione o arquivo 07End.psd. Aumente o tamanho da miniatura para ver a imagem nitidamente, arrastando o controle deslizante da miniatura para a direita.

Você aplicará o tratamento do texto no Photoshop para finalizar a capa da revista. Todos os controles de texto necessários estão disponíveis no Photoshop, assim você não precisa utilizar outro aplicativo para completar este projeto.

6 Dê um clique duplo no arquivo 07Start.psd para abri-lo no Photoshop.

7 Escolha File > Save As, renomeie o arquivo como **07Working.psd** e clique em Save.

● **Nota:** Se o Bridge não estiver instalado, você será instado a instalá-lo. Para mais informações, veja a página 2.

● **Nota:** Embora esta lição tenha começado onde a Lição 6 parou, use o arquivo 07Start. psd. Incluímos um caminho e uma nota no arquivo inicial que não constam no arquivo 06Working. psd que você salvou.

8 Clique em OK na caixa de diálogo Photoshop Format Options.

9 Escolha Typography no alternador de espaço de trabalho na barra de opções.

O espaço de trabalho Typography exibe os painéis Character e Paragraph que você vai usar nesta lição, além dos painéis Paragraph Styles, Character Styles, Glyphs, Layers, Channels e Paths.

Crie uma máscara de corte a partir de texto

Uma *máscara de corte* (*clipping mask*) é um objeto ou grupo de objetos cuja forma mascara outras partes, para que somente áreas dentro da máscara fiquem visíveis. Na realidade, você corta a imagem para que ela se adapte à forma do objeto (ou máscara). No Photoshop, você pode criar uma máscara de corte a partir de formas ou letras. Neste exercício, você utilizará letras como máscara de corte para que a imagem em outra camada apareça através das letras.

Adicione guias para posicionar texto

O arquivo 07Working.psd inclui uma camada de fundo, que será a base da sua tipografia. Comece ampliando a área de trabalho e utilize guias de régua para ajudá-lo a posicionar o texto.

1 Selecione View > Fit on Screen para ver a capa inteira na tela.

2 Escolha View > Rulers para exibir as réguas de guia das bordas superior e esquerda da janela da imagem.

3 Arraste uma guia vertical a partir da régua esquerda até o centro da capa (4.25 polegadas ou 10,8 cm).

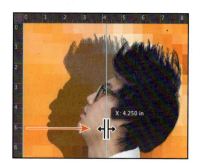

Adicione texto

Agora, você está pronto para adicionar texto à composição. O Photoshop permite criar texto horizontal ou vertical em qualquer lugar de uma imagem. Você pode inserir *texto pontual* (*point type* – uma única letra, palavra ou linha) ou *texto de parágrafo* (*paragraph type*). Você fará ambos nesta lição. Primeiro, você vai criar o texto pontual.

1 No painel Layers, selecione a camada Background.

2 Selecione a ferramenta Horizontal Type (T) e, na barra de opções, faça o seguinte:

- Escolha uma fonte com serifa, como Minion Pro Regular, no menu pop-up Font Family.
- Digite **144 pt** para Size e pressione Enter ou Return.
- Clique no botão Center Text.

3 No painel Character, altere o valor Tracking para **100**.

O valor Tracking especifica o espaço total entre as letras, o que afeta a densidade em uma linha de texto.

4 Clique na guia central que você incluiu para estabelecer um ponto de inserção e digite **DIGITAL** em letras maiúsculas. Em seguida, clique no botão Commit Any Current Edits (✔) na barra de opções.

● **Nota:** Depois de digitar, você precisa confirmar sua edição na camada clicando no botão Commit Any Current Edits, ou passando para outra ferramenta ou camada. Você não pode confirmar edições correntes pressionando Enter ou Return; isso apenas criaria uma nova linha de texto.

A palavra "DIGITAL" é adicionada à capa e aparece no painel Layers como uma nova camada de texto, chamada DIGITAL. Você pode editar e gerenciar a camada de texto como faria com qualquer outra camada. É possível adicionar ou alterar o texto, mudar a orientação das letras, aplicar suavização de serrilhado (*anti-aliasing*), estilos e transformações de camada e criar máscaras. Você pode mover, reempilhar e copiar uma camada de texto, ou editar as opções de camada como faria com qualquer outra camada.

O texto está grande o suficiente, mas não moderno o bastante, para o estilo desta revista. Você aplicará uma fonte diferente.

5 Selecione a ferramenta Horizontal Type (T) e selecione o texto "DIGITAL".

6 Abra o menu pop-up Font Family na barra de opções. Passe o cursor por cima das fontes, usando o mouse ou as setas do teclado.

Quando o cursor está sobre um nome de fonte, o Photoshop aplica esta fonte ao texto selecionado para que você possa visualizar a fonte em contexto.

7 Selecione Myriad Pro Semibold e clique no botão Commit Any Current Edits (✔) na barra de opções.

Agora está muito mais apropriado.

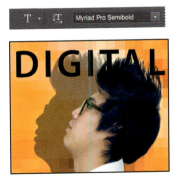

8 Selecione a ferramenta Move e arraste o texto "DIGITAL" para levá-lo até o alto da capa, se já não estiver lá.

9 Escolha File > Save para salvar seu trabalho.

Crie uma máscara de corte e aplique uma sombra

Você adicionou as letras em preto, a cor de texto padrão. Entretanto, como você deseja que as letras sejam preenchidas com uma imagem de uma placa de circuito, utilizará as letras para criar a máscara de corte que vai permitir que outra camada da imagem seja exibida através delas.

1 Escolha File > Open e abra o arquivo circuit_board.tif, que está na pasta Lesson07.

2 Escolha Window > Arrange > 2-Up Vertical. Os arquivos circuit_board.tif e 07Working.psd aparecem na tela juntos. Clique no arquivo circuit_board.tif para ter certeza de que essa é a janela ativa.

3 Com a ferramenta Move selecionada, mantenha pressionada a tecla Shift enquanto arrasta a camada Background do painel Layers do arquivo circuit_board.tif para o centro do arquivo 07Working.psd.

Isso centraliza a imagem do circuit_board.tif na composição.

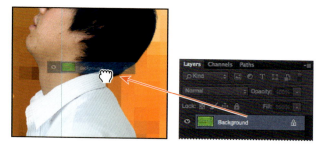

Uma nova camada – Layer 1 – aparece no painel Layers do arquivo 07Working.psd. Essa camada contém a imagem da placa de circuito que ficará visível através do texto. Porém, antes de criar a máscara de corte, você precisa redimensionar a imagem da placa de circuito, pois ela é grande demais para a composição.

4 Feche o arquivo circuit_board.tif sem salvar as modificações.

5 No arquivo 07Working.psd, selecione a Layer1 e então escolha Edit > Transform > Scale.

6 Pegue uma alça de canto na caixa delimitadora da placa de circuito. Pressione Alt+Shift (Windows) ou Option+Shift (Mac OS) enquanto a redimensiona para aproximadamente a mesma largura que a da área do texto.

Pressionar Shift retém as proporções da imagem; Alt ou Option a mantém centralizada.

7 Reposicione a placa de circuito para que a imagem cubra o texto, e pressione Enter ou Return para aplicar a transformação.

  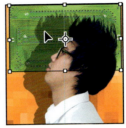

8 Dê um clique duplo no nome Layer 1 e mude-o para **Circuit Board**. Em seguida, pressione Enter ou Return, ou clique fora do nome no painel Layers para aplicar a alteração.

9 Selecione a camada Circuit Board, se já não estiver selecionada, e escolha Create Clipping Mask no menu do painel Layers (▼≡).

▶ **Dica:** Você também pode criar uma máscara de corte, se mantiver pressionada a tecla Alt (Windows) ou a tecla Option (Mac OS) e clicar entre as camadas Circuit Board e DIGITAL.

A placa de circuito agora transparece através das letras DIGITAL. Uma pequena seta na camada Circuit Board e o nome sublinhado da camada de texto indicam que a máscara de corte está aplicada. Agora, você vai adicionar uma sombra interna para dar profundidade às letras.

10 Selecione a camada DIGITAL para ativá-la. Em seguida, clique no botão Add A Layer Style (*fx*) na parte inferior do painel Layers e escolha Inner Shadow no menu pop-up.

11 Na caixa de diálogo Layer Style, altere o Blending Mode para Multiply, Opacity para **48**%, Distance para **18**, Choke para **0** e Size para **16**. Em seguida, clique em OK.

12 Escolha File > Save para salvar seu trabalho.

Estilos de parágrafo e de caracteres

Se você trabalha frequentemente com texto no Photoshop ou precisa formatar com uniformidade uma quantidade significativa de texto em uma imagem, estilos de parágrafo e de caracteres podem aumentar a eficiência do seu trabalho. Um estilo de parágrafo são vários atributos de texto que podem ser aplicados a um parágrafo inteiro mediante um único clique. Um estilo de caractere são atributos que podem ser aplicados a caracteres individuais.

O conceito de estilos de texto no Photoshop é similar àquele em aplicativos de layout de página, como o Adobe InDesign, e aplicativos de processamento de texto, como o Microsoft Word. No entanto, os estilos apresentam um comportamento um pouco diferente no Photoshop. Para obter os melhores resultados ao trabalhar com estilos, tenha em mente o seguinte:

- Por padrão, todo texto que você cria no Photoshop tem um estilo Basic Paragraph aplicado. O estilo Basic Paragraph é definido por seus padrões de texto, mas você pode modificar seus atributos.

- Desmarque a seleção de todas as camadas antes de criar um novo estilo.

- Se o texto selecionado tiver sido modificado com relação ao estilo de parágrafo atual (geralmente o estilo Basic Paragraph), essas mudanças (consideradas sobrescrições) persistirão mesmo quando você aplicar um novo estilo. Para assegurar que todos os atributos de um estilo de parágrafo sejam aplicados ao texto, aplique o estilo e depois clique no botão Clear Overrides no painel Paragraph Styles.

- Você pode usar os mesmos estilos de parágrafo e caractere em vários arquivos. Para salvar os estilos atuais como padrão para todos os novos documentos, escolha Type > Save Default Type Styles. Para usar seus estilos padronizados em um documento existente, escolha Type > Load Default Type Styles.

Crie texto em um caminho

No Photoshop, é possível criar texto que percorre um caminho criado com uma ferramenta Pen ou Shape. A direção em que o texto flui depende da ordem na qual os pontos de ancoragem foram colocados no caminho. Quando você utiliza a ferramenta Horizontal Type para adicionar texto a um caminho, as letras ficam perpendiculares à linha de base do caminho. Se você alterar a localização ou a forma do caminho, o texto se moverá junto com ele.

Você criará texto em um caminho para dar a impressão de que estão saindo perguntas da boca do modelo. Nós já criamos o caminho para você.

1 No painel Layers, selecione a camada Background.

2 Selecione a aba Paths no grupo do painel Layers.

3 No painel Paths, selecione o caminho chamado Speech Path.

O caminho parece estar saindo da boca do modelo.

4 Selecione a ferramenta Horizontal Type.

5 Na barra de opções, clique no botão Right Align Text.

Julieanne Kost é divulgadora oficial do Adobe Photoshop.

Dicas de ferramentas de uma divulgadora do Photoshop

Truques da ferramenta Type

- Com a tecla Shift pressionada, clique na janela da imagem com a ferramenta Horizontal Type para criar uma nova camada de texto – caso você esteja perto de outro bloco do texto e o Photoshop tente selecioná-lo automaticamente.

- Dê um clique duplo no ícone em miniatura de qualquer camada de texto no painel Layers para selecionar todo o texto nessa camada.

- Com um texto qualquer selecionado, clique com o botão direito do mouse (Windows) ou com a tecla Control pressionada (Mac OS) no texto para acessar o menu contextual. Escolha Check Spelling para executar uma verificação ortográfica.

6 No painel Character, selecione as seguintes configurações:
- Font Family: Myriad Pro Regular
- Font Style: Regular
- Font Size (T): **16** pt
- Tracking (VA): **-10**
- Color: Branco
- All Caps (TT)

7 Movimente a ferramenta Type sobre o caminho. Quando uma pequena linha inclinada aparecer através da barra I, clique no início do caminho e digite **What's new with Games?**

8 Selecione a palavra "GAMES" e mude o estilo da fonte para Bold. Clique no botão Commit Any Current Edits (✔) na barra de opções.

9 Clique na aba Layers para trazê-la para frente. No painel Layers, selecione a camada What's New with Games? e, em seguida, escolha Duplicate Layer no menu do painel Layers. Atribua à nova camada o nome **What's new with music?** e clique em OK.

O Photoshop cria uma camada duplicada de texto, ocultando o texto que você digitou anteriormente.

10 Com a ferramenta Type, selecione "Games" e substitua-o por **music**. Clique no botão Commit Any Current Edits na barra de opções.

11 Escolha Edit > Free Transform Path. Gire o lado esquerdo do caminho cerca de 30 graus e depois posicione o caminho acima do primeiro, e um pouco para a direita, conforme na imagem abaixo. Clique no botão Commit Transform na barra de opções.

12 Repita os passos de 9 a 11, substituindo a palavra "GAMES" por **PHONES**. Gire o lado esquerdo do caminho aproximadamente -30 graus e posicione-o abaixo do caminho inicial.

13 Escolha File > Save para salvar seu trabalho.

Distorça o texto

O texto posicionado em um caminho é mais interessante do que em linhas retas, mas você vai distorcer o texto para que ele fique mais divertido. A *distorção* (*warping*) faz o texto se adaptar a uma variedade de formas, como um arco ou uma onda. O estilo de distorção selecionado é um atributo da camada de texto – você pode alterar o estilo de distorção de uma camada para modificar a forma geral da distorção. As opções de distorção dão controle preciso sobre a orientação e a perspectiva do efeito de distorção.

1. Role ou utilize a ferramenta Hand (🖐) para mover a área visível da janela da imagem, de modo que as frases à esquerda do modelo fiquem no centro da tela.

2. Clique com o botão direito do mouse (Windows) ou com a tecla Control (Mac OS) pressionada na camada What's new with Games?, no painel Layers, e escolha Warp Text no menu contextual.

3. Na caixa de diálogo Warp Text, escolha Wave no menu Style e selecione a opção Horizontal. Especifique os seguintes valores: Bend, **+33**%; Horizontal Distortion, **-23**%; e Vertical Distortion, **+5**%. Em seguida, clique em OK.

O controle deslizante Bend especifica o quanto de distorção é aplicado. Horizontal Distortion e Vertical Distortion determinam a perspectiva da distorção.

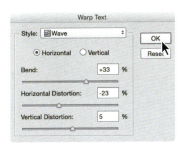 

As palavras "What's new with games?" parecem flutuar como uma onda na capa.

4 Repita as etapas 2 e 3 para distorcer as outras duas camadas de texto que você digitou em um caminho.

5 Salve o trabalho.

Crie parágrafos de texto

Até agora, você só escreveu algumas palavras ou linhas individuais – ou texto pontual. Muitos designs, porém, exigem parágrafos completos de texto. Você pode formatar parágrafos completos de texto no Photoshop; pode até aplicar estilos de parágrafo. Você não precisa pular para um programa dedicado de layout de página para lidar com controles sofisticados de parágrafos de texto.

Utilize guias para posicionar o texto

Você vai adicionar parágrafos à capa no Photoshop. Primeiro, você vai colocar algumas guias na área de trabalho, para ajudá-lo a posicionar o parágrafo.

1 Arraste a guia a partir da régua vertical esquerda, posicionando-a aproximadamente a 1/4 de polegada (0,6 cm) do lado direito da capa.

2 Arraste a guia a partir da régua vertical superior, posicionando-a aproximadamente a 2 polegadas (5 cm) da parte superior da capa.

Adicione um parágrafo de texto a partir de uma nota adesiva

Você está pronto para adicionar o texto. Em um ambiente de design real, o texto seria fornecido em um documento de processamento de texto ou no corpo de uma mensagem de email, de onde você poderia copiá-lo e colá-lo no Photoshop. Ou talvez você precisasse digitá-lo. Outra maneira fácil de adicionar texto é fazer o autor do texto anexá-lo ao arquivo da imagem como uma nota adesiva (*sticky note*), como fizemos para você aqui.

1. Selecione a ferramenta Move e dê um clique duplo na nota adesiva amarela, no canto inferior direito da janela da imagem, para abrir o painel Notes. Expanda o painel Notes, se necessário, para ver todo o texto.

2. No painel Notes, selecione todo o texto. Pressione Ctrl+C (Windows) ou Command+C (Mac OS) a fim de copiar o texto para a área de transferência. Feche o painel Notes.

3. Selecione a camada Model. Em seguida, selecione a ferramenta Horizontal Type (T).

4. Pressione Shift ao clicar onde as guias se encontram, aproximadamente a 1/4 de polegada (0,6 cm) da extremidade direita e 2 polegadas (5 cm) da parte superior da capa. Continue pressionando a tecla Shift ao começar a arrastar uma caixa de texto para baixo e para a esquerda. Em seguida, solte a tecla Shift e siga arrastando até que a caixa tenha cerca de 4 polegadas (10 cm) de largura por 8 polegadas (20 cm) de altura, com as extremidades superior e esquerda alinhadas com as guias que você acabou de adicionar.

5. Pressione Ctrl+V (Windows) ou Command+V (Mac OS) para colar o texto. A nova camada de texto está no topo do painel Layers, para que o texto apareça na frente do modelo.

O texto colado tem 16 pts, e está justificado à direita, porque foram as últimas configurações de texto que você utilizou.

▶ **Dica:** Pressione Shift ao arrastar uma caixa de texto para assegurar que o Photoshop criará uma nova camada de texto, em vez de selecionar uma camada de texto já existente.

● **Nota:** Se o texto não estiver visível, certifique-se de que a nova camada de texto encontra-se acima da camada Model no painel Layers.

> **Nota:** *Leading* determina o espaço vertical entre as linhas.

6 Selecione as três primeiras linhas ("The Trend Issue") e aplique as seguintes configurações no painel Character:
 - Font Family: Myriad Pro (ou outra fonte sem serifa)
 - Font Style: Regular
 - Font Size (🇹): **70** pt
 - Leading (🇦): **55** pt
 - Tracking (🇦): **50**
 - Color: Branco

7 Selecione apenas a palavra "Trend" e mude o estilo da fonte para Bold.

> ▶ **Dica:** Utilize o painel Glyphs para acessar o leque completo de caracteres alternativos em fontes OpenType. Ao editar o texto, dê um clique duplo em um caractere no painel Glyphs para adicioná-lo ao texto. Caso veja um ponto preto no canto inferior direito da caixa de um caractere no painel Glyphs, clique nele e mantenha pressionado o botão do mouse para ver versões alternativas desse caractere, e então escolha uma para adicioná-la ao texto.

Você formatou o título. Agora formatará o restante do texto.

8 Selecione o restante do texto que você colou. No painel Character, selecione o seguinte:
 - Font Family: Myriad Pro
 - Font Style: Regular
 - Font Size: **22** pt
 - Leading: **28** pt
 - Tracking: **0**
 - Deselect All Caps (TT)

O texto ficou bom, mas está todo igual. Você dará mais destaque à manchete.

9 Selecione o texto "What's Hot!" e depois modifique o seguinte no painel Character:
 - Font Style: Bold
 - Font Size: **28** pt

10 Repita o passo 9 para os subtítulos "What's Not" e "Coming this year".

11 Selecione "Coming this year" e todo o texto que vem depois. Em seguida, no painel Character, mude a cor do texto para preto.

12 Por fim, clique no botão Commit Any Current Edits na barra de opções.
13 Salve suas alterações.

OpenType no Photoshop

OpenType é um formato de arquivo fonte para uso entre plataformas desenvolvido em conjunto pela Adobe e a Microsoft. Como o formato utiliza um só arquivo fonte tanto para computadores Mac OS quanto Windows, você pode transferir arquivos de uma plataforma para outra sem substituição de fontes ou refluxo de texto. O OpenType oferece vários conjuntos de caracteres e recursos de layout, como traçados diversos (*swashes*) e ligaturas discricionárias ou substituições discriminadas (*discretionary ligatures*), que não estão disponíveis nas tradicionais fontes PostScript e Truetype. Isso, por sua vez, dá um suporte mais rico a idiomas e controle avançado de tipologia. Eis alguns destaques do OpenType.

Menu OpenType O menu do painel Character tem um submenu OpenType que exibe todos os recursos disponíveis para uma fonte OpenType selecionada, incluindo ligaturas, alternativas estilísticas e frações. Os recursos desativados não estão disponíveis para a fonte; uma marca de verificação aparece ao lado dos recursos que foram aplicados.

Ligaturas discricionárias Para adicionar uma ligatura discricionária a duas letras no formato OpenType, como o "th" na fonte Bickham Script Standard, selecione-as na janela da imagem e escolha OpenType > Discretionary Ligatures no menu do painel Character.

Swashes Adicionar traçados ou caracteres alternativos funciona da mesma maneira. Selecione a letra, como um "T" maiúsculo em Bickham Script, e escolha OpenType > Swash para alterar a letra maiúscula comum em um T de traçado bem ornamentado.

Frações verdadeiras Digite as frações como de costume – por exemplo, 1/2 –, selecione os caracteres e, no menu do painel Character, escolha OpenType > Fractions. O Photoshop aplica a fração verdadeira (1/2).

Painel Glyphs O painel Glyphs lista todos os caracteres disponíveis para uma fonte, incluindo caracteres especializados e versões com traçados alternativos. Um menu abaixo do nome da fonte permite que você exiba um sistema de escrita como Arabic ou uma categoria de caracteres como pontuação ou símbolos de moeda. Um ponto preto no canto inferior direito da caixa de um caractere indica que há versões alternativas disponíveis para ele; clique e mantenha pressionado o botão do mouse no caractere para ver suas versões alternativas ou para escolher uma delas a ser adicionada a uma camada de texto.

Observe que algumas fontes OpenType apresentam mais opções do que outras.

Adicione um retângulo arredondado

A imagem da capa da revista já está quase pronta. Resta apenas adicionar o número do volume no canto superior direito. Primeiro, você criará um retângulo com arestas arredondadas para servir de fundo para o número do volume.

1 Selecione a ferramenta Rounded Rectangle (■), oculta sob a ferramenta Rectangle (■), no painel Tools.

2 Desenhe um retângulo no espaço acima da letra "L" no canto superior direito da capa, posicionando sua extremidade direita ao longo da guia.

3 No painel Properties, digite **67** px para a largura e certifique-se de que a largura do traço é de **3** pt.

4 Clique na amostra de cor de preenchimento no painel Properties e selecione a amostra Pastel Yellow Orange na terceira fileira.

Por padrão, todos os cantos do retângulo possuem o mesmo raio, mas você pode ajustar o raio de cada canto separadamente. Você pode inclusive retornar para editar os cantos mais tarde, se quiser. Você vai alterar o retângulo para que apenas o canto inferior esquerdo fique arredondado, alterando os outros para ângulos retos.

5 Destrave os valores de raio de canto no painel Properties. Depois, altere o canto inferior esquerdo para **16** px, e ajuste os outros em **0** px.

6 Com a ferramenta Move, arraste o retângulo para o alto da imagem até que ele fique suspenso como uma faixa e com sua lateral direita próxima à guia demarcatória.

7 Selecione Select Show Transform Controls na barra de opções. Arraste a base do retângulo para baixo, para que fique mais próxima da letra "L". O retângulo deve ficar longo o suficiente para conter o texto. Em seguida, clique no botão Commit Transform (✓).

Adicione texto vertical

Você está pronto para adicionar o número da edição no alto da faixa.

1 Escolha Select > Deselect Layers. Em seguida, selecione a ferramenta Vertical Type (↓T), oculta sob a ferramenta Horizontal Type.

2 Pressione a tecla Shift e clique dentro do retângulo que você acabou de criar.

Pressionar a tecla Shift quando você começa a arrastar permite criar uma nova caixa de texto em vez de selecionar o título.

3 Digite **VOL 9**.

As letras são muito grandes. Você precisará alterar o tamanho delas para enxergá-las.

4 Escolha Select > All e então, no painel Character, selecione as seguintes configurações:

- Font Family: uma fonte sem serifa, como Myriad Pro
- Font Style: um estilo leve e estreito, como Light Condensed
- Font Size: **15** pt
- Tracking: **10**
- Color: Preto

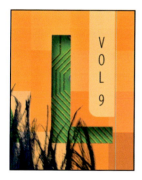

5 Clique no botão Commit Any Current Edits (✓) na barra de opções. Seu texto vertical aparece como a camada chamada VOL 9. Utilize a ferramenta Move (▶⊕) para centralizá-lo na faixa, se necessário.

Agora você fará uma pequena limpeza.

6 Clique na nota para selecioná-la. Clique com o botão direito do mouse (Windows) ou com a tecla Control (Mac OS) pressionada e escolha Delete Note no menu contextual; clique em Yes para confirmar que você deseja excluir a nota.

7 Oculte as guias: escolha a ferramenta Hand ( ) e, então, pressione Ctrl+ (Windows) ou Command+ (Mac OS). Em seguida, reduza o zoom para obter uma boa visão do trabalho.

8 Escolha File > Save para salvar o trabalho.

Parabéns! Você adicionou e estilizou todo o texto na capa da revista Digital. Como a revista já está pronta para seguir em frente, você vai achatá-la e prepará-la para impressão.

9 Escolha File > Save As, renomeie o arquivo como **07Working_flattened** e clique em Save. Clique em OK se aparecer a caixa de diálogo Photoshop Format Options.

Manter uma versão em camadas lhe permite retornar ao arquivo 07Working.psd para futuras edições.

10 Escolha Layer > Flatten Image.

11 Escolha File > Save e feche a janela da imagem.

Salve como Photoshop PDF

O texto que você adicionou consiste em formatos baseados em vetor, que continuam nítidos e cristalinos quando são ampliados ou redimensionados. No entanto, se você salvar o arquivo como uma imagem JPEG ou TIFF, o Photoshop rasteriza o texto, e você perde essa flexibilidade. Quando você salva um arquivo Photoshop PDF, o texto vetorial é incluído.

Também é possível preservar outras funcionalidades de edição do Photoshop em um arquivo Photoshop PDF. Você pode, por exemplo, reter camadas, informações sobre cores e até mesmo notas.

Para que você possa editar um arquivo posteriormente, selecione Preserve Photoshop Editing Capabilities na caixa de diálogo Save Adobe PDF.

Para preservar as notas no arquivo e convertê-las em comentários no Acrobat ao salvar em PDF, selecione Notes na área Save da caixa de diálogo Save As.

Você pode abrir um arquivo Photoshop PDF no Acrobat ou no Photoshop, colocá-lo em outro aplicativo ou imprimi-lo. Para mais informações sobre como salvar no formato Photoshop PDF, consulte Photoshop Help.

Perguntas de revisão

1 Como o Photoshop trata o texto?

2 O que torna uma camada de texto idêntica ou diferente de outras camadas no Photoshop?

3 O que é uma máscara de corte e como ela é criada a partir do texto?

Respostas

1 Texto (ou fonte) no Photoshop consiste em formas matematicamente definidas que descrevem letras, números e símbolos de uma família de fontes. Ao adicionar texto a uma imagem no Photoshop, os caracteres são compostos de pixels e têm a mesma resolução que o arquivo de imagem. Entretanto, o Photoshop preserva os contornos da fonte com base em vetores e os utiliza quando você modifica a escala ou redimensiona o texto, salva um arquivo PDF ou EPS ou imprime a imagem em uma impressora PostScript.

2 O texto que é adicionado a uma imagem aparece no painel Layers como uma camada de texto que pode ser editada e gerenciada da mesma maneira que qualquer outro tipo de camada. Você pode adicionar e editar o texto, alterar sua orientação e aplicar suavização de serrilhado (*anti-aliasing*), bem como mover, reposicionar na pilha, copiar e modificar as opções de camada.

3 Uma máscara de corte é um objeto ou grupo de objetos cuja forma mascara outras partes, para que somente áreas dentro do formato fiquem visíveis. Para converter as letras em qualquer camada de texto em uma máscara de corte, selecione tanto a camada de texto quanto a camada que você quer que seja exibida através das letras e escolha Create Clipping Mask no menu do painel Layers.

8 TÉCNICAS DE DESENHO VETORIAL

Visão geral da lição

Nesta lição, você vai aprender a:

- Diferenciar imagens bitmap de elementos gráficos vetoriais.
- Desenhar demarcadores retos e curvos com a ferramenta Pen.
- Salvar demarcadores.
- Desenhar e editar camadas de formas.
- Desenhar formas customizadas.
- Importar e editar um Smart Object do Adobe Illustrator.
- Utilizar Smart Guides.

Esta lição levará aproximadamente 90 minutos para ser concluída. Faça download dos arquivos de projeto Lesson08 a partir da página do livro no site www.grupoa.com.br, caso ainda não tenha feito isso. Ao trabalhar nesta lição, você preservará os arquivos iniciais. Se precisar restaurá-los, você pode baixá-los novamente a partir do site.

PROJETO: CARTAZ DE CAFETERIA

Ao contrário das imagens bitmap, os elementos gráficos vetoriais conservam suas bordas nítidas quando ampliados para qualquer tamanho. Você pode desenhar formas e demarcadores vetoriais nas suas imagens do Photoshop e adicionar máscaras vetoriais para controlar o que é mostrado em uma imagem.

Imagens bitmap e elementos gráficos vetoriais

Antes de trabalhar com formas e demarcadores vetoriais, é importante entender as diferenças básicas entre as duas principais categorias de imagens gráficas computadorizadas: *imagens bitmap* e *elementos gráficos vetoriais*. O Photoshop permite trabalhar com esses dois tipos de imagem; na realidade, você pode combinar bitmaps e dados vetoriais em um só arquivo individual de imagem do Photoshop.

Imagens bitmap, tecnicamente chamadas *imagens rasterizadas*, baseiam-se em uma grade de pontos conhecida como *pixels*. A cada pixel é atribuído um local específico e um valor de cor. Ao trabalhar com imagens bitmap, você edita grupos de pixels em vez de objetos ou formas. Como imagens bitmap podem representar graduações sutis de sombra e cores, elas são apropriadas para imagens de tons contínuos, como fotografias ou trabalhos criados em programas de desenho. Uma desvantagem das imagens bitmap é que elas contêm um número fixo de pixels. Como resultado, elas podem perder detalhes e parecer serrilhadas quando ampliadas na tela ou impressas em uma resolução inferior àquela com que foram criadas.

Os elementos gráficos vetoriais são compostos de linhas e curvas definidas por objetos matemáticos chamados *vetores*. Eles conservam a nitidez mesmo se movimentados, redimensionados, ou se sofrerem alteração de cores. Gráficos vetoriais são apropriados para ilustrações, texto e elementos gráficos como logotipos que podem ser dimensionados em diferentes tamanhos.

 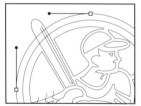

Logotipo desenhado como arte vetorial

Logotipo rasterizado como arte de bitmaps

Os demarcadores e a ferramenta Pen

No Photoshop, o contorno de uma forma vetorial é um *demarcador* (*path*), um segmento de linha curvo ou reto que você desenha utilizando as ferramentas Pen, Freeform Pen ou Shape. Pen é a que desenha com maior precisão; Shape desenha retângulos, elipses e outras formas; Freeform Pen desenha demarcadores como se você estivesse usando um lápis em uma folha de papel.

Julieanne Kost é divulgadora oficial do Adobe Photoshop.

Dicas de ferramentas de uma divulgadora do Photoshop

Acesse as ferramentas rapidamente

Cada ferramenta no painel Tools possui uma letra que é um atalho de teclado. Digite a letra e a ferramenta aparece. Pressione Shift com uma tecla de atalho para alternar entre todas as ferramentas de um grupo. Por exemplo, pressione P para selecionar a ferramenta Pen, e pressione Shift+P para alternar entre as ferramentas Pen e Freeform Pen.

Demarcadores podem ser abertos ou fechados. Um demarcador aberto (como uma linha ondulada) tem duas extremidades distintas. Um demarcador fechado (como um círculo) é contínuo. O tipo de demarcador que você desenha afeta a maneira como ele pode ser selecionado e ajustado.

Demarcadores que não foram preenchidos ou traçados não aparecem quando você imprime seu trabalho. Isso ocorre porque os demarcadores são objetos vetoriais que não contêm pixels, diferentemente de formas bitmap desenhadas pela ferramenta Pencil e por outras ferramentas de pintura.

Introdução

Nesta lição, você desenhará um demarcador em torno de uma caneca de café em uma imagem, e criará outro demarcador dentro da asa da caneca. Você vai subtrair uma seleção da outra, fazendo uma forma de raio (fornecida no painel Shapes) vazar o formato da caneca. Por fim, você importará um tratamento de título Illustrator como um Smart Object e aplicará uma cor e um efeito em relevo.

Antes de começar, você vai visualizar a imagem que criará: um cartaz de uma cafeteria fictícia.

1 Inicie o Photoshop e pressione Ctrl+Alt+Shift (Windows) ou Command+Option+Shift (Mac OS) para restaurar as preferências padrão. (Consulte "Restaure as preferências padrão", na página 4.)

2 Quando solicitado, clique em Yes para excluir o arquivo de configurações do Adobe Photoshop (Adobe Photoshop Settings).

3 Escolha File > Browse In Bridge.

4 No painel Favorites, clique na pasta Lessons e dê um clique duplo na pasta Lesson08 no painel Content.

5 Selecione o arquivo 08End.psd e pressione a barra de espaços para visualizar toda a imagem na tela.

Para criar este cartaz, você traçará a caneca de café em uma imagem, e usará este traçado para fazer um logotipo vetorial. Você vai redimensionar este logotipo e combiná-lo com um logotipo tipográfico Illustrator importado como um Smart Object. Primeiro, você desenhará demarcadores e seleções para praticar, usando a ferramenta Pen.

6 Depois de examinar o arquivo 08End.psd, pressione a barra de espaço novamente. Em seguida, dê um clique duplo no arquivo 08Practice_Start.psd para abri-lo no Photoshop.

7 Escolha File > Save As, renomeie o arquivo como **08Practice_Working.psd** e clique em Save. Clique em OK se a caixa de diálogo Photoshop Format Options aparecer.

Desenhe com a ferramenta Pen

Você utilizará a ferramenta Pen para selecionar a caneca de café. A caneca tem bordas longas, suaves e curvas que seriam difíceis de selecionar com outros métodos.

O funcionamento da ferramenta Pen é um pouco diferente da maioria das ferramentas do Photoshop. Nós criamos um arquivo de treinamento que você pode usar para ir se acostumando com a ferramenta Pen antes de criar seu cartaz da Kailua Koffee.

Demarcadores incluem pontos de ancoragem (suaves e de canto) e segmentos (retilíneos e curvos). Você vai conhecer mais da ferramenta Pen desenhando um demarcador retilíneo, uma curva simples e uma curva em S, antes de praticar o traçado da caneca de café.

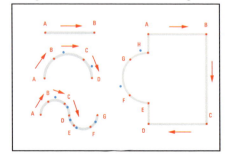

Crie demarcadores com a ferramenta Pen

A ferramenta Pen pode ser usada para criar demarcadores retos ou curvos, abertos ou fechados. Se você nunca trabalhou com a ferramenta Pen, pode achar difícil utilizá-la no começo. Entender os elementos de um demarcador e a maneira como criá-los com a ferramenta Pen torna muito mais fácil desenhar os demarcadores.

Para criar um demarcador reto, clique no botão do mouse. No primeiro clique, você configura o ponto inicial. Todos os cliques seguintes desenham uma linha reta entre o ponto anterior e o ponto atual. Para desenhar demarcadores complexos de segmentos retos com essa ferramenta, simplesmente continue adicionando pontos.

Para criar um demarcador curvo, clique para posicionar um ponto de ancoragem, arraste para criar uma linha de direção para esse ponto e, então, clique para posicionar o próximo ponto de ancoragem. Cada linha de direção acaba em dois pontos de direção; a posição das linhas e dos pontos de direção determinam o tamanho e a forma do segmento curvo. Mover as linhas e os pontos de direção remodela as curvas em um demarcador.

Criando uma linha reta

Curvas suaves são unidas por pontos de ancoragem chamados *pontos suaves*. Demarcadores nitidamente curvos são ligados por *pontos de canto*. Ao mover uma linha de direção sobre um ponto suave, os segmentos curvos nos dois lados do ponto se ajustam simultaneamente, mas, ao mover uma linha de direção sobre um ponto de canto, somente a curva no mesmo lado do ponto da linha de direção é ajustada.

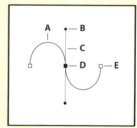

Os segmentos de demarcador e os pontos de ancoragem podem ser movidos depois de serem desenhados, individualmente ou como um grupo. Quando um demarcador contém mais de um segmento, você pode arrastar pontos de ancoragem individuais para ajustar segmentos individuais do demarcador ou selecionar todos os pontos de ancoragem em um demarcador para editar todo o demarcador. Utilize a ferramenta Direct Selection para selecionar e ajustar um ponto de ancoragem, um segmento de demarcador ou um demarcador inteiro.

A. Segmento de linha curva
B. Ponto de direção
C. Linha de direção
D. Ponto de ancoragem selecionado
E. Ponto de ancoragem não selecionado

Criar um demarcador fechado é diferente de criar um demarcador aberto no modo como você o finaliza. Para terminar um demarcador aberto, pressione Enter ou Return. Para criar um demarcador fechado, posicione o cursor da ferramenta Pen sobre o ponto inicial e clique. Fechar um demarcador finaliza-o automaticamente. Depois de fechá--lo, o cursor da ferramenta Pen aparece com um pequeno *, indicando que seu próximo clique iniciará um novo demarcador.

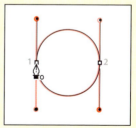

Criando um demarcador fechado

À medida que você desenha demarcadores, uma área de armazenamento temporário chamada Work Path aparece no painel Paths. Uma boa ideia é salvar os demarcadores de trabalho; e isso é essencial se você utiliza vários demarcadores independentes no mesmo arquivo de imagem. Se desmarcar um Work Path existente no painel Paths e, então, começar a desenhar novamente, um novo delimitador de trabalho substituirá o original, que será perdido. Para salvar um delimitador de trabalho, dê um clique duplo nele no painel Paths, digite um nome na caixa de diálogo Save Path e clique em OK para renomear e salvar o demarcador. O demarcador permanece selecionado no painel Paths.

Primeiro, você vai configurar as opções da ferramenta Pen e a área de trabalho.

1 No painel Tools, selecione a ferramenta Pen ( ).

2 Na barra de opções, selecione ou confirme as seguintes configurações:

- Escolha Shape no menu pop-up Tool Mode.
- No menu Pen Options, certifique-se de que Rubber Band não está selecionado.
- Certifique-se de que Auto Add/Delete está selecionado.
- Escolha No Color no menu pop-up Fill.
- Escolha uma cor verde no menu pop-up Stroke.
- Insira **4** pt para a largura do traço.
- Na janela Stroke Options, escolha Center (a segunda opção) no menu Align.

A. *Menu Tool Mode* **B.** *Menu Pen Options*

Crie uma linha reta

Você começará desenhando uma linha reta. Pontos de ancoragem marcam as extremidades de segmentos demarcadores; a linha reta que você vai desenhar é um segmento de demarcador unitário com dois pontos de ancoragem.

1 Clique na aba Paths para trazer este painel para frente do grupo do painel Layers.

O painel Paths exibe prévias em miniatura dos demarcadores desenhados por você. Atualmente, o painel está vazio, já que você ainda não começou a desenhar.

2 Se necessário, aumente o zoom para poder ver facilmente os pontos assinalados com letras e os azuis no molde da forma. Certifique-se de que consegue visualizar o molde inteiro na janela da imagem, e de que é possível selecionar a ferramenta Pen novamente, depois de dar zoom.

3 Clique no ponto A na primeira forma, e solte o botão do mouse. Você criou um ponto de ancoragem.

4 Clique no ponto B. Você criou uma linha reta com dois pontos de ancoragem.

5 Pressione Enter ou Return para parar de desenhar.

  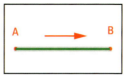

Crie um ponto de ancoragem.   Clique para criar uma linha reta.   Complete o demarcador.

O demarcador que você desenhou aparece no painel Paths e como uma nova camada no painel Layers.

 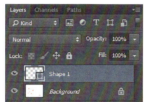

Desenhe curvas

Em segmentos curvos, a seleção de ponto de ancoragem exibe duas linhas de direção (pontos suaves) ou uma linha de direção (ponto de canto). As linhas de direção acabam em pontos de direção, e a posição das linhas e dos pontos de direção determinam o tamanho e a forma do segmento curvo. Você criará linhas curvas usando pontos suaves.

1 Clique em A no semicírculo e solte o botão do mouse para criar o primeiro ponto de ancoragem.

2 Clique no ponto B, mas não solte o botão do mouse. Em vez disso, arraste o cursor até o ponto azul à direita do ponto B a fim de criar um segmento demarcado curvo e um ponto de ancoragem suave. Em seguida, solte o botão do mouse.

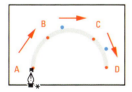 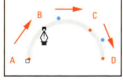 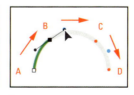

Crie um ponto de ancoragem.   Clique e segure.   Arraste para curvar o segmento demarcado.

Pontos de ancoragem suaves apresentam duas linhas de direção vinculadas. Quando você movimenta uma delas, os segmentos curvos em ambos os lados do demarcador se ajustam simultaneamente.

3 Clique no ponto C e arraste-o para baixo até o ponto azul inferior. Em seguida, solte o botão do mouse. Você criou um segundo segmento demarcado curvo e outro ponto suave.

4 Clique no ponto D e solte o botão do mouse a fim de criar o ponto de ancoragem final. Pressione Enter ou Return para completar o demarcador.

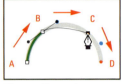
Clique em C para criar um ponto.

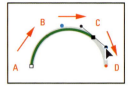
Arraste-o para curvar o segmento.

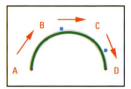
Clique em D para finalizar o semicírculo.

Ao desenhar um demarcador à mão livre com a ferramenta Pen, use o menor número possível de pontos para moldar o que deseja. Quanto menos pontos você usar, mais suaves suas curvas ficarão – e mais eficiente será seu arquivo.

Utilizando as mesmas técnicas, você desenhará uma curva em formato de S.

5 Clique no ponto A, depois no ponto B, e arraste o cursor até o ponto azul.

6 Continue com os pontos C, D, E e F, sempre clicando no ponto e depois arrastando até o ponto azul correspondente.

7 Clique no ponto G para criar o ponto de ancoragem final, e então pressione Enter ou Return para completar o demarcador.

Essa forma possui a sua própria camada no painel Layers. Consta apenas um demarcador no painel Paths, já que o demarcador de trabalho para a segunda forma sobrescreveu o demarcador de trabalho da primeira.

Desenhe uma forma mais complexa

Agora que você pegou a ideia, terá a chance de desenhar um objeto mais complexo: o contorno de uma caneca de café.

1 Clique no lado direito do ponto A para aplicar o primeiro ponto de ancoragem.

2 Pressione a tecla Shift ao clicar no ponto B. Com isso, a linha fica restrita a um traçado perfeitamente reto.

3 Pressione a tecla Shift ao clicar nos pontos C, D e E para criar mais segmentos demarcadores retos.

4 Clique no ponto F e arraste-o até o ponto azul para criar uma curva. Em seguida, solte o botão do mouse.

5 Clique no ponto G e arraste-o até o ponto azul para criar outra curva. Em seguida, solte o botão do mouse.

6 Clique no ponto H. Em seguida, pressione Alt (Windows) ou Option (Mac OS) ao clicar no ponto H novamente para criar um ponto de canto.

Ao mover uma linha de direção em um ponto de canto, apenas a curva no mesmo lado do ponto que a linha de direção é ajustada; assim, você pode criar uma transição nítida entre os dois segmentos.

7 Clique no ponto A para desenhar o segmento demarcador final e fechar o demarcador. Seu fechamento automaticamente finaliza o desenho; você não precisa pressionar Enter ou Return.

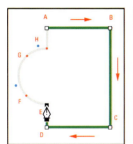
Comece pelos segmentos retos.
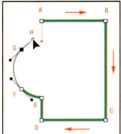
Arraste para criar uma curva.
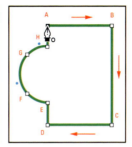
Feche o demarcador.

Trace uma forma a partir de uma foto

Agora você está pronto para desenhar um demarcador em torno da caneca de café na imagem. Você utilizará as técnicas que praticou para desenhar um demarcador por fora da caneca e outro por dentro da sua asa.

1 Abra o arquivo 08Start.psd no Photoshop.

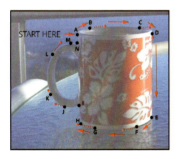
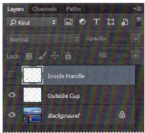

A imagem inclui três camadas: a camada de fundo e duas camadas de moldes para orientá-lo enquanto desenha as formas.

2 Escolha File > Save As, renomeie o arquivo como **08Working.psd** e clique em Save. Clique em OK na caixa de diálogo Photoshop Format Options.

▶ **Dica:** Se quiser fazer uma tentativa de traçar a caneca sem usar as marcas para guiá-lo, oculte a camada Outside Cup no painel Layers.

3 Com a ferramenta Pen selecionada, escolha Subtract Front Shape no menu pop-up Path Operations na barra de opções.

As opções no menu Path Operations determinam o modo como várias formas interagem entre si em um demarcador. Depois de desenhar o contorno da caneca, você vai retirar o interior da asa.

4 Clique no ponto A. O Photoshop cria uma nova camada para a forma.

5 Clique no ponto B e arraste o cursor até o ponto vermelho da direita, para criar a curva inicial.

 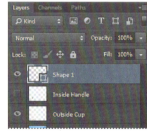 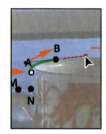

6 Clique no ponto C e arraste até o ponto vermelho à sua direita.

7 Continue traçando a caneca, clicando em cada ponto e depois arrastando o cursor até os pontos vermelhos correspondentes quando precisar criar uma curva.

8 Feche a forma clicando no ponto A novamente.

 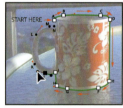 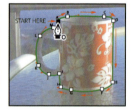

9 Avalie o seu demarcador. Se quiser ajustar algum segmento, utilize a ferramenta Direct Selection para selecionar um ponto e, então, mova suas linhas de direção para editar o segmento.

10 Salve o seu trabalho.

Adicione uma segunda forma ao demarcador

Você desenhou um demarcador que contorna o lado de fora da caneca, mas quer que o lado de dentro da sua asa fique transparente. Você desenhará uma forma para isolar o interior da asa da caneca.

1 Oculte a camada Outside Cup e torne visível a camada Inside Handle.

2 Certifique-se de que a ferramenta Pen está selecionada e que Subtract Front Shape ainda está selecionado no menu pop-up Path Operations na barra de opções.

3 Clique no ponto A e comece a desenhar. Em seguida, clique no ponto B, arraste até o ponto vermelho e solte o botão do mouse.

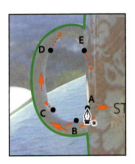
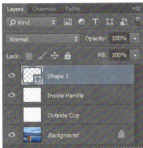

4 Continue desenhando, clicando e arrastando conforme indicado nos pontos C e D.

5 Clique no ponto E e arraste ligeiramente para baixo até o ponto vermelho, soltando o botão logo depois. Em seguida, pressione Alt (Windows) ou Option (Mac OS) ao clicar no ponto E a fim de convertê-lo em um ponto de canto.

A conversão do ponto E em um ponto de canto permite que você desenhe um segmento demarcador reto entre ele e o ponto A. Se o ponto E continuasse sendo um ponto suave, o demarcador entre os pontos E e A seria ligeiramente curvo.

6 Clique no ponto A para fechar a forma, e pare de desenhar.

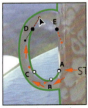

Crie um demarcador curvo.

Converta E em um ponto de canto.

Crie o segmento reto final.

Agora, você vai salvar o demarcador para usá-lo mais tarde.

7 No painel Paths, dê um clique duplo em Shape 1 Shape Path, digite **Cup Outline** na caixa de diálogo Shape Path e clique em OK para salvar.

 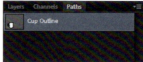

8 No painel Layers, delete as camadas Outside Cup e Inside Handle; você não precisará mais delas. O Shape 1 Shape Path no painel Paths será removido, conforme indicado na tela acima.

9 Escolha File > Save para salvar seu trabalho.

Trabalhe com formas personalizadas definidas

O Photoshop inclui diversas formas personalizadas predefinidas no Custom Shape Picker, mas você também pode criar a sua.

Converta um demarcador em uma forma

Você definirá o contorno da caneca como uma forma personalizada que poderá usar como logotipo. A forma ficará disponível no Custom Shape Picker.

1 Selecione o demarcador Cup Outline no painel Paths.

2 Escolha Edit > Define Custom Shape.

3 Nomeie a forma como **Coffee Cup** e clique em OK.

4 Selecione a ferramenta Custom Shape (), oculta sob a ferramenta Rectangle () no painel Tools.

5 Abra o Custom Shape Picker no menu de opções e role até a parte de baixo do seletor. A forma que você adicionou deve ser a última a ser exibida.

6 Posicione a ferramenta Custom Shape perto do canto superior esquerdo da caneca de café e comece a arrastar para baixo e para a direita. Siga arrastando e pressione a tecla Shift para manter as proporções originais. Quando o logotipo estiver do tamanho certo, solte o botão do mouse e, em seguida, a tecla Shift.

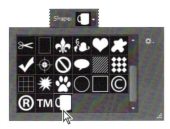 

Pressionar a tecla Shift mantém a forma proporcional enquanto você arrasta.

7 Dê um clique duplo na camada Shape 1, no painel Layers, e nomeie-a como **Coffee Cup**.

Altere a cor de preenchimento de uma camada de forma

Você criou uma forma personalizada para o seu demarcador, e utilizou a ferramenta Custom Shape para desenhar a forma da imagem. Mas ela é apenas um contorno. Você adicionará um preenchimento.

1 Certifique-se de que a camada Coffee Cup está selecionada no painel Layers.

2 Selecione a ferramenta Pen (⌽) no painel Tools.

3 Na barra de opções, selecione preto para a cor de preenchimento Fill e None para o traço.

Agora o preenchimento da forma da caneca é preto sólido.

4 Selecione a ferramenta Move para desmarcar a seleção da caneca de café.

Remova formas de uma camada de forma

Depois de criar uma camada de forma, você ainda pode remover novas formas a partir dela. Você deixará a forma da caneca de café mais interessante com uma forma de raio, que permite que o plano de fundo fique visível através dela.

1 No painel Tools, selecione a ferramenta Custom Shape.

2 Na barra de opções, escolha Subtract Front Shape no menu Path Operations. O cursor agora aparece como uma mira com um pequeno sinal de subtração (+).

3 No painel Paths, selecione o demarcador com a forma Coffee Cup.

4 Selecione a forma de raio no Custom Shape Picker (está na segunda fileira). Comece pelo canto superior esquerdo e arraste para baixo até o canto inferior direito. Clique primeiro, e à medida que for arrastando diagonalmente, pressione a tecla Shift para manter a proporção das dimensões.

Importe um Smart Object

Smart Objects são camadas que você pode editar no Photoshop de maneira não destrutiva; isto é, as modificações que você faz na imagem permanecem editáveis e não afetam os pixels reais da imagem, que são preservados. Independentemente do quanto você dimensiona, gira, distorce ou transforma um Smart Object, ele conserva suas bordas com precisão.

Você pode importar objetos vetoriais do Adobe Illustrator como Smart Objects. Se você editar o objeto original no Illustrator, as alterações se refletirão no Smart Object importado no seu arquivo de imagem do Photoshop.

Quando você aplica um Smart Object, você pode vinculá-lo ou incorporá-lo. Se você o vincular, o Photoshop retém o vínculo no arquivo original para que você possa atualizá-lo facilmente depois, e inclui uma imagem em bitmap do Smart Object no arquivo do Photoshop. Se você incorporar um Smart Object, o Photoshop inclui o objeto inteiro no arquivo do Photoshop, mas não retém o vínculo. Porém, você pode converter um Smart Object incorporado em um Smart Object vinculado se o arquivo original ainda estiver disponível.

Agora você vai trabalhar com um Smart Object ao posicionar um logotipo da Kailua Koffee que foi criado no Illustrator.

1 Selecione a ferramenta Move (▸⊕) no painel Tools.

2 Selecione a camada Coffee Cup e escolha File > Place Linked. Selecione o arquivo Logotype.eps na pasta Lesson08 e clique em Place.

O logotipo da Kailua Koffee é adicionado ao centro da composição, dentro de uma caixa delimitadora com alças ajustáveis. Uma nova camada, Logotype, aparece no painel Layers.

3 Arraste o objeto logotipo até o canto superior esquerdo do cartaz, logo à direita da caneca de café e, então, pressione Shift e arraste um canto para tornar o objeto de texto proporcionalmente maior – grande o bastante para preencher a parte superior da imagem, como na ilustração. Quando acabar, pressione Enter ou Return, ou clique no botão Commit Transform (✓) na barra de opções.

Quando você confirma a transformação, o ícone da miniatura de camada muda para indicar que a camada de título é um Smart Object vinculado.

Como acontece com qualquer camada de forma ou objeto inteligente, você pode continuar editando seu tamanho e forma, se quiser. Basta selecionar a camada, escolher Edit > Free Transform para acessar as alças de controle e arrastar o cursor para ajustá-las. Ou então selecione a ferramenta Move (▸⊕) e depois Show Transform Controls na barra de opções. Em seguida, ajuste as alças.

Adicione cor e profundidade a uma forma usando estilos de camada

Você criou uma forma com preenchimento preto. Agora vai deixá-la mais bacana alterando a cor de preenchimento e adicionando um efeito Bevel & Emboss (alto-relevo e biselado).

1 Com a camada Logotype selecionada, escolha Color Overlay no menu Add A Layer Style (fx) na parte inferior do painel Layers.

● **Nota:** Certifique-se de clicar sobre as palavras "Bevel & Emboss". Se você clicar apenas na caixa de seleção, o Photoshop aplicará o estilo de camada com suas configurações padrão, mas você não verá as opções.

2 Na caixa de diálogo Layer Style, escolha vermelho-escuro ou bordô.

3 Clique em Bevel & Emboss no lado esquerdo da caixa de diálogo Layer Style para adicionar outro estilo de camada. Aceite os padrões para o estilo de camada Bevel & Emboss e clique em OK.

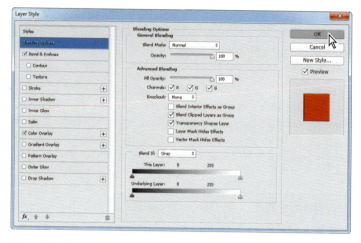

Os estilos de camada Color Overlay e Bevel & Emboss afetam a camada Logotype. Você vai copiá-los para a camada Coffee Cup.

4 Pressione Alt (Windows) ou Option (Mac OS) ao arrastar o indicador de efeitos de camada (fx) desde a camada Logotype até a camada Coffee Cup.

5 Limpe o painel Layers: oculte todas as camadas exceto Logotype, Coffee Cup e Background. Em seguida, escolha Delete Hidden Layers no menu do painel Layers e clique em Yes quando instado a confirmar.

6 Limpe o painel Paths deletando o demarcador Cup Outline.

7 Escolha File > Save para salvar seu trabalho. O cartaz da cafeteria está completo.

Extras

Use Creative Cloud Libraries com Smart Objects vinculados

Quando você organiza e compartilha seus itens de design usando Creative Cloud Libraries, você e sua equipe podem usar esses itens em muitos aplicativos de computador e dispositivos móveis do tipo Creative Cloud. Vejamos como funciona:

1. Abra 08End.psd e escolha Window > Libraries para abrir o painel Libraries.
2. No menu do painel Libraries, escolha Create New Library e dê o nome de **Kailua Koffee**.
3. No painel Layers, selecione a camada Background. No menu do painel Layers, escolha Convert to Smart Object. Essa camada agora tem o nome de "Layer 0".
4. Selecione a ferramenta Move. Arraste a camada desde a janela do documento (não do painel Layers) até a biblioteca Kailua Koffee.
5. Repita os passos 3 e 4 para a camada Logotype e para a camada Coffee Cup.

Agora os três elementos aparecerão em aplicativos Creative Cloud e em aplicativos móveis. Como cada item é um Smart Object vinculado, a empresa pode editar o logotipo na biblioteca Kailua Koffee, e ele será atualizado em todos os documentos em que for usado. Para editar o item da biblioteca, basta clicar duas vezes nele no painel Libraries.

Adicione cores

1. Com a ferramenta Eyedropper, clique na caneca vermelha na janela do documento. Em seguida, desmarque a seleção no painel Layers.
2. Na base do painel Libraries, clique na amostra de cor Add Foreground Color. Isso adiciona à biblioteca atual a cor que você capturou como amostra. Use o mesmo método para obter uma amostra de azul-claro do céu no plano de fundo, e adicione essa cor à sua biblioteca também.

Colaboração

Quando você compartilha uma Creative Cloud Library, sua equipe sempre dispõe da versão atual desses itens. No menu do painel Libraries, escolha Collaborate e preencha a tela Invite Collaborators (Colaboradores) que aparece no seu navegador. Os colaboradores vão visualizar a biblioteca que você compartilhou em seus próprios aplicativos Creative Cloud (para utilizar este recurso, você precisa ter uma conta na Creative Cloud e estar logado).

Adicione itens a bibliotecas usando aplicativos móveis da Adobe

Use aplicativos móveis da Adobe – como Adobe Color CC, Adobe Shape CC e Adobe Brush CC – para capturar temas de cor, formas e pincéis tal como são na vida real e adicioná-los às suas bibliotecas Creative Cloud. Os itens que você adiciona às bibliotecas usando aplicativos móveis são automaticamente sincronizados com a sua conta Creative Cloud, e você poderá ver os novos itens no seu painel Libraries quando retornar ao seu computador.

Extras

Smart Guides

Vamos levar esse design a um novo patamar. Você pode usar o logotipo da caneca de café para criar um motivo repetido na base do cartaz. As Smart Guides podem ajudá-lo a posicionar as imagens de maneira ordenada.

1 Escolha View > Show, e assegure-se de que as Smart Guides estão habilitadas. Se houver uma marca de verificação ao lado das Smart Guides, elas estão ativadas. Se não houver marca alguma, selecione Smart Guides para habilitá-las.

2 Selecione a camada Coffee Cup. Em seguida, selecione a ferramenta Move e pressione Alt+Shift (Windows) ou Option+Shift (Mac OS) enquanto arrasta o logotipo da caneca até o canto inferior esquerdo do cartaz. A tecla Alt ou Option copia o objeto selecionado; a tecla Shift restringe seu movimento. As linhas magenta que aparecem enquanto você arrasta o objeto são Smart Guides.

3 Escolha Edit > Free Transform. Depois pressione Shift para manter as proporções ao redimensionar a caneca até cerca de um quarto de seu tamanho original. Pressione Enter ou Return para confirmar a transformação.

4 Com a cópia da camada Coffee Cup ainda selecionada, pressione Alt+Shift ou Option+Shift e arraste-a para a esquerda até que as mensurações exibidas em rosa mostrem que as imagens estão a 3,5 polegadas (8,9 cm) de distância. Enquanto você arrasta, as Smart Guides lhe oferecem guias de alinhamento e exibem mensurações para ajudá-lo a posicionar os objetos.

5 Selecione a segunda imagem na base, e repita o passo 4. Desta vez, quando você arrastar a imagem 3,5 polegadas, o Photoshop exibirá a distância entre cada conjunto de imagens.

6 Repita o passo 5 para obter um total de 4 logotipos igualmente espaçados.

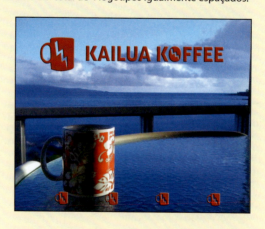

Perguntas de revisão

1 Qual a diferença entre uma imagem bitmap e um elemento gráfico vetorial?

2 Como se cria uma forma personalizada?

3 Qual ferramenta você pode utilizar para mover e redimensionar demarcadores e formas?

4 O que são Smart Objects e qual a vantagem de utilizá-los?

Respostas

1 Imagens bitmap, ou imagens rasterizadas, baseiam-se em uma grade de pixels e são apropriadas para imagens em tom contínuo, como fotografias ou trabalhos criados em programas de desenho. Elementos gráficos vetoriais são compostos por formas baseadas em expressões matemáticas e são apropriados para ilustrações, texto e desenhos que requerem linhas suaves e definidas.

2 Para criar uma forma personalizada, selecione um demarcador e depois escolha Edit > Define Custom Shape. Dê um nome ao demarcador; ele aparecerá no Custom Shape Picker.

3 A ferramenta Direct Selection é usada para mover, redimensionar e editar formas. Você também pode modificar e dimensionar uma forma ou demarcador escolhendo Edit > Free Transform Path.

4 Smart Objects são objetos vetoriais que você pode posicionar e editar no Photoshop sem perda de qualidade. Independentemente do quanto você dimensiona, gira, distorce ou transforma um Smart Object, ele conserva suas bordas com precisão. Uma excelente vantagem do uso de Smart Objects é que você pode editar o objeto original no aplicativo de criação, como o Illustrator, e as alterações se refletirão no Smart Object posicionado no seu arquivo de imagem do Photoshop.

9 COMPOSIÇÃO AVANÇADA

Visão geral da lição

Nesta lição, você vai aprender a:

- Aplicar e editar Smart Filters.
- Utilizar o Liquify para distorcer uma imagem.
- Aplicar efeitos de cor em áreas selecionadas de uma imagem.
- Aplicar filtros para criar vários efeitos.
- Utilizar o painel History para retornar a um estado prévio.
- Aumentar a escala de uma imagem com baixa resolução para impressão em alta resolução.

Esta lição levará aproximadamente 1 hora para ser concluída. Faça download dos arquivos de projeto Lesson09 a partir da página do livro no site www.grupoa.com.br, caso ainda não tenha feito isso. Ao trabalhar nesta lição, você preservará os arquivos iniciais. Se precisar restaurá-los, você pode baixá-los novamente a partir do site.

PROJETO: DESIGN DE POSTER DE FILME DE MONSTRO

Filtros podem transformar imagens comuns em artes digitais extraordinárias. Com os Smart Filters, você pode editar essas transformações a qualquer momento. A ampla variedade de recursos do Photoshop permite que você use sua criatividade o quanto quiser.

Introdução

Nesta lição, você fará uma montagem de imagens para o pôster de um filme enquanto explora os filtros no Photoshop. Para começar, examine o projeto final para ver o que você acabará criando.

1 Inicie o Photoshop e pressione Ctrl+Alt+Shift (Windows) ou Command+Option+Shift (Mac OS) para restaurar as preferências padrão. (Consulte "Restaure as preferências padrão", na página 4.)

2 Quando solicitado, clique em Yes para excluir o arquivo de configurações do Adobe Photoshop (Adobe Photoshop Settings).

3 Escolha File > Browse In Bridge.

4 No Bridge, escolha Favorites no menu à esquerda, e então clique na pasta Lessons. Dê um clique duplo na pasta Lesson09.

● **Nota:** Se o Bridge não estiver instalado, você será instado a instalá-lo quando escolher Browse In Bridge. Para mais informações, veja a página 2.

5 Visualize a miniatura 09_End.psd e mova o controle deslizante na base da janela Bridge, aumentando o zoom para ver a miniatura mais claramente.

Esse arquivo é um pôster de filme com um plano de fundo, a imagem de um monstro e diversas imagens menores. Cada imagem recebeu a aplicação de um ou mais filtros ou efeitos.

O monstro é composto pela imagem de um homem perfeitamente normal (embora um tanto ameaçador) com a aplicação de diversas imagens assombrosas. Esses acréscimos monstruosos são cortesia de Russell Brown, com ilustrações de John Connell.

6 No Bridge, navegue até a pasta Lesson09/Monster_Makeup e abra-a.

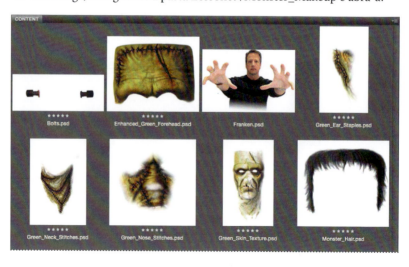

7 Clique com a tecla Shift pressionada para selecionar todos os arquivos na pasta Monster_Makeup, e depois escolha Tools > Photoshop > Load Files Into Photoshop Layers.

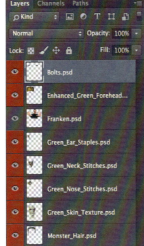

O Photoshop importa todos os arquivos selecionados como camadas individuais em um novo arquivo do Photoshop. O ícone de visibilidade está sinalizado em vermelho nas camadas que criam o visual do monstro.

8 No Photoshop, escolha File > Save As. Escolha Photoshop para o Format e nomeie o novo arquivo como **09Working.psd**. Salve-o na pasta Lesson09. Clique em OK na caixa de diálogo Photoshop Format Options.

Organize camadas

O seu arquivo de imagem contém oito camadas, importadas em ordem alfabética. Em suas posições atuais, elas não formam um monstro muito convincente. Você vai reorganizar a ordem das camadas e redimensionar seus conteúdos quando começar a montar o seu monstro.

1 Diminua o zoom ou role o mouse para poder enxergar todas as camadas na prancheta (*artboard*).

2 No painel Layers, arraste a camada Monster_Hair no alto da pilha de camadas.

3 Arraste a camada Franken para a base da pilha de camadas.

4 Selecione a ferramenta Move (▸⊕) e então transfira a camada Franken (a imagem da pessoa) para a base da página.

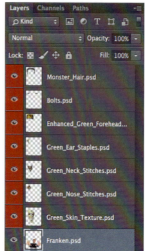

5 No painel Layers, pressione Shift selecionando todas as camadas, exceto a camada Franken, e escolha Edit > Free Transform.

6 Pressione a tecla Shift enquanto arrasta a partir de uma aresta da seleção a fim de redimensionar todas as camadas selecionadas até cerca de 50% do seu tamanho original. (Observe as porcentagens Width e Height na barra de opções.)

7 Com as camadas redimensionadas ainda selecionadas, posicione-as sobre a cabeça da camada Franken. Pressione Enter ou Return para confirmar a transformação.

8 Aumente o zoom para ver a área da cabeça claramente.

9 Oculte todas as camadas exceto as camadas Green_Skin_Texture e Franken.

10 Selecione apenas a camada Green_Skin_Texture, e utilize a ferramenta Move para centralizá-la sobre a face.

11 Escolha Edit > Free Transform novamente para ajustar o encaixe da textura sobre a face. Utilize as alças laterais para ajustar a largura, as alças superior e inferior para ajustar a altura, e as setas do teclado para alinhar a camada inteira na posição apropriada. Use os olhos e a boca como guia. Depois de posicionar a textura da pele, pressione Enter ou Return para confirmar a transformação.

12 Salve seu arquivo.

Use Smart Filters

Ao contrário dos filtros comuns, que alteram permanentemente uma imagem, os Smart Filters são não destrutivos: eles podem ser ajustados, ativados ou desativados e deletados. No entanto, você só pode aplicar Smart Filters a um Smart Object.

Aplique o filtro Liquify

Você utilizará o filtro Liquify para contrair os olhos e modificar o formato do rosto do monstro. Para conseguir ajustar o filtro mais tarde, você utilizará o filtro Liquify como Smart Filter. Por isso, precisará antes de mais nada converter a camada Green_Skin_Texture em um Smart Object.

1 Certifique-se de que a camada Green_Skin_Texture está selecionada no painel Layers, e então escolha Convert To Smart Object no menu do painel Layers.

2 Escolha Filter > Liquify.

O Photoshop exibe a camada na caixa de diálogo Liquify.

3 Na caixa de diálogo Liquify, selecione Advanced Mode para ver as opções adicionais.

4 Selecione Show Backdrop e escolha Behind no menu Mode. Altere Opacity para **75**.

LIÇÃO 9 | **203**
Composição avançada

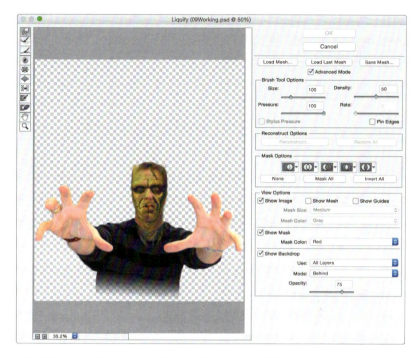

5   Selecione a ferramenta Zoom ( ) no painel Tools, à esquerda da caixa de diálogo, e aumente o zoom sobre a área dos olhos.

6   Selecione a ferramenta Forward Warp ( ) (a primeira ferramenta).

A ferramenta Forward Warp empurra os pixels para frente quando você arrasta.

7   Na área Brush Tool Options, ajuste o Size em **150** e Pressure em **75**.

8   Com a ferramenta Forward Warp, puxe a pálpebra direita para baixo para diminuir a abertura do olho. Depois puxe a base da abertura para cima.

9   Repita o passo 8 na pálpebra esquerda e na base dessa abertura.

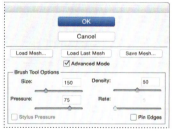

10 Depois que tiver contraído ambos os olhos, clique em OK.

Como você aplicou o filtro Liquify como Smart Filter, pode retornar mais tarde para fazer alterações adicionais no rosto.

Posicione outras camadas

Agora que você colocou no lugar a textura da pele, vai mover outras camadas para suas respectivas posições, trabalhando de baixo para cima nas camadas do painel Layers.

1 Deixe a camada Green_Nose_Stitches visível e selecione-a no painel Layers.

 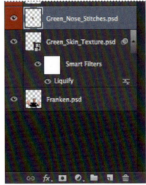

2 Escolha Edit > Free Transform, e depois posicione a camada sobre o nariz, redimensionando conforme necessário. Pressione Enter ou Return para confirmar a transformação.

 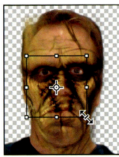 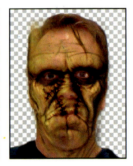

Você repetirá o processo para posicionar o restante das camadas.

3 Deixe a camada Green_Neck_Stitches visível e selecione-a. Em seguida, posicione-a sobre o pescoço. Se precisar ajustá-la, escolha Edit > Free Transform, redimensione-a e pressione Enter ou Return.

LIÇÃO 9 | **205**
Composição avançada

4 Deixe a camada Green_Ear_Staples visível e selecione-a. Posicione os pontos sobre a orelha direita. Escolha Edit > Free Transform, redimensione os pontos e então Pressione Enter ou Return.

5 Deixe a camada Enhanced_Green_Forehead visível e selecione-a. Posicione-a sobre a testa; é provável que fique um pouco grande. Escolha Edit > Free Transform, redimensione a testa para que caiba no espaço e Pressione Enter ou Return.

6 Deixe a camada Bolts visível e selecione-a. Arraste os parafusos para que fiquem posicionados em cada lado do pescoço. Escolha Edit > Free Transform e redimensione-os para que se ajustem confortavelmente no pescoço. Quando estiverem em posição, Pressione Enter ou Return para confirmar a transformação.

7 Por fim, deixe a camada Monster_Hair visível e selecione-a. Posicione-a acima da testa. Escolha Edit > Free Transform e redimensione o cabelo para que se encaixe apropriadamente com a testa. Pressione Enter ou Return para confirmar a mudança.

 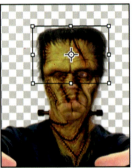

8 Salve o seu trabalho.

Edite um Smart Filter

Com todas as camadas posicionadas, você pode refinar ainda mais as aberturas dos olhos e experimentar com as protuberâncias das sobrancelhas. Você retornará ao filtro Liquify para fazer esses ajustes.

1 No painel Layers, dê um clique duplo em Liquify, abaixo de Smart Filters na camada Green_Skin_Texture.

O Photoshop abre a caixa de diálogo Liquify novamente. Desta vez, como todas as camadas estão visíveis, quando Show Backdrop é selecionado, você consegue vê-las. Às vezes, é mais fácil fazer alterações sem um plano de fundo para distraí-lo. Outras vezes, é útil enxergar suas edições dentro do contexto.

2. Aumente o zoom para ver os olhos mais de perto.

3. Selecione a ferramenta Pucker (☼) no painel Tools e clique no canto externo de cada olho.

A ferramenta Pucker move os pixels rumo ao centro do pincel quando você clica ou arrasta, dando um efeito de franzido.

4. Selecione a ferramenta Bloat (◉) e clique na borda exterior de uma sobrancelha para ampliá-la; faça o mesmo na outra sobrancelha.

A ferramenta Bloat move os pixels para longe do centro do pincel quando você clica ou arrasta.

5. Faça experiências com as ferramentas Pucker e Bloat e com outras no filtro Liquify para customizar o rosto do monstro. Lembre-se de que você pode modificar o tamanho do pincel e outras configurações. Você pode desfazer passos individuais, mas se quiser começar do zero, o mais fácil é clicar em Cancel e depois retornar à caixa de diálogo Liquify.

6. Quando estiver satisfeito com o rosto do monstro, clique em OK.

Pinte uma camada

Há muitas maneiras de pintar objetos e camadas no Photoshop. Uma das mais simples é usar o modo de mesclagem Color e a ferramenta Brush. Você utilizará esse método para pintar a pele exposta e esverdeada do seu monstro.

1 Selecione a camada Franken no painel Layers.

2 Clique no botão Create A New Layer, posicionado no final do painel Layers.

O Photoshop cria uma nova camada, chamada Layer 1.

▶ **Dica:** Para saber mais sobre os modos de mesclagem, incluindo uma descrição de cada um deles, consulte o Photoshop Help.

3 Com a Layer 1 selecionada, escolha Color no menu Blending Mode, no alto do painel Layers.

O modo de mesclagem Color combina a luminância da cor de base (a cor já presente na camada) com o matiz e a saturação da cor que você está aplicando. Este é um bom modo de mesclagem para usar quando se está colorindo imagens monocromáticas ou tingindo imagens coloridas.

4 Selecione a ferramenta Brush (✏). Na barra de opções, selecione um pincel de **60** pixels com rigidez **0**.

5 Pressione Alt ou Option para passar temporariamente para a ferramenta Eyedropper. Capture uma amostra de verde junto à testa. Em seguida, solte a tecla Alt ou Option e retorne para a ferramenta Brush.

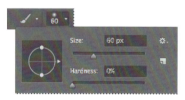

6 Pressionando Ctrl ou Command, clique na miniatura da camada Franken para selecionar seus conteúdos.

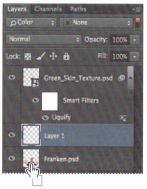

Geralmente, você seleciona uma camada inteira no painel Layers. Ao fazer isso, a camada fica ativa, mas não há de fato uma seleção ativa. Quando você clica na miniatura da camada pressionando Ctrl ou Command, o Photoshop seleciona os conteúdos da camada, e você acaba com uma seleção ativa. É uma maneira rápida de selecionar todos os conteúdos de uma camada – mas somente os conteúdos dessa camada específica.

7 Certifique-se de que a Layer 1 ainda está selecionada no painel Layers, e então utilize a ferramenta Brush para pintar as mãos e os braços. Você pode pintar rapidamente nas áreas transparentes onde estão as mãos, pois nada acontecerá se você pintar fora da seleção. Porém, lembre que, como a camisa faz parte da seleção, você precisa ser mais cuidadoso ao pintar a pele adjacente às cores da camisa.

▶ **Dica:** Para mudar o tamanho do pincel enquanto pinta, pressione as teclas de colchete no seu teclado. Pressione o colchete da esquerda ([) para diminuir o tamanho do pincel e o da direita (]) para aumentá-lo.

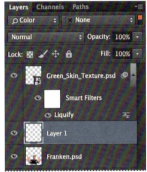

8 Pinte quaisquer áreas do rosto ou do pescoço onde a cor original da pele aparece através da camada Green_Skin_Texture.

9 Quando estiver satisfeito com a pele verde, escolha Select > Deselect. Salve seu trabalho.

Adicione um plano de fundo

Você já está com um monstro bem bacana. Agora é hora de inseri-lo em um ambiente assombroso. Para transferir facilmente o monstro para um plano de fundo, você começará mesclando as camadas.

1 Certifique-se de que todas as camadas estejam visíveis. Em seguida, escolha Merge Visible no menu do painel Layers.

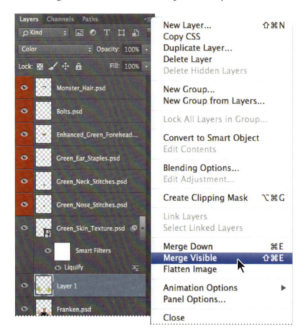

O Photoshop mescla todas as camadas em uma só, chamada Layer 1.

2 Renomeie Layer 1 como **Monster**.

3 Escolha File > Open. Navegue até o arquivo Backdrop.psd na pasta Lesson09 e abra-o.

4 Escolha Window > Arrange > 2-Up Vertical para exibir os arquivos do monstro e do plano de fundo.

5 Clique no arquivo 09Working.psd para ativá-lo.

6 Selecione a ferramenta Move (▶﹢) e arraste a camada Monster para dentro do arquivo Backdrop.psd. Posicione o monstro de tal modo que suas mãos fiquem logo acima do título do filme.

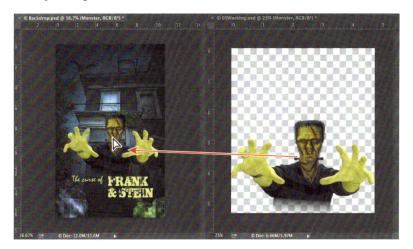

7 Feche o arquivo 09Working.psd, salvando as mudanças quando solicitado. Daqui em diante, você trabalhará no próprio arquivo do pôster do filme.

8 Escolha File > Save As e salve o arquivo com o nome **Movie-Poster.psd**. Clique em OK na caixa de diálogo Photoshop Format Options.

Use o painel History para desfazer tarefas

Você utilizou o comando Undo para dar um passo atrás nas suas ações. Um passo é o máximo que esse comando pode retornar. Isso é bem prático, já que os arquivos do Photoshop podem ser bem pesados, e manter vários passos de Undo pode comprometer bastante a memória, o que tende a prejudicar o desempenho. Se você pressionar Ctrl+Z ou Command+Z para desfazer uma ação e depois pressionar o atalho outra vez, o Photoshop restaura o passo que você inicialmente removeu.

Quando você deseja retornar mais do que um passo, pode usar o comando Step Backward para desfazer ações uma por vez, mas é mais rápido e fácil reverter várias ações usando o painel History.

O Photoshop armazena no painel History um registro dos passos que você realiza. Ciente disso, você pode adotar uma abordagem criativa, retornar facilmente para seu ponto inicial, se não obtiver os resultados que espera, e tentar seguir um rumo diferente.

Aplique filtros e efeitos

Você vai adicionar uma lápide ao pôster, e fazer experiências com filtros e efeitos para ver o que funciona, usando o painel History para reverter o rumo caso necessário.

1 No Photoshop, escolha File > Open.

2 Navegue até a pasta Lesson09 e clique duas vezes no arquivo T1.psd para abri-lo. A imagem da lápide é lisa, mas você vai adicionar textura e cor a ela.

3 No painel Tools, clique no ícone Default Foreground And Background Colors (◼) para fazer a cor de primeiro plano voltar a ser preta.

Você começará adicionando um clima tétrico à lápide.

4 Escolha Filter > Render > Difference Clouds.

O original é sem graça.   *Nuvens criam uma atmosfera.*

Você deixará o alto da lápide em foco, mas dará um desfoque ao restante usando um desfoque tipo íris. As configurações padrão de desfoque funcionam bem.

5 Escolha Filter > Blur Gallery > Iris Blur.

6 Na janela da imagem, arraste para cima a elipse de Iris Blur para que o alto da lápide fique em foco. Em seguida, clique em OK.

Por padrão, a elipse é centralizada.   *Desloque o foco mais para cima.*

Você utilizará camadas de ajuste para deixar a imagem mais escura e alterar sua cor.

7 Clique no ícone Brightness/Contrast no painel Adjustments. Em seguida, no painel Properties, mova o controle deslizante Contrast para **70**.

8 Clique no ícone Channel Mixer no painel Adjustments.

9 No painel Properties, escolha Green no menu Output Channel, e então altere o valor de Red para +**37** e o valor de Blue para +**108**.

A lápide ganha uma invasão de cor esverdeada. Você pode usar o ajuste Channel Mixer para criar imagens de alta qualidade em escala de cinza, tons de sépia ou com outro tingimento. Você também pode fazer ajustes de cor criativos em uma imagem.

10 Clique no ícone Exposure no painel Adjustments. No painel Properties, mova o controle deslizante Exposure para **+.90** para aumentar o contraste na imagem.

Desfaça vários passos

A lápide certamente parece diferente do que estava quando você começou, mas não combina muito com as lápides que já constam na imagem. Você utilizará o painel History para revisitar os passos que já deu até aqui.

1 Escolha Window > History para abrir o painel History. Arraste para baixo a base do painel para conseguir enxergar tudo que há nele.

O painel History registra as ações recentes que você realizou na imagem. O estado atual está selecionado.

2 Clique no estado Blur Gallery no painel History.

Os estados abaixo do estado selecionado ficam ofuscados, e a imagem é alterada. A cor desapareceu, bem como as configurações de Brightness/Contrast. A essa altura, o filtro Difference Clouds já foi empregado e o desfoque íris já foi aplicado. Tudo foi removido. Não há nenhuma camada de ajuste listada no painel Layers.

3 Clique no estado Modify Channel Mixer Layer no painel History.

Muitos dos estados são restaurados. A cor retornou, junto com as configurações de brilho e contraste. Há duas camadas de ajuste listadas no painel Layers. No entanto, os estados abaixo daquele que você selecionou seguem ofuscados, e a camada de ajuste Exposure não está listada no painel Layers.

Você vai retornar quase até o começo para aplicar diferentes efeitos na lápide.

4 Clique em Difference Clouds no painel History.

Tudo a partir deste estado está ofuscado.

5 Escolha Filter > Noise > Add Noise.

O acréscimo de ruído (*noise*) dará um visual mais granulado à lápide.

6 Na caixa de diálogo Add Noise, ajuste Amount em **3%**, selecione Gaussian e depois Monochromatic. Em seguida, clique em OK.

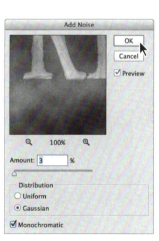

Os estados que estavam ofuscados já não estão mais no painel History. Em vez disso, o painel History adicionou um estado para a tarefa que você acabou de realizar (Add Noise), logo depois do estado que você selecionou (Difference Clouds). Você pode clicar em qualquer estado para retornar ao seu respectivo ponto no processo, mas assim que você realiza uma nova tarefa, o Photoshop deleta todos os estados ofuscados.

● **Nota:** O filtro Lighting Effects encontra-se indisponível quando a opção Use Graphics Processor não está selecionada na caixa de diálogo Performance Preferences. Se o seu cartão de vídeo não suporta a opção Use Graphics Processor, pule os passos 7-12.

7 Escolha Filter > Render > Lighting Effects.

8 Na barra de opções, escolha Flashlight no menu Presets.

9 No painel Properties, clique na amostra Color, selecione um azul-claro e clique em OK.

10 Na janela da imagem, arraste a fonte de luz para o terço superior da lápide, centralizada sobre as letras "RIP".

11 No painel Properties, altere Ambience para **46**.

12 Clique em OK na barra de opções para aceitar as configurações de Lighting Effects.

A lápide está pronta para se juntar às outras no pôster do filme.

13 Salve o arquivo.

14 Escolha Window > Arrange > Tile All Vertically.

15 Arraste a lápide que você acabou de criar até o arquivo Movie-Poster.psd. Clique em OK caso se depare com um alerta de gerenciamento de cor.

16 Arraste a lápide até o canto inferior esquerdo, com seu terço superior aparecendo.

17 Escolha File > Save para salvar o arquivo Movie-Poster.psd. Em seguida, feche o arquivo T1.psd sem salvá-lo.

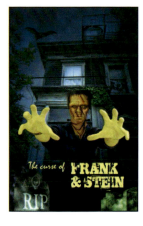

Você teve a oportunidade de experimentar alguns filtros e efeitos novos, e de utilizar o painel History para dar passos para trás. Por padrão, o painel History retém apenas os últimos 20 estados. Você pode alterar o número de níveis no painel History escolhendo Edit > Preferences > Performance (Windows) ou Photoshop CC > Preferences > Performance (Mac OS), e inserindo um valor diferente para History States.

Aumente a escala de uma imagem com baixa resolução

Imagens com baixa resolução são aceitáveis – até mesmo desejáveis – para páginas da Internet e redes sociais. Se você precisar ampliá-las, porém, elas talvez não contenham informações suficientes para uma impressão de alta qualidade. Para aumentar a escala de uma imagem, o Photoshop precisa fazer uma nova amostragem dela. Isto é, ele precisa criar novos pixels onde antes não havia nenhum, aproximando seus valores. O algoritmo Preserve Details (Enlargement) do Photoshop oferece os melhores resultados quando você aumenta a escala de imagens com baixa resolução.

No seu pôster do filme, você deseja usar uma imagem de baixa resolução que foi postada em uma rede social. Você precisará redimensioná-la, sem comprometer a qualidade, para o seu pôster impresso.

1 Escolha File > Open, navegue até a pasta Lesson09 e abra o arquivo Faces. jpg.

2 Aumente o zoom até 300% para enxergar os pixels.

3 Escolha Image > Image Size.

4 Altere a unidade de largura e altura para Percent, e então modifique seu valores para **400%**.

A largura e a altura estão vinculadas por padrão, para que as imagens sejam redimensionadas de modo proporcional. Se você precisar mudar a largura e a altura separadamente para um projeto, clique no ícone de elo para desvincular os valores.

5 Corra a janela de pré-visualização para que possa ver os óculos.

6 Certifique-se de que a opção Resample está selecionada e escolha Preserve Details (Enlargement) no menu Resample.

A imagem está muito mais nítida, mas o ajuste de nitidez introduziu um certo ruído.

7 Mova o controle deslizante Reduce Noise para **50**% para suavizar a imagem.

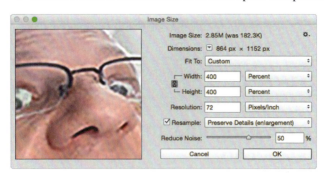

8 Clique e segure na janela de pré-visualização para ver a imagem original, a fim de poder compará-la com a imagem alterada.

9 Clique em OK.

A qualidade da imagem final é mais suave, mas até que ficou boa, considerando que você quadruplicou o tamanho da imagem e a tornou uma imagem de baixa resolução aproveitável para impressão. Você vai colar a imagem em uma seleção com bordas suaves no pôster.

10 Escolha Select > All, e depois Edit > Copy.

11 Selecione a aba Movie-Poster.psd para trazê-la para frente, e então selecione a ferramenta Elliptical Marquee (○) oculta sob a ferramenta Rectangular Marquee (▢).

12 Na barra de opções, insira **50** px para Feather para suavizar a borda da imagem colada.

13 Desenhe uma forma oval no canto superior direito do pôster, acima da cabeça do monstro.

A forma ovalada deve se sobrepor à janela e à escada externa.

14 Escolha Edit > Paste Special > Paste Into. Clique em OK se a caixa de diálogo Paste Profile Mismatch aparecer.

15 Selecione a ferramenta Move (▸✥) e centralize a imagem colada na área com borda suavizada.

16 No painel Layers, escolha Luminosity no menu Blending Mode e mova o controle deslizante Opacity para **50**%.

17 Escolha File > Save. Em seguida, feche o arquivo Faces.jpg sem salvá-lo.

Perguntas de revisão

1 Quais são as diferenças entre usar um Smart Filter e um filtro comum para aplicar efeitos a uma imagem?

2 O que fazem as ferramentas Bloat e Pucker no filtro Liquify?

3 O que o painel History faz?

Respostas

1 Os Smart Filters são não destrutivos: eles podem ser ajustados, ativados ou desativados e deletados a qualquer momento. Já os filtros comuns alteram permanentemente uma imagem; depois de aplicados, eles não podem ser removidos. Um Smart Filter só pode ser aplicado a uma camada Smart Object.

2 A ferramenta Bloat empurra pixels para longe do centro do pincel; a ferramenta Pucker empurra pixels rumo ao centro do pincel.

3 O painel History registra ações recentes que você realizou no Photoshop. Você pode retornar a um passo anterior ao selecioná-lo no painel History.

10 PINTE COM O MIXER BRUSH

Visão geral da lição

Nesta lição, você vai aprender a:

- Personalizar as configurações de pincel.
- Limpar o pincel.
- Misturar cores.
- Usar uma ponta desgastável (erodível).
- Criar um pincel personalizado predefinido.
- Usar pincéis molhados e secos para combinar cores.

Esta lição levará aproximadamente 1 hora para ser concluída. Faça download dos arquivos de projeto Lesson10 a partir da página do livro no site www.grupoa.com.br, caso ainda não tenha feito isso. Ao trabalhar nesta lição, você preservará os arquivos iniciais. Se precisar restaurá-los, você pode baixá-los novamente a partir do site

PROJETO: PINTURA DIGITAL

A ferramenta Mixer Brush oferece flexibilidade e opções de combinação de cores e de pinceladas, como se você estivesse pintando em uma tela de verdade.

O Mixer Brush

Nas lições anteriores, você utilizou pincéis no Photoshop para executar diversas tarefas. O Mixer Brush é diferente de outros pincéis, porque permite misturar cores. Você pode alterar a condição do pincel (de seco a molhado) e o modo como a cor do pincel se mistura com a cor já existente na tela.

O Photoshop tem pincéis com cerdas mais reais, para permitir a inclusão de texturas parecidas com aquelas que você cria no mundo real. Embora seja um recurso excelente em termos gerais, ele é especialmente útil quando você usa o Mixer Brush. Você também pode usar uma ponta desgastável (erodível) para obter os efeitos que conseguiria com lápis de carvão e pastéis no mundo físico. Combinar diferentes configurações de cerdas e pontas de pincéis com várias quantidades de água, bem como quantidades e misturas de tintas, permite criar o visual exato que você deseja.

Introdução

Nesta lição, você conhecerá o Mixer Brush e as opções de ponta de pincel e cerdas disponíveis no Photoshop. Para começar, examine os projetos finais que você vai criar.

1 Inicie o Photoshop e pressione Ctrl+Alt+Shift (Windows) ou Command+Option+Shift (Mac OS) para restaurar as preferências padrão. (Consulte "Restaure as preferências padrão", na página 4.)

● **Nota:** Se o Bridge não estiver instalado, você será instado a instalá-lo quando escolher Browse In Bridge. Para mais informações, veja a página 2.

2 Quando solicitado, clique em Yes para excluir o arquivo de configurações do Adobe Photoshop (Adobe Photoshop Settings).

3 Escolha File > Browse In Bridge para abrir o Adobe Bridge.

4 No Bridge, clique em Lessons no painel Favorites. Clique duas vezes na pasta Lesson10 no painel Content.

5 Pré-visualize os arquivos finais de Lesson10.

Você usará a imagem da paleta para conhecer as opções de pincel e aprender a misturar cores. Em seguida, você vai aplicar o que aprendeu para transformar a imagem da paisagem em uma aquarela.

● **Nota:** Se você pretende pintar muito no Photoshop, cogite usar uma mesa digitalizadora, como um tablet Wacom, em vez de um mouse. O Photoshop consegue detectar imediatamente o modo como você segura e usa a caneta para alterar largura, intensidade e ângulo do pincel.

6 Clique duas vezes em 10Palette_Start.psd para abrir o arquivo no Photoshop.

7 Escolha File > Save As e nomeie o arquivo como **10Palette_working.psd**. Clique em OK se a caixa de diálogo Photoshop Format Options aparecer.

Selecione as configurações de pincel

A imagem contém uma paleta e quatro tubos de cores, para você fazer as amostras das cores com as quais vai trabalhar. Você mudará as configurações ao pintar com diferentes cores, explorando as configurações de pontas de pincel e as opções de quantidade de água e de tinta.

1 Selecione a ferramenta Zoom (🔍) e aumente o zoom para ver os tubos de tinta.

2 Selecione a ferramenta Eyedropper (🖉) e clique no tubo de tinta vermelha para colher uma amostra da sua cor.

A cor do primeiro plano muda para vermelho.

3 Selecione a ferramenta Mixer Brush (✔), oculta sob a ferramenta Brush (✓).

● **Nota:** Se o OpenGL estiver habilitado, o Photoshop exibirá um anel de amostras de cores para que você veja a cor que está escolhendo.

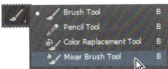

4 Escolha Window > Brush para abrir o painel Brush. Selecione o primeiro pincel.

O painel Brush contém pincéis predefinidos e várias opções para personalizá-los.

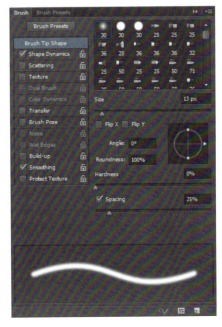

Teste as opções de umedecimento e os pincéis

O efeito do pincel é determinado pelos campos Wet, Load e Mix, na barra de opções. O campo *Wet* controla a quantidade de tinta que o pincel absorve da tela. O campo *Load* controla a quantidade de tinta que o pincel vai segurar quando você começar a pintar (como acontece com um pincel de verdade, a tinta vai se acabando à medida que você pinta). O campo *Mix* controla a proporção de tinta da tela e do pincel.

É possível alterar essas configurações separadamente. Entretanto, é mais rápido selecionar uma combinação padrão no menu pop-up.

1 Na barra de opções, selecione Dry no menu pop-up de combinações de pincéis de mistura.

Quando você selecionar Dry, o campo Wet será definido com 0%, Load com 50% e Mix não será aplicável. Com o campo Dry predefinido, você vai pintar cores opacas e não poderá misturar cores sobre uma tela seca.

2 Pinte na área posicionada acima do tubo vermelho. Será exibido um vermelho sólido. Se você continuar pintando sem soltar o mouse, cedo ou tarde a tinta vai esmaecer e acabar.

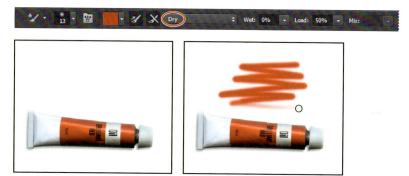

● **Nota:** Quando você pressiona Alt ou Option e clica para carregar tinta, o pincel coleta as variações de cores na área da amostra. Para capturar apenas cores sólidas, selecione Load Solid Colors Only no menu Current Brush Load na barra de opções.

3 Capture uma amostra da cor azul do tubo de tinta azul. Você pode utilizar a ferramenta Eyedropper ou pressionar Alt (Windows) ou Option (Mac OS) e clicar para capturar uma amostra da cor. Se você utilizar a ferramenta Eyedropper, voltará à ferramenta Mixer Brush após a amostragem da cor.

4 No painel Brush, selecione o pincel redondo em forma de leque. Escolha Wet no menu pop-up na barra de opções.

5 Pinte acima do tubo azul. A tinta se mistura com o plano de fundo branco.

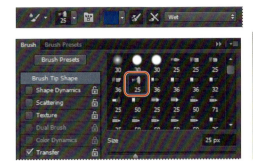

6 Selecione Dry no menu da barra de opções, e então pinte novamente acima do tubo azul. Um azul bem mais escuro e opaco aparece, e não se mistura com o fundo branco.

As cerdas do pincel do tipo leque que você selecionou são muito mais marcantes do que aquelas que você utilizou inicialmente. Mudar a qualidade das cerdas faz uma grande diferença na textura pintada.

7 No painel Brush, reduza o número de cerdas para **40**%. Pinte um pouco mais com o pincel azul para constatar a mudança ocorrida na textura. As cerdas se evidenciam muito mais nas pinceladas.

▶ **Dica:** O recurso Live Tip Brush Preview mostra a direção das cerdas à medida que você pinta. Para mostrar ou ocultar a Live Tip Brush Preview, clique no botão Toggle The Live Tip Brush Preview, posicionado na parte inferior do painel Brush ou Brush Presets. Esse recurso só estará disponível com o OpenGL habilitado.

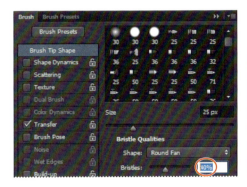

8 Capture uma amostra da cor amarela do tubo de tinta amarela. No painel Brush, selecione o pincel de ponta achatada com menos cerdas (aquele posicionado à direita do pincel do tipo leque). Escolha Dry no menu da barra de opções, e depois pinte na área posicionada acima do tubo de tinta amarela.

9 Escolha Very Wet no menu da barra de opções, e depois pinte mais um pouco. Agora a tinta amarela se mistura com o plano de fundo branco.

Use uma ponta desgastável

Quando você utiliza uma ponta desgastável (erodível), a largura do pincel se altera à medida que você pinta. Pontas desgastáveis são representadas no painel Brush por ícones de lápis, porque, no mundo físico, lápis e pastéis têm pontas desgastáveis. Você vai testar pontas desgastáveis e pontas triangulares.

1 Obtenha uma amostra de cor verde junto ao tubo de tinta verde, e escolha Dry, Heavy Load na barra de opções.

2 Selecione uma das pontas desgastáveis (qualquer ponta com um ícone de lápis) e então escolha Erodible Point no menu Shape. Altere Size para **30** px e Softness para **100**%.

O valor Softness determina a rapidez de como a ponta é erodida. Um valor mais alto resulta em erosão mais rápida.

3 Desenhe uma linha em zigue-zague acima do tubo de tinta verde.

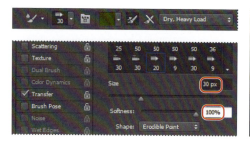

A linha fica mais grossa à medida que a ponta vai se desgastando.

4 Clique em Sharpen Tip no painel Brush e desenhe uma linha ao lado da que você acabou de desenhar.

A ponta mais aguçada desenha uma linha muito mais estreita.

5 No painel Brush, escolha Erodible Triangle no menu Shape e desenhe uma linha em zigue-zague com ele.

Você pode escolher entre várias pontas desgastáveis, dependendo do efeito desejado.

Misture cores

Você utilizou pincéis secos e molhados, alterou as configurações dos pincéis e misturou a tinta com a cor do plano de fundo. A partir de agora, você se concentrará mais em misturar as cores entre si à medida que adiciona tinta à paleta do pintor.

1 Reduza o zoom até ver a paleta completa e os tubos de tinta.

2 Selecione a camada de tinta misturada (Paint) no painel Layers, para que a cor pintada não se combine com a paleta marrom na camada Background.

● **Nota:** Dependendo da complexidade de seu projeto, você precisará ter paciência. Misturar cores pode ser um processo que exige bastante memória.

A ferramenta Mixer Brush só mistura cores na camada ativa, a não ser que você selecione Sample All Layers na barra de opções.

3 Use a ferramenta Eyedropper para capturar uma amostra da cor vermelha do tubo de tinta vermelha. Em seguida, com a ferramenta Mixer Brush selecionada, selecione o pincel grosso e arredondado no painel Brush (o quinto pincel). Depois, selecione Wet no menu pop-up, na barra de opções, e pinte no círculo superior da paleta.

4 Clique no ícone Clean Brush After Every Stroke (✘), na barra de opções, para desmarcá-lo.

▶ **Dica:** Use a ferramenta Eyedropper para capturar a amostra de cor, já que ela está em uma camada diferente. Você pode pressionar I para selecionar a ferramenta Eyedropper.

5 Use a ferramenta Eyedropper para capturar uma amostra da cor azul junto ao tubo de tinta azul, e então use a ferramenta Mixer Brush para pintar no mesmo círculo, misturando o vermelho com o azul até que a cor fique roxa.

Use a ferramenta Eyedropper para capturar uma cor quando a camada que contém a cor (neste caso, a camada Background) não estiver selecionada.

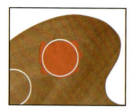  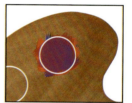

6 Pinte no círculo seguinte. Você está pintando com roxo porque a tinta permanece no pincel até que você o limpe.

7 Na barra de opções, selecione Clean Brush no menu pop-up Current Brush Load. A visualização muda para indicar a transparência, o que significa que o pincel está sem tinta.

Para retirar a quantidade de tinta de um pincel, você pode selecionar Clean Brush na barra de opções. Para recolocar uma quantidade de tinta no pincel, capture uma amostra de outra cor.

Para permitir que o Photoshop limpe o pincel após cada pincelada, selecione o ícone Clean Brush na barra de opções. Para carregar o pincel com a cor de primeiro plano, depois de cada pincelada, selecione o ícone Load Brush na barra de opções. Por padrão, essas duas opções estarão selecionadas.

8 Na barra de opções, escolha Load Brush no menu pop-up Current Brush Load para colocar tinta azul no pincel, a cor atual do primeiro plano. Pinte de azul a metade do círculo seguinte.

9 Capture uma amostra da cor amarela do tubo de tinta amarela e pinte sobre o azul, com um pincel molhado, para misturar as duas cores.

10 Preencha o último círculo com as cores amarela e vermelha, misturando as duas com um pincel molhado para formar a cor laranja.

 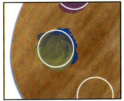 

11 Oculte a camada Circles no painel Layers para retirar os contornos existentes na paleta.

 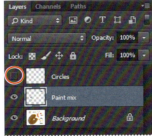

12 Escolha File > Save.

Julieanne Kost é divulgadora oficial do Adobe Photoshop.

Dicas de ferramentas de uma divulgadora do Photoshop

Atalhos do Mixer Brush

Não há atalhos de teclado padronizados para a ferramenta Mixer Brush, mas você pode criar seus próprios atalhos.

Para criar atalhos de teclado personalizados:

1 Escolha Edit > Keyboard Shortcuts.

2 Escolha Tools no menu Shortcuts For.

3 Role a janela até a parte inferior da lista.

4 Selecione um comando e depois insira um atalho personalizado. Você pode criar atalhos para os seguintes comandos:

- Load Mixer Brush
- Clean Mixer Brush
- Toggle Mixer Brush Auto-Load
- Toggle Mixer Brush Auto-Clean
- Toggle Mixer Brush Sample All Layers
- Sharpen Erodible Tips

Crie um pincel personalizado

O Photoshop dispõe de diversos pincéis predefinidos, que são bastante práticos. Mas se você precisar otimizar um pincel para o seu projeto, talvez seja mais fácil criar uma predefinição própria. Você criará um pincel predefinido para utilizar no exercício a seguir.

● **Nota:** Devido a uma anomalia, os números que você insere nos campos Size, Bristles, Thickness e Stiffness talvez não apareçam na ordem correta. Para evitar este problema, selecione apenas os dígitos (sem o sinal de porcentagem) no campo antes de inserir um novo valor.

1 No painel Brush, selecione as seguintes configurações:

- Size: **36** px
- Shape: Round Fan
- Bristles: **35**%
- Length: **32**%
- Thickness: **2**%
- Stiffness: **75**%
- Angle: **0**°
- Spacing: **2**%

2 Escolha New Brush Preset no menu do painel Brush.

3 Atribua ao pincel o nome **Landscape** e clique em OK.

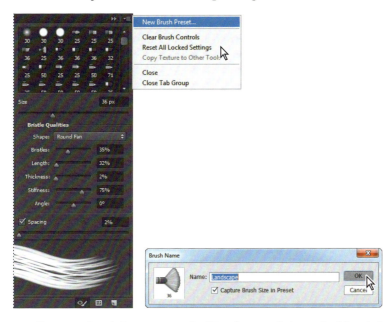

4 Clique em Brush Presets, no painel Brush, para abrir o painel Brush Presets.

O painel Brush Presets exibe amostras das pinceladas criadas por diversos pincéis. Se você já conhece o pincel que deseja usar, é mais fácil encontrá-lo pelo nome. Você os listará agora, para encontrar sua predefinição para o próximo exercício.

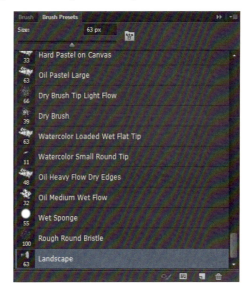

5 Escolha Large List no menu do painel Brush Presets.

6 Vá até o final da lista. A predefinição que você criou, chamada Landscape, é a última.

7 Feche o arquivo 10Palette_Working.psd.

Combine cores com uma fotografia

Anteriormente, você misturou cores com um plano de fundo branco e umas com as outras. Agora, você vai usar uma fotografia como tela de pintura. Você vai adicionar cores e misturá-las entre si e com as cores de fundo para transformar a fotografia de uma paisagem em uma aquarela.

1 Escolha File > Open. Clique duas vezes no arquivo 10Landscape_Start.jpg, na pasta Lesson10, para abri-lo.

2 Escolha File > Save As. Renomeie o arquivo como **10Landscape_working.jpg** e clique em Save. Clique em OK na caixa de diálogo JPEG Options.

Primeiro, você vai pintar o céu. Comece configurando a cor e selecionando o pincel.

3 Clique na amostra da cor de primeiro plano no painel Tools. Selecione um tom médio ou claro de cor (selecionamos R=185, G=204, B=228) e clique em OK.

4 Selecione a ferramenta Mixer Brush (✔), se ela ainda não estiver selecionada. Escolha Dry no menu pop-up da barra de opções. Em seguida, selecione o pincel Landscape no painel Brush Presets.

As predefinições são gravadas no sistema, de modo que estarão disponíveis quando você trabalhar com qualquer imagem.

5 Pinte sobre o céu, aproximando-se das árvores. Como você está usando um pincel seco, a tinta não se mistura com as cores existentes.

6   Selecione um tom cor mais escuro de azul (usamos R=103, G=151, B=212) e adicione uma cor mais escura à parte superior do céu, ainda usando o pincel seco.

7   Selecione novamente um tom azul-claro e escolha Very Wet, Heavy Mix no menu pop-up, na barra de opções. Use esse pincel para arrastar diagonalmente pelo céu, combinando as duas cores com a cor do plano de fundo. Pinte perto das árvores, suavizando o céu inteiro.

Inclusão de uma cor mais escura com um pincel seco   *Mistura de cores com um pincel molhado*

Quando você estiver satisfeito com o céu, passe para o gramado e para as árvores.

8   Selecione um verde-claro (usamos R=92, G=157, B=13). Escolha Dry no menu pop-up, na barra de opções. Em seguida, pinte ao longo da parte superior do gramado para destacá-lo.

9   Capture uma amostra de verde mais escuro do próprio gramado. Escolha Very Wet, Heavy Mix na barra de opções. Depois, pinte com pinceladas diagonais para combinar as cores no gramado.

▶ **Dica:** Lembre-se de que você pode pressionar Alt (Windows) ou Option (Mac OS) e clicar para capturar uma cor, em vez de usar a ferramenta Eyedropper. Para capturar cores sólidas por meio do atalho de teclado, escolha Load Solid Colors Only no menu pop-up Current Brush Load, na barra de opções.

Inclusão de verde-claro com um pincel seco   *Mistura de cores com um pincel molhado*

10 Capture uma amostra de verde-claro; em seguida, use um pincel seco para destacar as áreas mais claras das árvores e a pequena árvore posicionada no meio da paisagem. Depois, selecione um verde-escuro (usamos R=26, G=79, B=34) e escolha Very Wet, Heavy Mix na barra de opções. Pinte com o pincel molhado para misturar as cores nas árvores.

Destacando as árvores   *Misturando as cores*

▶ **Dica:** Para obter diversos efeitos, pinte em direções diferentes. Com a ferramenta Mixer Brush, você pode deixar sua veia artística fluir.

Até aqui, tudo bem. Só falta pintar as árvores do plano de fundo e o gramado marrom.

11 Selecione um tom mais azul para as árvores do plano de fundo (usamos R=65, G=91, B=116). Pinte com um pincel seco para adicionar o azul ao seu topo. Depois, escolha Wet na barra de opções e pinte para misturar o azul com as árvores.

12 Capture uma amostra da cor marrom das gramas altas e selecione Very Wet, Heavy Mix na barra de opções. Pinte ao longo do topo da grama alta, com pinceladas para cima e para baixo, para dar a impressão de um campo. Na área posterior, atrás da pequena árvore do centro, pinte de um lado para o outro para suavizar as pinceladas.

13 Escolha File > Save e feche o documento.

Voilà! Você criou uma obra-prima com suas tintas e pincéis, e não sobrou qualquer bagunça para você limpar.

Variações do pincel

Você pode ir além das configurações desses projetos para explorar inúmeras variações em pontas de pincel e configurações de pincel. Em particular, talvez você queira fazer experiências com as opções Brush Pose e Shape Dynamics.

As configurações Brush Pose alteram a inclinação, a rotação e a pressão do pincel. No painel Brush, selecione Brush Pose na lista à esquerda. Mova o controle deslizante Tilt X para inclinar o pincel da esquerda para a direita. Mova o controle deslizante Tilt Y para inclinar o pincel para frente e para trás. Altere o valor de Rotation para girar as cerdas. (Rotation fica mais evidente quando se usa um pincel em forma de leque plano, por exemplo.) Altere a configuração de pressão para determinar quanto efeito o pincel exerce sobre o trabalho artístico.

As configurações Shape Dynamics afetam a estabilidade do traçado. Mova os controles deslizantes para a direita, a fim de aumentar a variabilidade no traçado.

Se você estiver usando uma mesa digitalizadora Wacom, o Photoshop reconhece o ângulo e a pressão da caneta que você está usando e os aplica ao pincel. Você pode usar a caneta para controlar coisas como Size Jitter (tremido no traçado); escolha Pen Pressure ou Pen Tilt no menu Control das configurações Shape Dynamics para determinar como o valor muda.

Há muitas outras opções – algumas sutis, outras nem tanto – para criar uma variedade de efeitos de pincel. O leque de opções disponíveis depende do formato da ponta do pincel que você selecionou. Para informações adicionais sobre todas as opções, consulte o Photoshop Help.

Galeria de pintura

As ferramentas de pintura e as pontas de pincel no Photoshop permitem que você crie todo tipo de efeitos de pintura.

Pontas de pincel desgastáveis dão maior realismo à sua arte. As páginas a seguir mostram exemplos de arte criados com as pontas de pincel e as ferramentas do Photoshop.

Image © Janet Stoppee for m2media.com   Image © John Derry, www.pixelart.com

LIÇÃO 10 | **237**
Pinte com o Mixer Brush

Image © Victoria Pavlov, pavlovphotography.com   Image © sholby, www.sholby.net

Image © sholby, www.sholby.net   Image © sholby, www.sholby.net

Continua na próxima página

Galeria de pintura (continuação)

Image © John Derry, www.pixelart.com

Image © Lynette Kent, www.LynetteKent.com

Perguntas de revisão

1 O que o Mixer Brush faz que os outros pincéis não fazem?

2 Como adicionar tinta ao Mixer Brush?

3 Como limpar um pincel?

4 Como exibir os nomes dos pincéis predefinidos?

5 O que é Live Tip Brush Preview, e como você pode ocultar esse recurso?

6 O que é uma ponta desgastável (erodível)?

Respostas

1 O Mixer Brush mistura a cor do pincel de pintura com as cores existentes na tela.

2 Para adicionar tinta ao Mixer Brush, capture uma amostra de cor usando a ferramenta Eyedropper ou atalhos do teclado (Alt+clique ou Option+clique). Ou selecione Load Brush no menu pop-up, na barra de opções, para adicionar a cor de primeiro plano ao pincel.

3 Para limpar um pincel, selecione Clean Brush no menu pop-up, na barra de opções.

4 Para exibir os pincéis predefinidos pelo nome, abra o painel Brush Presets e selecione Large List (ou Small List) no menu do painel Brush Presets.

5 A Live Tip Brush Preview indica a direção do movimento das pinceladas. Esse recurso estará disponível se o OpenGL estiver habilitado. Para ocultar ou mostrar a Live Tip Brush Preview, clique no ícone Toggle The Live Tip Brush Preview, na parte inferior do painel Brush ou do painel Brush Presets.

6 Uma ponta desgastável (erodível) se gasta, mudando de espessura, quando você pinta ou desenha. É semelhante ao modo como a ponta de um lápis ou pastel muda de formato à medida que os usamos.

11 EDIÇÃO DE VÍDEO

Visão geral da lição

Nesta lição, você vai aprender a:

- Criar uma linha de tempo do vídeo no Photoshop.
- Adicionar mídia a um grupo de vídeo no painel Timeline.
- Adicionar movimento a vídeos e imagens estáticas.
- Animar texto e efeitos usando keyframes.
- Adicionar transições entre clipes de vídeo.
- Incluir áudio em um arquivo de vídeo.
- Renderizar um vídeo.

Esta lição levará aproximadamente 90 minutos para ser concluída. Faça download dos arquivos de projeto Lesson11 a partir da página do livro no site www.grupoa.com.br, caso ainda não tenha feito isso. Ao trabalhar nesta lição, você preservará os arquivos iniciais. Se precisar restaurá-los, você pode baixá-los novamente a partir do site.

PROJETO: VÍDEO DE FAMÍLIA FEITO COM TELEFONE CELULAR

Agora você pode editar arquivos de vídeo no Photoshop usando muitos dos mesmos efeitos que utiliza para editar arquivos de imagem. Você pode criar um filme a partir de arquivos de vídeo, imagens estáticas, Smart Objects, arquivos de áudio e camadas de texto; aplicar transições; e animar efeitos utilizando *keyframes*.

Introdução

Nesta lição, você vai editar um vídeo que foi filmado usando um celular com câmera. Você vai criar uma linha do tempo de vídeo, importar clipes, adicionar transições e outros efeitos de vídeo, e renderizar o vídeo final. Para começar, examine o projeto final para ver o que você vai criar.

1 Inicie o Photoshop e pressione Ctrl+Alt+Shift (Windows) ou Command+Option+Shift (Mac OS) para restaurar as preferências padrão. (Consulte "Restaure as preferências padrão", na página 4.)

2 Quando solicitado, clique em Yes para excluir o arquivo de configurações do Adobe Photoshop (Adobe Photoshop Settings).

● **Nota:** Se o Bridge não estiver instalado, você será instado a instalá-lo quando escolher Browse In Bridge. Para mais informações, veja a página 2.

3 Escolha File > Browse In Bridge.

4 No Bridge, selecione a pasta Lessons no painel Favorites. Em seguida, clique duas vezes na pasta Lesson11 no painel Content.

5 Dê um clique duplo no arquivo 11End.mp4 para abri-lo no QuickTime ou no Windows Media Player.

6 Clique no botão Play para ver o vídeo final.

O pequeno vídeo é uma compilação de clipes de um dia na praia. Ele inclui transições, efeitos de camada, texto animado e uma trilha musical.

7 Feche o QuickTime ou o Windows Media Player e retorne ao Bridge.

8 Dê um clique duplo no arquivo 11End.psd para abri-lo no Photoshop.

O painel Timeline

Se você já usou algum aplicativo de vídeo como Adobe Premiere® Pro ou Adobe After Effects®, o painel Timeline provavelmente não lhe parecerá estranho. O painel Timeline é usado para montar e organizar videoclipes, imagens e arquivos de áudio para um arquivo de filme. Você pode editar a duração de cada clipe, aplicar filtros e efeitos, animar atributos como posição e opacidade, silenciar o som, adicionar transições e realizar outras tarefas padronizadas de edição de vídeo sem jamais precisar sair do Photoshop.

1 Escolha Window > Timeline para abrir o painel Timeline.

Cada clipe de vídeo ou imagem incluída no projeto está representada por uma caixa no painel Timeline e como uma camada no painel Layers. Videoclipes apresentam um fundo azul no painel Timeline; já os arquivos de imagem apresentam um fundo roxo. Na parte inferior do painel Timeline, está a trilha de áudio.

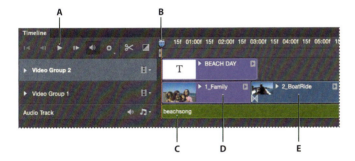

A. *Botão Play* **B.** *Cabeçote de reprodução* **C.** *Trilha de áudio* **D.** *Arquivo de imagem* **E.** *Clipe de vídeo*

2 Clique em Play no painel Timeline para ver o filme.

O cabeçote de reprodução avança pela régua de tempo, exibindo cada *frame* do filme.

3 Pressione a barra de espaço para pausar a reprodução.

4 Arraste o cabeçote de reprodução até outro ponto da régua de tempo.

A posição do cabeçote de reprodução determina o que aparece na janela do documento.

Do lado esquerdo do painel Timeline, há controles de *keyframe* de animação. Você vai utilizá-los para animar a posição e outros atributos de arquivos de imagem e vídeo ao longo do tempo.

Quando você trabalha com vídeo, o Photoshop exibe linhas de referência ao longo da janela do documento. As linhas de referência identificam a área que ficaria visível se você transmitisse o vídeo.

5 Quando você terminar de explorar o arquivo final, feche-o, mas deixe o Photoshop aberto. Não salve nenhuma alteração.

Crie um novo projeto de vídeo

Trabalhar com vídeo é um pouco diferente de trabalhar com imagens estáticas no Photoshop. Talvez você ache mais fácil criar o projeto primeiro e depois importar os recursos que vai usar. Você vai escolher a predefinição de vídeo para este projeto e, então, adicionar nove arquivos de vídeo e imagem para incluir em seu filme.

Crie um novo arquivo

● **Nota:** O vídeo desta lição foi filmado usando um iPhone da Apple, por isso uma das predefinições HDV é apropriada. A predefinição de 720P fornece boa qualidade sem gerar um arquivo muito grande, a fim de facilitar a transmissão online do *streaming*.

O Photoshop inclui várias predefinições de filme e de vídeo para você escolher. Você vai criar um novo arquivo e selecionar uma predefinição apropriada.

1 Escolha File > New.

2 Nomeie o arquivo como **11Start.psd**.

3 Escolha Film & Video no menu Document Type.

4 Escolha HDV/HDTV 720p/29.97 no menu Size.

5 Aceite as configurações padrão para as outras opções e clique em OK.

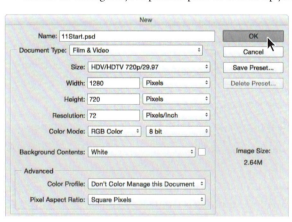

6 Escolha File > Save As e salve o arquivo na pasta Lesson11.

Importe recursos

O Photoshop inclui ferramentas específicas para trabalhar com vídeo, como o painel Timeline, que talvez já esteja aberto, uma vez que você visualizou o arquivo final anteriormente. Para garantir que tenha acesso aos recursos de que precisa, você vai escolher o espaço de trabalho Motion e organizar seus painéis. Em seguida, vai importar os videoclipes, as imagens e o arquivo de áudio necessários para criar o filme.

1 Escolha Window > Workspace > Motion.

2 Puxe a extremidade superior do painel Timeline, de modo que ele ocupe a metade inferior do espaço de trabalho.

3 Selecione a ferramenta Zoom (🔍) e, em seguida, clique em Fit Screen, na barra de opções, para poder enxergar o quadro inteiro dentro da metade superior da tela.

4 No painel Timeline, clique em Create Video Timeline. O Photoshop cria uma nova linha de tempo do vídeo, incluindo duas faixas padrão: Layer 0 e Audio Track.

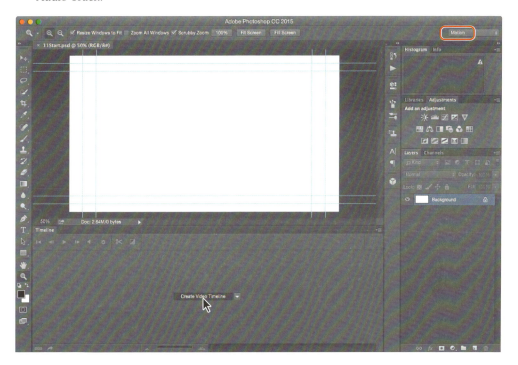

5 Clique no menu Video na faixa Layer 0 e escolha Add Media.

6 Navegue até a pasta Lesson11.

7 Selecione com a tecla Shift pressionada os recursos de vídeo e foto numerados de 1 a 6 e clique em Open.

● **Nota:** Quando você usa o botão Add Media com uma área de pintura não especificada, o Photoshop determina o tamanho do projeto com base no tamanho do primeiro arquivo de vídeo que encontrar – ou, se você estiver importando apenas imagens, com base no tamanho da imagem.

O Photoshop importa todos os seis recursos selecionados para a mesma faixa, agora chamada de Video Group 1, no painel Timeline. Ele exibe imagens estáticas com um fundo roxo e videoclipes com um fundo azul. No painel Layers, os recursos aparecem como camadas individuais no grupo de camadas chamado Video Group 1. Como você não precisa da camada Layer 0, você vai excluí-la.

8 Selecione Layer 0 no painel Layers e clique no botão Delete Layer na parte inferior do painel. Clique em Yes para confirmar a exclusão.

Altere a duração de clipes na linha de tempo

Os clipes têm durações diferentes, o que significa que eles são reproduzidos por diferentes quantidades de tempo. Para este vídeo, você quer que todos os clipes tenham a mesma duração; assim, você vai encurtá-los para 3 segundos. O comprimento de um vídeo (sua *duração*) é medido em segundos e quadros: 03:00 é 3 segundos; 02:25 é 2 segundos e 25 quadros.

1 Arraste o controle deslizante Control Timeline Magnification para a direita, na parte inferior do painel Timeline, para ampliar a linha de tempo. Você quer ver uma miniatura de cada clipe e detalhes suficientes na régua de tempo para poder alterar exatamente a duração de cada clipe.

● **Nota:** Você está encurtando cada clipe para a mesma duração aqui, mas você pode ter clipes de tamanhos variados, dependendo do que é apropriado para o projeto.

2 Arraste a borda direita do primeiro clipe (1_Family) para 03:00 na régua de tempo. O Photoshop exibe o ponto final e a duração, à medida que você arrasta, para poder encontrar o ponto de parada certo.

3 Arraste a extremidade direita do segundo clipe (2_BoatRide) para uma duração de 03:00.

Encurtar um clipe de vídeo não o comprime, apenas remove do vídeo parte do clipe. Neste caso, o que você quer é usar os três primeiros segundos de cada clipe. Se quisesse usar uma parte diferente de um clipe de vídeo, você poderia encurtar o clipe a partir de cada extremidade. Conforme você arrasta a extremidade de um clipe de vídeo, o Photoshop exibe uma prévia para que você possa ver qual parte do clipe está incluída.

4 Repita o passo 3 para cada um dos clipes restantes, de modo que todos tenham uma duração de 3 segundos.

▶ **Dica:** Para alterar rapidamente a duração de um clipe de vídeo, clique na seta no canto superior direito e então digite um novo valor para Duration. Esta opção não está disponível para imagens estáticas.

Os clipes têm agora a duração certa, mas algumas imagens estão do tamanho errado para a tela. Você vai redimensionar a imagem antes de continuar.

5 Selecione a camada 1_Family no painel Layers. O clipe também está selecionado no painel Timeline.

6 Clique no triângulo no canto superior direito do clipe 1_Family, no painel Timeline, para abrir o painel Motion.

▶ **Dica:** A seta no lado esquerdo de um clipe (ao lado da miniatura do clipe) revela os atributos que você pode animar usando **keyframes**. A seta no lado direito de um clipe abre o painel Motion.

7 Escolha Pan & Zoom no menu e certifique-se de que Resize To Fill Canvas está selecionado. Em seguida, clique em uma área vazia do painel Timeline para fechar o painel Motion.

A imagem é redimensionada para caber na tela, que é o que você queria. Mas você não deseja de fato aplicar pan e zoom, isto é, deslocar e ampliar/reduzir a imagem. Você vai remover o efeito.

8 Abra novamente o painel Motion do clipe 1_Family e escolha No Motion no menu. Clique em uma área vazia do painel Timeline para fechar o painel Motion.

9 Escolha File > Save. Clique em OK na caixa de diálogo Photoshop Format Options.

Anime texto com *keyframes*

Keyframes (quadros-chave) permitem controlar animação, efeitos e outras alterações que ocorrem ao longo do tempo. Um *keyframe* marca o ponto no tempo em que você especifica um valor, como posição, tamanho ou estilo. Para criar uma alteração ao longo do tempo, você deve dispor de pelo menos dois *keyframes*: um para o estado no início da alteração e outro para o estado no final. O Photoshop cria os valores para as posições entre eles, de modo que a alteração tenha efeito suave ao longo do tempo especificado. Você vai usar *keyframes* para animar o título de um filme (Beach Day), da esquerda para a direita, sobre a imagem de abertura.

1 Clique no menu pop-up Video, na faixa Video Group 1, e escolha New Video Group. O Photoshop acrescenta Video Group 2 ao painel Timeline.

2 Selecione a ferramenta Horizontal Type (T) e, então, clique na extremidade esquerda da imagem, aproximadamente no meio do caminho para baixo a partir do topo.

O Photoshop cria uma nova camada de texto, denominada Layer 1, na faixa Video Group 2.

3 Na barra de opções, selecione uma fonte sem serifa, como Myriad Pro, configure o corpo do texto em **600** pt e selecione a cor branca para o texto.

4 Digite **BEACH DAY**.

O texto é muito grande para caber inteiro na imagem. Tudo bem, você vai animá-lo para movê-lo pela imagem.

5 No painel Layers, mude a opacidade de BEACH DAY para **25**%.

6 No painel Timeline, arraste o ponto final da camada de texto para 03:00, de modo que ele tenha a mesma duração que a camada 1_Family.

7 Clique na seta ao lado da miniatura no clipe BEACH DAY para exibir os atributos do clipe.

8 Certifique-se de que o indicador de reprodução está no início da régua de tempo.

9 Clique no ícone de cronômetro (⏱), ao lado da propriedade Transform, para configurar um *keyframe* inicial para a camada.

O *keyframe* aparece como um losango amarelo na linha de tempo.

 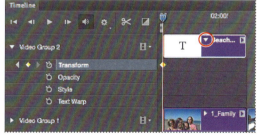

▶ **Dica:** O Photoshop exibe a localização do indicador de reprodução no canto inferior esquerdo do painel Timeline.

10 Selecione a ferramenta Move (▶✢) e, em seguida, use-a para arrastar a camada de texto sobre a tela, de modo que o alto das letras fique alinhado com a base das linhas de referência superiores. Arraste para a direita, a fim de que apenas a borda esquerda da letra "B" na palavra "BEACH" fique visível na tela de pintura. O *keyframe* que você ajustou assegura que o texto ficará nessa posição no início do filme.

11 Mova o indicador de reprodução para o último quadro do primeiro clipe (02:29).

12 Pressione a tecla Shift enquanto arrasta a camada de texto para a esquerda sobre a tela, de modo que apenas a borda direita do "Y" na palavra "DAY" fique visível. Pressionar a tecla Shift garante que o texto permanecerá nivelado à medida que você o move ao longo da tela.

Por você ter mudado a posição, o Photoshop cria um novo *keyframe*.

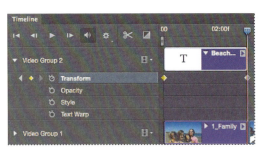

13 Mova o indicador de reprodução através dos três primeiros segundos da régua de tempo para visualizar a animação. O título se move ao longo da imagem.

14 Clique no triângulo ao lado da miniatura do clipe de texto para fechar os atributos do clipe, e então escolha File > Save para salvar seu trabalho.

Crie efeitos

Uma das vantagens de trabalhar com arquivos de vídeo no Photoshop é que você pode criar efeitos usando camadas de ajuste, estilos e transformações simples.

Adicione camadas de ajuste a videoclipes

Você já utilizou camadas de ajuste com imagens estáticas ao longo deste livro. Elas funcionam muito bem em videoclipes. Quando você aplica uma camada de ajuste em um grupo de vídeo, o Photoshop a aplica apenas na camada imediatamente abaixo no painel Layers.

1 Selecione a camada 3_DogAtBeach no painel Layers.

2 No painel Timeline, mova o indicador de reprodução para o início da camada 3_DogAtBeach, para que possa ver o efeito ao aplicá-lo.

3 No painel Adjustments, clique no botão Black & White.

4 No painel Properties, deixe o padrão predefinido e selecione Tint. A cor do matiz padrão cria um efeito sépia que funciona bem para esse clipe. Você pode usar os controles deslizantes e a cor do matiz para modificar o efeito preto e branco como quiser.

● **Nota:** Se você tivesse importado o arquivo de vídeo usando o comando Place, de modo que ele não estivesse em um grupo de vídeos, você precisaria criar uma camada de corte para limitar a camada de ajuste a uma única camada.

5 Mova o indicador de reprodução ao longo do clipe 3_DogAtBeach, no painel Timeline, para visualizar o efeito.

Anime um efeito de zoom

Mesmo transformações simples tornam-se efeitos interessantes quando você as anima. Você vai usar animação para aumentar o zoom no clipe 4_Dogs.

1 Mova o indicador de reprodução para o início do clipe 4_Dogs no painel Timeline (09:00).

2 Clique na seta do clipe4_Dogs para exibir o painel Motion.

3 Escolha Zoom no menu pop-up e depois escolha Zoom In no menu Zoom. Na grade Zoom From, selecione o canto superior esquerdo para aumentar o zoom a partir desta posição. Certifique-se de que Resize To Fill Canvas está selecionado, e então clique em uma área vazia do painel Timeline para fechar o painel Motion.

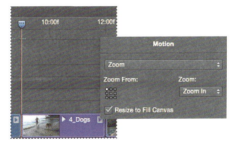

4 Arraste o indicador de reprodução ao longo do clipe para visualizar o efeito.

Você vai ampliar a imagem no último *keyframe* para tornar o zoom mais expressivo.

5 Clique na seta do lado esquerdo do clipe4_Dogs para revelar os atributos do clipe.

Há dois *keyframes*, um referente ao início do efeito Zoom In e outro para o final.

▶ **Dica:** Você pode passar para o próximo *keyframe* clicando na seta para a direita, ao lado do atributo, no painel Timeline. Clique na seta para a esquerda para pular para o *keyframe* anterior.

6 Clique na seta da direita, ao lado do atributo Transform (no Video Group 1, à esquerda do painel Timeline), para levar o indicador de reprodução até o último *keyframe*, se já não estiver lá, e escolha Edit > Free Transform. Em seguida, digite **120%** para Width e para Height na barra de opções. Pressione Enter ou Return para confirmar a transformação.

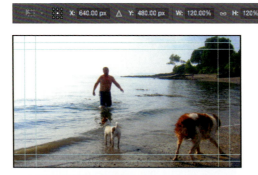

7 Arraste o indicador de reprodução ao longo do clipe 4_Dogs, na régua de tempo, para visualizar a animação novamente.

8 Escolha File > Save.

Anime uma imagem para criar um efeito de movimento

Você vai animar outra transformação para criar a aparência de movimento. Você quer que a imagem comece nas pernas do mergulhador e termine nas mãos.

1 Mova o indicador de reprodução para o final do clipe 5_Jumping (14:29) e selecione o clip. Pressione a tecla Shift enquanto move a imagem para baixo na janela do documento, de modo que as mãos fiquem na região superior do quadro, colocando o mergulhador na posição final.

LIÇÃO 11 | 253
Edição de vídeo

2 Exiba os atributos para o clipe e clique no ícone do cronômetro do atributo Position, a fim de adicionar um *keyframe*.

3 Mova o indicador de reprodução para o início do clipe (12:00). Pressione a tecla Shift ao mover a imagem, de modo que os pés fiquem perto da parte inferior da tela.

O Photoshop adiciona um *keyframe*.

4 Mova o indicador de reprodução pela régua de tempo para visualizar a animação.

5 Feche os atributos do clipe. Em seguida, escolha File > Save para salvar seu trabalho.

Adicione efeitos de pan e zoom

Você pode adicionar facilmente recursos semelhantes aos efeitos de pan e zoom utilizados em documentários. Você vai adicioná-los ao pôr do sol para criar um final expressivo para o vídeo.

1 Mova o indicador de reprodução para o início do clipe 6_Sunset.

2 Abra o painel Motion para o clipe. Escolha Pan & Zoom no menu pop-up, escolha Zoom Out no menu Zoom e certifique-se de que Resize To Fill Canvas está selecionado. Em seguida, clique em uma área vazia do painel Timeline para fechar o painel Motion.

3 Arraste o indicador de reprodução ao longo do último clipe para visualizar os efeitos.

Adicione transições

Uma transição move uma cena de uma tomada para a próxima. Basta arrastar e soltar para adicionar transições aos clipes no Photoshop.

1 Clique no botão Go To First Fram e (◀), no canto superior esquerdo do painel Timeline, para trazer o indicador de reprodução de volta ao início da régua de tempo.

2 Clique no menu Transitions (▨) no canto superior esquerdo do painel Timeline. Selecione Cross Fade e modifique o valor de Duration para **0,25 s** (um quarto de segundo).

3 Arraste a transição Cross Fade entre os clipes 1_Family e 2_BoatRide.

O Photoshop ajusta as extremidades dos clipes para aplicar a transição e adiciona um pequeno ícone branco no canto inferior do segundo clipe.

4 Arraste transições Cross Fade entre cada um dos outros clipes.

5 Arraste uma transição Fade With Black para o término do clipe final.

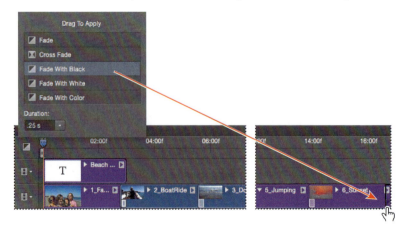

6 Para deixar a transição mais suave, estenda a transição Fade With Black esticando o lado esquerdo até cerca de um terço da duração total do clipe.

7 Escolha File > Save.

Adicione áudio

Você pode adicionar uma faixa de áudio a um arquivo de vídeo no Photoshop. Na verdade, o painel Timeline já inclui uma faixa de áudio padrão. Você vai adicionar um arquivo de MP3 a ser reproduzido como trilha sonora para este pequeno vídeo.

1 Clique no ícone de nota musical na faixa de áudio, na parte inferior do painel Timeline, e escolha Add Audio no menu pop-up.

▶ **Dica:** Você também pode adicionar uma faixa de áudio clicando no sinal de +, na extremidade direita da faixa, no painel Timeline.

2 Selecione o arquivo beachsong.mp3 da pasta Lesson11 e clique em Open.

O arquivo de áudio é adicionado à linha de tempo, mas é muito mais longo que o vídeo. Você vai usar a ferramenta Split At Playhead para encurtá-lo.

3 Mova o indicador de reprodução para o final do clipe 6_Sunset. Com o arquivo de áudio ainda selecionado, clique na ferramenta Split At Playhead.

O arquivo de áudio é cortado nesse ponto, tornando-se dois clipes de áudio.

4 Selecione o segmento do segundo arquivo de áudio, aquele que começa depois do final do clipe 6_Sunset. Pressione a tecla Delete no teclado para excluir o clipe de áudio selecionado.

Agora o arquivo de áudio tem a mesma duração que o vídeo. Você vai adicionar um *fade* para que ele termine suavemente.

5 Clique na pequena seta na extremidade direita do clipe de áudio para abrir o painel Audio. Em seguida, digite **3** segundos para Fade In e **5** segundos para Fade Out.

6 Salve o seu trabalho.

Silencie áudio indesejado

▶ **Dica:** Para criar uma visualização mais suave, desative o botão de reprodução de áudio no painel Timeline, na primeira vez que você reproduzir o vídeo. Com a reprodução de áudio desativada, o Photoshop pode criar um cache mais completo, resultando em uma visualização mais precisa.

Até agora, você visualizou partes do vídeo, movendo o indicador de reprodução ao longo da régua de tempo. Agora você vai visualizar o vídeo inteiro usando o botão Play no painel Timeline e, então, silenciar qualquer áudio estranho dos videoclipes.

1 Clique no botão Play (▶), no canto superior esquerdo do painel Timeline, para visualizar o vídeo até aqui.

Parece bom, mas há um ruído de fundo indesejado em alguns dos videoclipes. Você vai silenciar o som extra.

2 Clique no pequeno triângulo na extremidade direita do clipe 2_BoatRide.

3 Clique na aba Audio para ver as opções de áudio e, em seguida, selecione Mute Audio. Clique em uma área vazia do painel Timeline para fechar o painel Audio/Video.

4 Clique no pequeno triângulo na extremidade direita do clipe 3_DogAtBeach.

5 Clique na aba Audio para ver as opções de áudio e, em seguida, selecione Mute Audio. Clique em uma área vazia do painel Timeline para fechar o painel.

Renderize o vídeo

Você está pronto para renderizar seu projeto de vídeo. O Photoshop fornece várias opções de renderização. Você vai selecionar opções apropriadas para *streaming* de vídeo, a fim de compartilhá-lo no site Vimeo. Para informações sobre outras opções de renderização, consulte o Photoshop Help.

1 Escolha File > Export > Render Video ou clique no botão Render Video (→) no canto inferior esquerdo do painel Timeline.

2 Nomeie o arquivo como **11Final.mp4**.

3 Clique em Select Folder, navegue até a pasta Lesson11 e clique em OK ou Choose.

4 A partir do menu Preset, escolha Vimeo HD 720p 25.

5 Clique em Render.

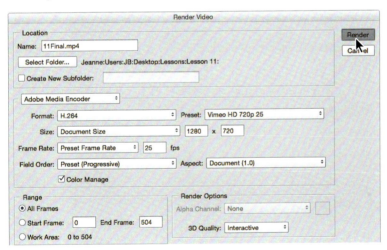

O Photoshop exibe uma barra de progresso enquanto exporta o vídeo. Dependendo do seu sistema, o processo de renderização pode levar vários minutos.

Dependendo do seu sistema, isso pode demorar um pouco.

6 Localize o arquivo 11Final.mp4 na pasta Lesson11 no Bridge. Clique duas vezes nele para ver o vídeo que você fez.

Perguntas de revisão

1 O que é *keyframe* (quadro-chave) e como se cria um?

2 Como se adiciona uma transição entre clipes?

3 Como se renderiza um vídeo?

Respostas

1 O *keyframe* marca o ponto no tempo em que você especifica um valor, como posição, tamanho ou estilo. Para criar uma alteração ao longo do tempo, você deve dispor de pelo menos dois *keyframes*: um para o estado no início da alteração e outro para o estado no final. Para criar um *keyframe* inicial, clique no ícone do cronômetro ao lado do atributo que você deseja animar para a camada. O Photoshop cria *keyframes* adicionais cada vez que você altera os valores desse atributo.

2 Para adicionar uma transição, clique no ícone Transition, no canto superior esquerdo do painel Timeline, e, então, arraste uma transição para um clipe.

3 Para renderizar um vídeo, escolha File > Export > Render Video, ou clique no botão Render Video no canto inferior esquerdo do painel Timeline. Em seguida, selecione as configurações de vídeo apropriadas para a saída pretendida.

12 TRABALHE COM CAMERA RAW

Visão geral da lição

Nesta lição, você vai aprender a:

- Abrir uma imagem crua em formato patenteado no Adobe Camera Raw.
- Ajustar o tom e a cor de uma imagem crua.
- Aumentar a nitidez de uma imagem em Camera Raw.
- Sincronizar configurações para múltiplas imagens.
- Abrir uma imagem Camera Raw como um Smart Object no Photoshop.
- Aplicar o Camera Raw como um filtro no Photoshop.

Esta lição levará aproximadamente 1 hora para ser concluída. Faça download dos arquivos de projeto Lesson12 a partir da página do livro no site www.grupoa.com.br, caso ainda não tenha feito isso. Ao trabalhar nesta lição, você preservará os arquivos iniciais. Se precisar restaurá-los, você pode baixá-los novamente a partir do site.

PROJETO: RETOQUE DE FOTOGRAFIAS AVANÇADO

Imagens *raw* (cruas) são muito mais flexíveis, sobretudo na configuração de cor e tonalidade. O Camera Raw permite que você aproveite esse potencial ao máximo. Ele pode ser uma ferramenta bem útil mesmo quando você parte de uma imagem JPEG ou TIFF, ou quando você o aplica como um filtro no Photoshop.

Introdução

> **Nota:** Utilizamos o Adobe Camera Raw 8.5, porque era a versão mais atualizada na época desta publicação. A Adobe atualiza o Camera Raw frequentemente; se você estiver usando uma versão mais atualizada, alguns dos passos desta lição talvez não sejam idênticos ao que você vai encontrar.

Nesta lição, você vai editar várias imagens digitais utilizando o Photoshop e o Adobe Camera Raw, que vem com o Photoshop. Você usará diversas técnicas para retocar e aprimorar a aparência de fotografias digitais. Para começar, você vai visualizar as imagens de "antes e depois" no Adobe Bridge.

1 Inicie o Photoshop e pressione Ctrl+Alt+Shift (Windows) ou Command+Option+Shift (Mac OS) para restaurar as preferências padrão. (Consulte "Restaure as preferências padrão", na página 4.)

2 Quando solicitado, clique em Yes para excluir o arquivo de configurações do Adobe Photoshop (Adobe Photoshop Settings).

3 Escolha File > Browse In Bridge para abrir o Adobe Bridge.

4 No painel Favorites no Bridge, clique na pasta Lessons. Em seguida, no painel Content, dê um clique duplo na pasta Lesson12 para abri-la.

> **Nota:** Se o Bridge não estiver instalado, você será instado a instalá-lo quando escolher Browse In Bridge. Para mais informações, veja a página 2.

5 Ajuste o controle deslizante de miniaturas, se necessário, para que possa ver as prévias em miniatura claramente. Em seguida, dê uma olhada nos arquivos 12A_Start.crw e 12A_End.psd.

12A_Start.crw *12A_End.psd*

Como a fotografia original de uma igreja em estilo espanhol é um arquivo Camera Raw, ele não possui a extensão de arquivo .psd ou .jpg com as quais você trabalhou até agora neste livro. A fotografia foi batida com uma câmera digital Canon Digital Rebel e tem a extensão de arquivo .crw, patenteada pela Canon. Você vai processar essa imagem para deixá-la mais iluminada, nítida e clara e, então, salvá-la como um arquivo JPEG para a Web e como um arquivo PSD para que possa continuar trabalhando nesse arquivo no Photoshop.

6 Compare as miniaturas 12B_Start.nef e 12B_End.psd.

12B_Start.nef   *12B_End.psd*

Desta vez, o arquivo inicial foi capturado com uma câmera Nikon, e a imagem crua traz uma extensão .nef. Você fará correções de cor e aperfeiçoamentos de imagem no Camera Raw, dentro do Photoshop, para alcançar o resultado final.

Os arquivos Camera Raw

Um arquivo *raw* (cru) contém dados de imagem não processados provenientes dos sensores de imagem de uma câmera digital. Muitas câmeras digitais salvam imagens em formato *raw*. A vantagem desses arquivos é que eles permitem que o fotógrafo – e não a câmera – interprete os dados da imagem e faça ajustes e conversões. (Em contrapartida, fotografar imagens em JPEG o restringe ao processamento da câmera). Como a câmera não realiza nenhum processamento de imagem quando você tira a foto utilizando um formato *raw*, você pode utilizar o Adobe Camera Raw para configurar o equilíbrio de branco, o intervalo tonal, o contraste, a saturação das cores e a nitidez. Pense nos arquivos *raw* oferecidos pelas câmeras como negativos fotográficos: você pode voltar e processar o arquivo novamente, sempre que quiser, para alcançar os resultados desejados

Para que sua câmera digital produza imagens em formato *raw*, configure-a para salvar arquivos em seu próprio formato *raw*, possivelmente patenteado. Quando você baixar os arquivos da sua câmera, eles terão uma extensão de arquivo como .nef (Nikon) ou .crw (Canon). No Bridge ou no Photoshop, você pode processar arquivos *raw* de uma grande quantidade de câmeras digitais, de fabricantes como Canon, Kodak, Leica, Nikon e outros – e até mesmo processar várias imagens simultaneamente. É possível exportar os arquivos *raw* patenteados para os formatos de arquivo DNG, JPEG, TIFF ou PSD.

● **Nota:** O formato Photoshop Raw (extensão .raw) é um formato de arquivo para transferir imagens entre aplicativos e plataformas de computador. Não confunda o Photoshop Raw com formatos de imagens "cruas" do tipo *raw*.

Você pode processar arquivos *raw* obtidos de câmeras compatíveis com o aplicativo, mas também abrir imagens TIFF e JPEG no Camera Raw, que inclui alguns recursos de edição que não estão no Photoshop. Entretanto, você não terá a mesma flexibilidade com o equilíbrio de branco e outras configurações se utilizar uma imagem JPEG ou TIFF. Embora o Camera Raw consiga abrir e editar um arquivo de imagem em formato *raw*, ele não salva esse tipo de imagem.

Processe arquivos no Camera Raw

Ao fazer ajustes em uma imagem no Camera Raw, como alinhar ou cortar a imagem, o Photoshop e o Bridge preservam os dados do arquivo original. Assim, você pode editar a imagem como quiser, exportar a imagem editada e manter a original intacta para uso futuro ou outros ajustes.

Abra imagens no Camera Raw

Você pode abrir o Camera Raw no Bridge ou no Photoshop e aplicar as mesmas edições em vários arquivos simultaneamente. Isso é muito útil se você estiver trabalhando com imagens que foram fotografadas no mesmo ambiente e que, portanto, precisam da mesma iluminação e outros ajustes.

O Camera Raw oferece vários controles para ajustar o equilíbrio de branco, a exposição, o contraste, a nitidez, as curvas tonais, entre outros. Neste exercício, você vai editar uma imagem e aplicar as mesmas configurações a imagens semelhantes.

1 No Bridge, abra a pasta Lessons/Lesson12/Mission, que contém três fotos da igreja espanhola que você viu anteriormente.

2 Pressione a tecla Shift e clique para selecionar todas as imagens – Mission01.crw, Mission02.crw e Mission03.crw – e, então, escolha File > Open In Camera Raw.

LIÇÃO 12 | 265
Trabalhe com Camera Raw

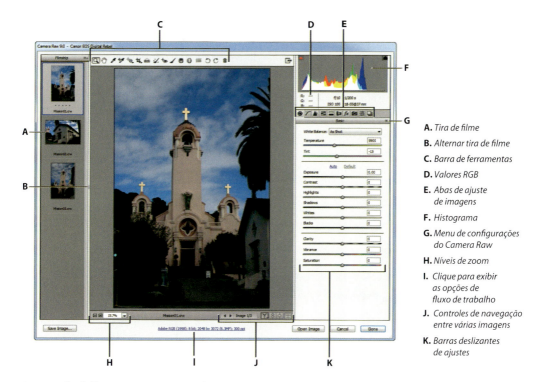

A. *Tira de filme*
B. *Alternar tira de filme*
C. *Barra de ferramentas*
D. *Valores RGB*
E. *Abas de ajuste de imagens*
F. *Histograma*
G. *Menu de configurações do Camera Raw*
H. *Níveis de zoom*
I. *Clique para exibir as opções de fluxo de trabalho*
J. *Controles de navegação entre várias imagens*
K. *Barras deslizantes de ajustes*

A caixa de diálogo Camera Raw exibe uma grande prévia da primeira imagem, e uma tira de filme no lado esquerdo exibe todas as imagens abertas. O histograma no canto superior à direita mostra o intervalo tonal da imagem selecionada; o link das opções de fluxo de trabalho abaixo da janela de visualização mostra espaço de cores, profundidade em bits, tamanho e resolução da imagem selecionada. As ferramentas na parte superior da caixa de diálogo permitem aplicar zoom, deslocar (*pan*), alinhar e fazer outros ajustes na imagem. Os painéis com abas no lado direito da caixa de diálogo fornecem opções mais variadas para ajustar a imagem: você pode corrigir o equilíbrio de branco, ajustar o tom e a nitidez da imagem, remover ruídos, ajustar as cores e fazer outras modificações. Você também pode salvar configurações na forma de predefinições (*presets*) e aplicá-las posteriormente.

Para melhores resultados com o Camera Raw, planeje seu fluxo de trabalho para que ele se mova da esquerda para direita e de cima para baixo. Isso porque costumamos começar pelas ferramentas da parte superior, avançando pelos painéis em ordem, fazendo as modificações conforme necessário.

Vamos explorar esses controles agora, editando o primeiro arquivo de imagem.

3 Clique em todas as miniaturas na tira de filme para visualizar as imagens antes de começar. Você também pode clicar no botão Forward sob a janela principal de visualização para mudar as imagens. Depois de ver as três, selecione a imagem Mission01.crw novamente.

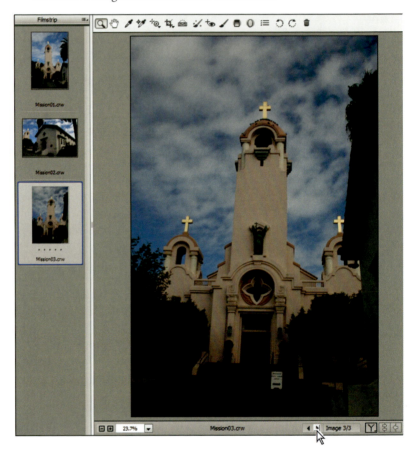

Ajuste o equilíbrio de branco

O equilíbrio de branco de uma imagem reflete as condições de iluminação sob as quais ela foi capturada. Uma câmera digital registra o equilíbrio de branco no momento da exposição; esse é o valor que aparece inicialmente na visualização da imagem na caixa de diálogo Camera Raw.

O equilíbrio de branco compreende dois componentes. O primeiro é *temperature*, ou temperatura, medida em kelvins, que determina se a imagem será mais "quente" ou "fria" – isto é, seus tons azuis e verdes "frios" ou tons amarelos e vermelhos "quentes". O segundo componente é *tint*, ou matiz, que compensa as cores magenta ou verde na imagem.

Dependendo das configurações que você utiliza na sua câmera e do ambiente em que está fotografando (por exemplo, se houver *glare* ou iluminação irregular), é recomendável ajustar o equilíbrio de branco da imagem. Se você planeja modificar o equilíbrio de branco, faça isso antes de qualquer coisa, já que ele afeta todas as outras modificações na imagem.

1 Se o painel Basic ainda não estiver visível no lado direito da caixa de diálogo, clique no botão Basic (●) para abri-lo.

Por padrão, As Shot é a opção selecionada no menu White Balance. O Camera Raw aplica as configurações de equilíbrio de branco que existiam em sua câmera no momento da exposição. O Camera Raw inclui várias predefinições de equilíbrio de branco que você pode utilizar como ponto de partida para ver diferentes efeitos de iluminação.

2 Escolha Cloudy no menu White Balance.

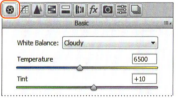

O Camera Raw ajusta a temperatura e o matiz para um dia nublado. Às vezes, uma predefinição é o truque de uma boa imagem. Neste caso, porém, há ainda uma projeção azul na imagem. Você vai ajustar o equilíbrio de branco manualmente.

3 Selecione a ferramenta White Balance (✐) no topo da caixa de diálogo Camera Raw.

Para configurar um equilíbrio de branco preciso, selecione um objeto que deve ser branco ou cinza. O Camera Raw utiliza essas informações para determinar a cor da luz em que a cena foi fotografada e ajusta a iluminação da cena automaticamente.

4 Clique nas nuvens brancas da imagem. A iluminação da imagem muda.

5 Clique em uma área diferente das nuvens. A iluminação muda novamente.

Você pode utilizar a ferramenta White Balance para encontrar a melhor iluminação para a cena de modo rápido e fácil. Clicar em diferentes áreas altera a iluminação sem modificar nada permanentemente no arquivo; portanto, você pode testar o quanto quiser.

6 Clique nas nuvens imediatamente à esquerda do campanário. Essa seleção remove a maior parte das projeções de cor e resulta em iluminação realista.

7 Mova o controle deslizante Tint para **-22** para intensificar os verdes.

▶ **Dica:** Para desfazer as configurações, pressione Ctrl+Z (Windows) ou Command+Z (Mac OS).

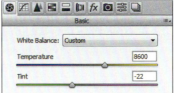

8 Para ver as modificações que você fez, clique no botão do modo Preview (▼) na parte inferior da janela e escolha Before/After Left/Right no menu pop-up.

▶ **Dica:** Para expandir o Camera Raw de modo a preencher toda a tela, clique no botão Toggle Full-Screen Mode (⤢) na extrema direita da barra de ferramentas, ou pressione F.

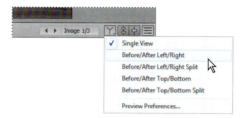

O Camera Raw exibe a imagem "Antes" à esquerda e a imagem "Depois" à direita, para que você possa ver as mudanças aplicadas.

9 Para ver apenas a imagem modificada novamente, escolha Single View no menu pop-up do modo Preview. Se preferir, você pode deixar as duas imagens visíveis para ver como se altera à medida que você aplica as modificações.

Faça ajustes tonais no Camera Raw

Outros controles deslizantes no painel Basic afetam a exposição, o brilho, o contraste e a saturação na imagem. Exceto para Contrast, mover um controle deslizante para a direita clareia as áreas afetadas da imagem, e movê-lo para a esquerda escurece essas áreas. A exposição define essencialmente o *ponto branco* (*white point*), ou seja, o ponto mais claro da imagem, para que o Camera Raw ajuste o restante de acordo com esse valor. Inversamente, o controle deslizante Blacks configura o *ponto preto* (*black point*), ou o ponto mais escuro na imagem. Os controles deslizantes Highlights e Shadows aumentam os detalhes nas áreas claras (altas-luzes) e escuras, respectivamente.

▶ **Dica:** Para melhor efeito, aumente o controle deslizante Clarity até você ver os halos perto dos detalhes da borda e então reduza um pouco a configuração.

O controle deslizante Contrast ajusta o contraste. Para ajustes mais variados no contraste, utilize o controle deslizante Clarity, que adiciona profundidade a uma imagem aumentando o contraste local, sobretudo nos meios-tons.

O controle deslizante Saturation ajusta uniformemente a saturação de todas as cores na imagem. O controle deslizante Vibration, por outro lado, tem um efeito melhor sobre cores não saturadas. Portanto, você pode usá-lo para dar vida a um fundo sem saturar demais os tons de pele, por exemplo.

A opção Auto permite que o Camera Raw tente corrigir o tom da imagem – ou você pode selecionar suas próprias configurações.

1 Clique em Auto no painel Basic.

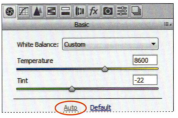

O Camera Raw aumenta a exposição e altera várias outras configurações. Esse pode ser um ponto de partida. Neste exercício, porém, você retornará às configurações padrão para ajustá-las manualmente.

2 Clique em Default no painel Basic.

3 Altere as barras deslizantes para a seguinte disposição:

- Exposure: **+0.20**
- Contrast: **+18**
- Highlights: **+8**
- Shadows: **+63**
- Whites: **+12**
- Blacks: **-14**
- Clarity: **+3**
- Vibrance: **+4**
- Saturation: **+1**

Essas configurações ajudam a dar mais vida aos meios-tons desta imagem, para que ela pareça mais intensa e mais profunda, sem ficar supersaturada.

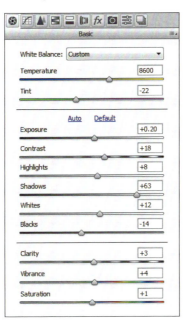

O histograma do Camera Raw

O histograma no canto superior direito da caixa de diálogo Camera Raw mostra simultaneamente os canais de vermelho, verde e azul da imagem selecionada, e é atualizado de modo interativo à medida que você ajusta as configurações. Além disso, quando você move qualquer ferramenta sobre a imagem visualizada, os valores RGB para a área sob o cursor aparecem abaixo do histograma.

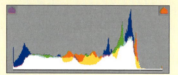

Ajuste a nitidez

O Photoshop oferece vários filtros de nitidez, mas quando você precisa ajustar a nitidez de uma imagem inteira, o Camera Raw fornece melhor controle. Os controles de nitidez estão no painel Detail. Para ver o efeito da aplicação de nitidez no painel Preview, você deve visualizar a imagem em 100% ou mais.

1 Dê um clique duplo na ferramenta Zoom (🔍) no lado esquerdo da barra de ferramentas para ampliar para 100%. Então, selecione a ferramenta Hand (✋) e desloque a imagem para enxergar a cruz na torre da igreja.

2 Clique no botão Detail (▲) para abrir o painel Detail.

O controle deslizante Amount determina o nível de nitidez que o Camera Raw aplica. Normalmente, primeiro você exagera o valor de nitidez e depois o ajusta, após ter configurado os outros controles deslizantes.

3 Mova o controle deslizante Amount para **100**.

O controle deslizante Radius (raio) determina a área de pixels que o Camera Raw analisa à medida que ajusta a nitidez da imagem. Para a maioria das imagens, você obterá melhores resultados se mantiver o raio pequeno, abaixo de um pixel, uma vez que um raio maior pode conferir uma aparência artificial, quase como uma aquarela.

4 Mova o controle deslizante Radius para **0.9**.

O controle deslizante Detail determina o nível de detalhes que você verá. Mesmo quando esse controle deslizante é configurado como 0, o Camera Raw faz um pequeno ajuste na nitidez. Em geral, é recomendável manter a configuração Detail relativamente baixa.

5 Mova o controle deslizante Detail para **25**, se já não estiver lá.

O controle deslizante Masking determina a quais partes da imagem o Camera Raw aplicará nitidez. Se o valor de Masking for alto, o Camera Raw só aplicará nitidez às partes da imagem que tenham bordas evidentes.

6 Mova o controle deslizante Masking para **61**.

Depois de ajustar os controles deslizantes Radius, Detail e Masking, você pode diminuir o controle deslizante Amount para finalizar o ajuste de nitidez.

7 Reduza o controle deslizante Amount para **70**.

▶ **Dica:** Pressione a tecla Alt (Windows) ou Option (Mac OS) enquanto move o controle deslizante Masking, para ver o que o Camera Raw deixará nítido.

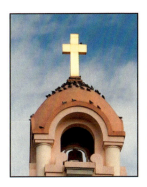
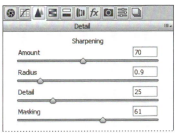

Ajustar a nitidez da imagem dá maior definição aos detalhes e às bordas. O controle deslizante Masking permite direcionar o efeito de nitidez às linhas da imagem, para que não apareçam artefatos nas áreas sem foco ou no fundo.

Ao fazer ajustes no Camera Raw, os dados do arquivo original são preservados. As suas configurações de ajuste da imagem são armazenadas no arquivo de banco de dados do Camera Raw ou em arquivos XMP secundários (*sidecar*) que acompanham o arquivo original da imagem na mesma pasta. Esses arquivos XMP retêm os ajustes que você aplicou no Camera Raw quando você transfere o arquivo de imagem para um dispositivo de armazenamento ou outro computador.

▶ **Dica:** Se você tiver dificuldade de visualizar os efeitos do ajuste de nitidez, altere o nível de zoom para 100%.

Sincronize as configurações entre imagens

As três imagens da igreja foram fotografadas ao mesmo tempo sob as mesmas condições de iluminação. Agora que você ajustou a primeira foto de modo incrível, você pode aplicar automaticamente as mesmas configurações às outras duas imagens. Você faz isso com o comando Synchronize.

1 No canto superior esquerdo da caixa de diálogo Camera Raw, clique no botão Filmstrip do menu e escolha Select All para selecionar todas as imagens na tira de filme.

2 Clique no botão Filmstrip do menu novamente e escolha Sync Settings.

A caixa de diálogo Synchronize aparece, listando todas as configurações que você pode aplicar às imagens. Por padrão, todas as opções, exceto Crop, Spot Removal e Local Adjustments, estão selecionadas. Você pode aceitar o padrão para esse projeto, mesmo não tendo alterado todas as configurações.

3 Clique em OK na caixa de diálogo Synchronize.

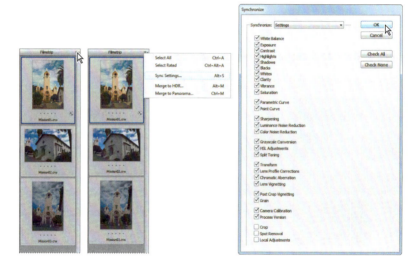

LIÇÃO 12 | **275**
Trabalhe com Camera Raw

Ao sincronizar as configurações em todas as imagens selecionadas, as miniaturas são atualizadas para refletir as alterações que você fez. Para visualizar as imagens, clique em cada miniatura na tira de filme.

Salve alterações no Camera Raw

É possível salvar as alterações de várias maneiras, para diversas finalidades. Primeiro, você salvará as imagens com ajustes referentes a arquivos JPEG de baixa resolução que pode compartilhar na Web. Em seguida, salvará uma imagem, Mission01, como um arquivo do Photoshop que você pode abrir como um Smart Object no Photoshop. Ao abrir a imagem como um Smart Object no Photoshop, você pode retornar ao Camera Raw sempre que precisar fazer ajustes adicionais.

1 Na caixa de diálogo Camera Raw, clique no botão Filmstrip do menu e escolha Select All para selecionar as três imagens.

2 Clique em Save Images no canto inferior esquerdo.

3 Na caixa de diálogo Save Options, faça o seguinte:

- Escolha Save In Same Location no menu Destination.
- Na área File Naming, deixe "Document Name" na primeira caixa.
- Escolha JPEG no menu Format e ajuste o nível de Quality em High (8-9).
- Na área Image Sizing, selecione Resize To Fit e depois escolha Long Side no menu Resize To Fit.
- Insira **640** pixels para designar a dimensão do lado mais longo, tanto para uma imagem em formato de retrato quanto de paisagem. (A dimensão do lado mais curto será ajustada proporcionalmente de forma automática.)
- Digite **72** pixels/polegada para o valor Resolution.

Essas configurações salvarão as suas imagens corrigidas como arquivos JPEG menores e de resolução mais baixa, que você pode compartilhar com colegas na Web. Elas serão redimensionadas para que a maioria de seus visualizadores não precise rolar a janela para enxergar a imagem inteira depois de aberta. Seus arquivos serão nomeados como Mission01.jpg, Mission02.jpg e Mission03.jpg.

4 Clique em Save.

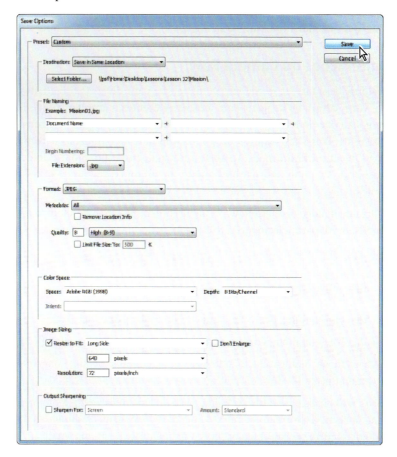

O Bridge o leva de volta à caixa de diálogo Camera Raw e indica quantas imagens foram processadas até todas as imagens terem sido salvas. As miniaturas CRW ainda aparecem na caixa de diálogo Camera Raw. No Bridge, porém, agora também há versões JPEG junto com os arquivos de imagem CRW originais, que você pode continuar editando ou deixar para outro momento.

Agora, você abrirá uma cópia da imagem Mission01 no Photoshop.

5 Selecione a miniatura da imagem Mission01.crw na tira de filme na caixa de diálogo Camera Raw. Em seguida, pressione a tecla Shift e clique em Open Object na parte inferior da caixa de diálogo.

O botão Open Object abre a imagem como um Smart Object no Photoshop; você pode dar um clique duplo na miniatura do Smart Object no painel Layers a fim de retornar ao Camera Raw para continuar a fazer ajustes sempre que quiser.

Se, em vez disso, você tivesse clicado em Open Image, a imagem se abriria como uma imagem padrão do Photoshop. Pressionar a tecla Shift transforma o botão Open Image no botão Open Object.

▶ **Dica:** Para tornar o botão Open Object padrão, clique no link das opções de fluxo de trabalho (em azul) abaixo da janela de visualização, selecione Open Photoshop As Smart Objects e clique em OK.

6 No Photoshop, escolha File > Save As. Na caixa de diálogo Save As, escolha Photoshop como o formato, renomeie o arquivo como **Mission_Final.psd**, navegue até a pasta Lesson12 e clique em Save. Clique em OK se a caixa de diálogo Photoshop Format Options aparecer. Então, feche o arquivo.

Como salvar arquivos no Camera Raw

Cada modelo de câmera salva imagens *raw* em um formato próprio, mas o Adobe Camera Raw pode processar diferentes formatos de arquivo *raw*. O Camera Raw processa os arquivos *raw* usando configurações padrão de imagem baseadas em perfis predefinidos para câmeras suportadas e dados EXIF.

Você pode salvar os arquivos nos formatos DNG (o formato do Adobe Camera Raw), JPEG, TIFF e PSD. Todos podem ser utilizados para salvar imagens bitmap de tons contínuos, RGB e CMYK; e todos, exceto o DNG, também estão disponíveis nas caixas de diálogo Save e Save As do Photoshop.

- O formato **DNG (Adobe Digital Negative)** contém dados brutos da imagem provenientes de uma câmera digital e metadados que definem o que os dados da imagem significam. O DNG foi concebido como um formato padrão utilizado por toda a indústria para dados de imagem *raw*, ajudando os fotógrafos a gerenciar a variedade de formatos *raw* patenteados e fornecendo um formato de arquivo compatível. (Você só pode salvar nesse formato a partir da caixa de diálogo Camera Raw.)

- O formato de arquivo **JPEG (Joint Photographic Experts Group)** geralmente é usado para exibir fotografias e outras imagens RGB em tom contínuo na Web. Arquivos JPEG de resolução mais alta podem ser utilizados para outros objetivos, incluindo impressão de alta qualidade. O formato JPEG retém todas as informações de cor em uma imagem, mas compacta o tamanho do arquivo, descartando seletivamente os dados. Quanto maior a compactação, menor a qualidade da imagem.

- O **TIFF (Tagged Image File Format)** é usado para o intercâmbio de arquivos entre aplicativos e plataformas de computador. TIFF é um formato flexível suportado por praticamente todos os aplicativos de desenho, edição de imagens e layout de página. Além disso, praticamente todos os scanners de mesa podem produzir imagens TIFF.

- O **formato PSD** é o formato de arquivo nativo do Photoshop. Devido à forte integração entre os produtos Adobe, outros aplicativos da Adobe como o Adobe Illustrator e o Adobe InDesign podem importar arquivos PSD diretamente e preservar muitos recursos do Photoshop.

Depois de abrir um arquivo no Photoshop, você pode salvá-lo em vários formatos, incluindo Large Document Format (PSB), Cineon, Photoshop Raw ou PNG. Para não ser confundido com os formatos de arquivo Camera Raw, o formato Photoshop Raw (RAW) é um formato de arquivo para transferir imagens entre aplicativos e plataformas de computador.

Para informações adicionais sobre formatos de arquivo no Camera Raw e no Photoshop, consulte o Photoshop Help.

Aplique correção de cores avançada

Você utilizará os Níveis (Levels), a ferramenta Healing Brush e outros recursos do Photoshop para aperfeiçoar ainda mais a imagem da modelo.

► **Dica:** Além de abrir arquivos no Camera Raw ao iniciar o processo de edição, você pode aplicar configurações do Camera Raw como um filtro em uma camada de imagem no Photoshop. Escolha Filter > Camera Raw Filter, ajuste as configurações e clique em OK.

Ajuste o equilíbrio de branco no Camera Raw

A imagem original da noiva tem uma leve projeção de cor. Você dará início às suas correções de cor no Camera Raw configurando o equilíbrio de branco e ajustando a tonalidade da imagem.

1 No Bridge, navegue até a pasta Lesson12. Selecione o arquivo 12B_Start.nef e escolha File > Open In Camera Raw.

2 No Camera Raw, selecione a ferramenta White Balance (🖋) e clique em uma região branca do vestido da modelo, a fim de ajustar a temperatura de cor e remover a projeção esverdeada.

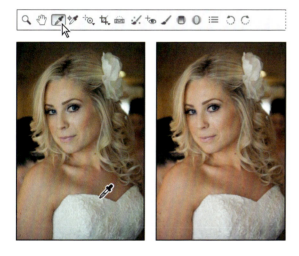

3 Ajuste outras barras deslizantes no painel Basic para clarear e intensificar a imagem:

- Eleve o nível Exposure para **0.30**.
- Eleve Contrast para **15**.
- Eleve Clarity para **+8**.

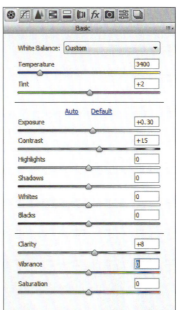

4 Pressione a tecla Shift e clique em Open Object.

A imagem é aberta no Photoshop na forma de um Smart Object.

Ajuste os níveis

O intervalo tonal de uma imagem representa o nível de contraste, ou detalhes, presente na imagem, e é calculado pela sua distribuição de pixels, variando desde os pixels mais escuros (pretos) até os mais claros (brancos). Você utilizará a camada de ajuste Levels para ajustar o intervalo tonal nesta imagem.

1 No Photoshop, escolha File > Save As. Nomeie o arquivo como **Model_final.psd** e clique em Save. Clique em OK se aparecer a caixa de diálogo Photoshop Format Options.

2 Clique no botão Levels no painel Adjustments.

O Photoshop adiciona uma camada de ajuste Levels ao painel Layers. Os controles de Levels e um histograma aparecem no painel Adjustments. O histograma exibe o intervalo de valores de tons claros e escuros na imagem. O triângulo à esquerda (preto) representa as baixas-luzes; o triângulo à direita (branco) representa as altas-luzes; e o triângulo central (cinza) representa os meios-tons, ou gama. A menos que seu objetivo seja um efeito especial, o histograma ideal tem seu ponto preto na extremidade inicial dos dados, seu ponto branco no final dos dados e a parte central tem picos e depressões relativamente uniformes, que representam os dados de pixel adequados nos meios-tons.

3 Clique no botão Calculate A More Accurate Histogram (⬛) à esquerda do histograma. O Photoshop substitui o histograma.

 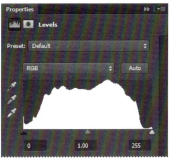

Existe uma pequena elevação na extremidade direita do histograma, representando o atual ponto branco, mas o grosso dos dados acaba mais à esquerda. Sua tarefa é ajustar o ponto branco para que ele corresponda ao final desses dados.

4 Arraste o triângulo da direita (branco) para a esquerda, até o ponto em que o histograma indica o início das cores mais claras.

Fotógrafo há mais de 25 anos, Jay Graham começou sua carreira projetando e construindo casas. Atualmente, tem clientes nos mercados publicitário, editorial, de arquitetura e turismo.

Consulte o portfólio de Jay Graham em jaygraham.com.

Fluxo de trabalho profissional

Bons hábitos fazem toda a diferença

Um fluxo de trabalho sensato e bons hábitos profissionais vai mantê-lo entusiasmado com a fotografia digital, ajudar sua imagem a brilhar e poupá-lo dos dissabores de perder um trabalho do qual você nunca fez backup. Eis uma descrição do fluxo básico de trabalho com imagens digitais de um fotógrafo profissional com mais de 25 anos de experiência. Para ajudá-lo a tirar o máximo proveito das imagens capturadas, Jay Graham dá orientações sobre como configurar sua câmera, criar um fluxo básico de trabalho com as cores, selecionar formatos de arquivos, organizar as imagens e exibir seu trabalho.

Graham usa o Adobe Photoshop Lightroom® para organizar milhares de imagens.

"A maior queixa das pessoas é que elas perderam suas imagens. Onde estão? Como elas eram?"– afirma Graham. "Por isso, a importância de nomeá-las".

Comece configurando as preferências da sua câmera

Se sua câmera tiver essa opção, em geral, o melhor é fotografar no formato *raw* nativo, que captura todas as informações necessárias da imagem. Com uma única foto *raw*, acrescenta Graham, "você pode ir de uma imagem à luz do dia a uma imagem capturada em interiores com um recurso de luz de tungstênio, sem degradação", quando for reproduzida. Se, para o seu projeto, fizer mais sentido fotografar em JPEG, use uma compressão fina e alta resolução.

Comece com o melhor material

Obtenha todos os dados ao capturar sua imagem – com compressão fina e alta resolução. Depois não tem como voltar atrás.

Organize seus arquivos

Nomeie e catalogue suas imagens assim que terminar de fazer o download delas. "Se a câmera nomear os arquivos, ela consequentemente vai redefinir e produzir vários arquivos com o mesmo nome", afirma Graham. Use o Adobe Photoshop Lightroom para renomear, classificar e adicionar metadados às fotos que você pretende guardar; livre-se daquelas que você não quer.

Graham nomeia seus arquivos por data (e, se possível, por assunto). Ele armazena uma série de fotos tiradas em 12 de dezembro de 2013, em Stinson Beach, em uma pasta chamada "20131212_Stinson_01"; dentro da pasta, ele nomeia cada imagem de modo incremental, e cada imagem com um nome de arquivo único. "Assim, tudo se alinha facilmente no disco rígido" – afirma ele. Siga as convenções de nomeação do Windows para poder utilizar os nomes de arquivos nas plataformas não Macintosh (máximo de 32 caracteres; somente números, letras, sublinhados e hifens).

Converta as imagens *raw* para DNG

Talvez seja melhor converter todas as imagens *raw* para o formato DNG. Diferentemente de vários formatos *raw* patenteados de câmeras, as especificações para esse formato estão disponíveis ao público, facilitando seu suporte por parte de desenvolvedores de software e fabricantes de dispositivos.

Guarde uma imagem mestra

Salve sua imagem mestra em formato PSD, TIFF ou DNG, e não em JPEG. Sempre que uma imagem JPEG é reeditada e gravada, a compressão é reaplicada e a qualidade da imagem, sacrificada.

Mostre aos clientes e amigos

Ao preparar seu trabalho para ser entregue, escolha o arquivo de cores adequado ao destino. Converta a imagem para esse perfil, em vez de atribuir o perfil. Geralmente, o sRGB é o mais adequado para exibição eletrônica ou para imprimir na maioria dos serviços de impressão online. Adobe 1998 ou Colormatch são os perfis mais recomendados com imagens RGB destinadas a materiais impressos no modo tradicional, como as brochuras. Adobe 1998 ou ProPhoto RGB se prestam mais à impressão a jato de tinta. Use 72 dpi para a visualização eletrônica e 180 dpi ou acima para impressão.

Faça o backup de suas imagens

Você dedicou bastante tempo e esforço às suas imagens, e não vai perdê-las. Como a vida útil de CDs e DVDs é incerta, o melhor é fazer o backup em um disco rígido externo (ou em mais de um), configurado para fazer backup automático. "A questão não é saber se seu disco rígido [interno] vai ou não travar", afirma Graham, recitando um ditado muito comum. "É quando vai travar."

À medida que você arrasta, o terceiro valor de Input Levels (abaixo do gráfico do histograma) se altera, e o mesmo acontece com a própria imagem.

5 Puxe o triângulo central (cinza) um pouco para a direita, a fim de escurecer levemente os meios-tons. Nós o movemos até o valor 0.90.

Edite a saturação no Camera Raw

Os ajustes do tipo Levels ajudaram bastante, mas nossa noiva parece um tanto queimada de sol. Você vai ajustar a saturação no Camera Raw para uniformizar seu tom de pele.

1 Dê um clique duplo na miniatura da camada 12B_Start para abrir o Smart Object no Camera Raw.

2 Clique no botão HSL/Grayscale (■) para exibir o painel.

3 Clique na aba Saturation.

4 Mova os seguintes controles deslizantes para reduzir a quantidade de vermelho na pele:

- Reduza Reds para **-2**.
- Reduza Oranges para **-10**.
- Reduza Magentas para **-3**.

5 Clique em OK para retornar ao Photoshop.

Use as ferramentas Healing Brush para remover imperfeições

Agora você está preparado para concentrar sua atenção no rosto da modelo. Você usará as ferramentas Healing Brush e Spot Healing Brush para corrigir as imperfeições e sardas, suavizar a pele, remover as veias vermelhas dos olhos e retirar o piercing do nariz.

1 No painel Layers, selecione a camada 12B_Start. Em seguida, escolha Duplicate Layer no menu do painel Layers.

2 Nomeie a nova camada como **Corrections** e clique em OK.

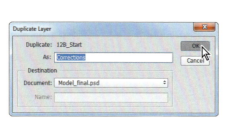 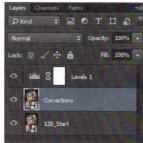

Trabalhar em uma camada duplicada preserva os pixels originais para que você possa fazer alterações mais tarde. Como você não pode fazer alterações usando as ferramentas Healing Brush em um Smart Object, comece rasterizando a camada.

3 Escolha Layer > Smart Objects > Rasterize.

4 Aplique mais zoom sobre o rosto da modelo, para vê-lo claramente.

5 Selecione a ferramenta Spot Healing Brush ( ).

6 Na barra de opções, selecione as seguintes configurações:

- Brush size: **35** px
- Mode: Normal
- Type: Content-Aware

7 Com a ferramenta Spot Healing Brush, retire o piercing do nariz. Um único clique deve bastar.

Como você selecionou a opção Content-Aware na barra de opções, a ferramenta Spot Healing Brush substitui o piercing por uma pele semelhante à que existe ao redor.

8 Pinte linhas finas ao redor dos olhos e da boca. Você também pode se livrar das sardas e erupções na face, pescoço, braços e peito da modelo. Experimente apenas clicar, usando traçados bem curtos e criando pinceladas mais longas. Você também pode experimentar com diferentes configurações. Para suavizar as rugas em torno da boca, por exemplo, selecionamos Proximity Match na barra de opções e o modo de mesclagem Lighten. Remova as linhas marcantes ou salientes, bem como as imperfeições, mas deixe o suficiente para que o rosto preserve suas características.

A ferramenta Healing Brush pode ser a melhor opção para manchas maiores. Com ela, você tem mais controle sobre os pixels que o Photoshop utiliza em sua amostragem.

9 Selecione a ferramenta Healing Brush (), oculta sob a ferramenta Spot Healing Brush (). Selecione um pincel com tamanho de **45** pixels e dureza de **100**%.

10 Pressione Alt (Windows) ou Option (Mac OS) e clique em uma área da bochecha para criar uma fonte de amostragem.

11 Pincele sobre a berruga na bochecha da modelo para substitui-la pela cor que você capturou. Mais adiante, você vai suavizar a textura.

12 Use a ferramenta Healing Brush para corrigir imperfeições que ainda restem.

13 Escolha File > Save para salvar seu trabalho.

Aprimore uma imagem com as ferramentas Dodge e Sponge

Você vai usar as ferramentas Sponge e Dodge para clarear os olhos e os lábios.

1 Selecione a ferramenta Sponge (), oculta sob a ferramenta Dodge (). Na barra de opções, certifique-se de que Vibrance está selecionado e, então, selecione as seguintes configurações:

- Brush size: **35** px
- Brush hardness: **0**%
- Mode: Saturate
- Flow: **50**%

2 Mova a ferramenta Sponge sobre a íris dos olhos para aumentar sua saturação.

3 Altere o tamanho do pincel (*brush size*) para **70** px e o fluxo (*flow*) para **10%**. Em seguida, pincele com a ferramenta Sponge sobre os lábios para saturá-los.

Você pode usar a ferramenta Sponge para dessaturar também. Você vai reduzir a vermelhidão no canto do olho.

4 Altere o tamanho do pincel (*brush size*) para **45** px e o fluxo (*flow*) para **50%**. Em seguida, escolha Desaturate no menu Mode, na barra de opções.

5 Pincele sobre o canto do olho para reduzir o vermelho.

6 Selecione a ferramenta Dodge (), oculta sob a ferramenta Sponge.

7 Na barra de opções, altere o tamanho do pincel para **60** px e a Exposure para **10%**. Escolha Highlights no menu Range.

8 Pincele a ferramenta Dodge sobre os olhos – o branco e a íris – para clareá--los.

9 Com a ferramenta Dodge ainda selecionada, selecione Shadows no menu Range, na barra de opções.

10 Utilize a ferramenta Dodge para clarear a área sombreada acima dos olhos e as áreas em torno da íris para ressaltar a cor.

Ajuste os tons de pele

No Photoshop, você pode selecionar um intervalo de cores voltado exclusivamente aos tons de pele, de modo a facilitar o ajuste dos níveis e o tom da cor da pele, sem afetar a imagem inteira. O intervalo de cores do tom de pele seleciona outras áreas da imagem com uma cor semelhante, mas se você estiver fazendo pequenos ajustes, isso também é aceitável.

1 Escolha Select > Color Range.

2 Na caixa de diálogo Color Range, escolha Skin Tones (tons de pele) no menu Select. A visualização mostra que grande parte da imagem foi selecionada.

3 Selecione Detect Faces.

A visualização na seleção muda. Agora, o rosto, os brilhos do cabelo e as áreas mais claras do vestido estão selecionados.

4 Diminua o controle deslizante Fuzziness para **10** a fim de refinar a seleção. Em seguida, clique em OK.

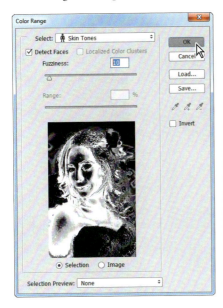 

A seleção aparece na própria imagem na forma de linhas pontilhadas animadas (às vezes chamadas de *formigas marchando*). Você vai aplicar uma camada de ajuste Curves à seleção para reduzir o vermelho do tom da pele.

5 Clique no ícone Curves no painel Adjustments.

O Photoshop acrescenta uma camada de ajuste Curves acima da camada Corrections.

6 Escolha Red no menu do canal de cores, no painel Properties. Em seguida, clique no meio do gráfico e puxe a curva ligeiramente para baixo. As áreas selecionadas ficam menos avermelhadas. Cuidado para não baixar demais a curva, senão uma projeção esverdeada aparecerá. Você pode ver o resultado de suas alterações clicando no botão Toggle Layer Visibility.

Como você selecionou os tons de pele antes de aplicar a camada de ajuste Curves, a cor da pele muda, mas o plano de fundo permanece igual. Os ajustes acabam afetando alguns outros detalhes da imagem além da pele em si, mas o efeito mescla-se bem e é sutil.

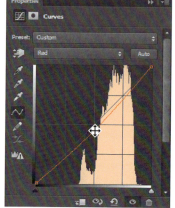

Aplique desfoque superficial

Sua modelo está quase pronta. Como toque final, você aplicará o filtro Surface Blur para dar a ela uma aparência suave.

1 Selecione a camada Corrections e escolha Layer > Duplicate Layer. Nomeie a camada como **Surface Blur** e clique em OK na caixa de diálogo Duplicate Layer.

2 Com a camada Surface Blur selecionada, escolha Filter > Blur > Surface Blur.

3 Na caixa de diálogo Surface Blur, deixe o parâmetro Radius em **5** pixels e mude o parâmetro Threshold para **10** níveis. Em seguida, clique em OK.

O filtro Surface Blur deixou a modelo com uma aparência um tanto vítrea. Para reduzir seu efeito, você vai diminuir a opacidade do desfoque.

4 Com a camada Surface Blur selecionada, mude o parâmetro Opacity para **40**% no painel Layers.

 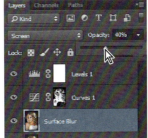

Agora, ela apresenta um visual mais natural, mas você pode aplicar o desfoque superficial com mais precisão usando a ferramenta Eraser.

5 Selecione a ferramenta Eraser (). Na barra de opções, selecione um pincel entre **10** e **50** pixels, com rigidez de **10**%. Ajuste a Opacity em **90**%.

6 Pincele sobre os olhos, as sobrancelhas, as linhas de definição do nariz e os detalhes do vestido. Você está apagando parte da camada desfocada para permitir que a camada mais nítida abaixo se sobressaia nessas áreas.

7 Diminua o zoom para poder ver a imagem inteira.

8 Salve seu trabalho.

9 Escolha Layer > Flatten Image para achatar as camadas e reduzir o tamanho da imagem.

10 Salve a imagem novamente, e feche-a.

Você tirou proveito de recursos tanto do Camera Raw quanto do Photoshop para ajudar a valorizar ao máximo esta noiva. Você pode alternar entre o Photoshop e o Camera Raw para realizar diferentes tarefas à medida que aperfeiçoa e aprimora uma imagem.

HDR e panoramas no Camera Raw

Quando você seleciona mais de uma imagem no Camera Raw, pode optar por mesclar em HDR (Merge to HDR) ou mesclar em panorama (Merge to Panorama) no menu Filmstrip. HDR (*high dynamic range*) exige exposições mais escuras e mais claras da mesma composição, ao passo que panoramas exigem múltiplas exposições compondo uma cena mais ampla. O Photoshop também possui recursos para HDR e panoramas, mas o processo mais novo no Camera Raw é mais simples, oferece visualização, pode processar plano de fundo e produz um arquivo DNG que você pode editar no Camera Raw com flexibilidade de um formato de imagem *raw*.

LIÇÃO 12 | **293**
Trabalhe com Camera Raw

Extras

Pinte com a luz: use o Camera Raw como um filtro

Além de abrir arquivos no Camera Raw para iniciar o processo de edição, você pode aplicar configurações do Camera Raw como um filtro em qualquer arquivo no Photoshop. Você usará o Camera Raw como um filtro para fazer ajustes nessa imagem de natureza-morta. Para começar, você vai converter a imagem em um Smart Object para usar o Camera Raw como um Smart Filter, aplicando alterações sem afetar o arquivo original.

1 No Photoshop, escolha File > Open. Navegue até a pasta Lessons/Lesson12 e clique duas vezes no arquivo Fruit.jpg para abri-lo.

2 Escolha Filter > Convert for Smart Filters. Clique em OK na caixa de diálogo informativa.

3 Escolha Filter > Camera Raw Filter. A imagem abre no Camera Raw.

Você converteu a imagem em um Smart Filter para poder aplicar o Camera Raw como um Smart Filter. Você também pode aplicar o Camera Raw como um filtro padrão, mas, neste caso, não poderá retornar para ajustar suas configurações ou ocultar os ajustes no seu arquivo de imagem.

4 Selecione a ferramenta Adjustment Brush na barra de ferramentas.

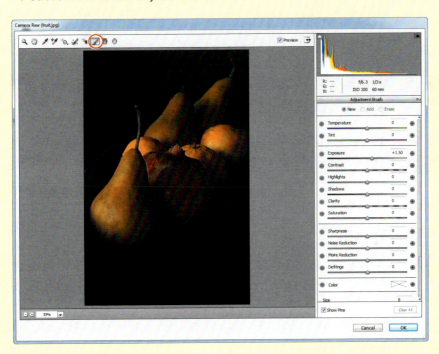

Continua na próxima página

Extras (continuação)

Com a ferramenta Adjustment Brush no Camera Raw, você pode aplicar ajustes de exposição, brilho, clareza, entre outras, em áreas específicas de uma foto ao pintar diretamente sobre elas. A ferramenta Graduated Filter é similar, mas aplica os mesmos tipos de ajuste gradualmente ao longo de uma região definida por você na foto.

5   No painel Adjustment Brush, altere Exposure para **+1.50**. Em seguida, na base do painel, altere Size para **8** e Feather para **85**.

6   Pincele as frutas nas áreas em que você deseja aumentar a exposição, revelando mais suas cores. Continue pincelando até as frutas ficarem bem brilhosas.

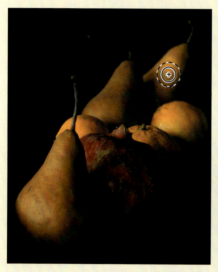 

7   Depois de pincelar todas as frutas, reduza a configuração Exposure no painel Adjustment Brush para que a imagem pareça mais realista.

8   Para ver no Camera Raw como suas mudanças afetaram a imagem, clique no botão Before/After Views na base da janela da imagem e escolha Before/After Left/Right no menu pop-up.

9   Quando você estiver satisfeito com as alterações, clique em OK.

O Photoshop exibe a imagem. No painel Layers, o filtro Camera Raw está abaixo do nome da camada. Você pode alternar o ícone de visibilidade para o filtro Camera Raw para ver a imagem antes e depois do ajuste.

Perguntas de revisão

1 O que acontece com as imagens *raw* quando você as edita no Camera Raw?

2 Qual é a vantagem do formato de arquivo Adobe Digital Negative (DNG)?

3 Como você pode aplicar as mesmas configurações em várias imagens no Camera Raw?

4 Como você pode aplicar o Camera Raw como um filtro?

Respostas

1 Um arquivo *raw* contém dados de imagem não processados provenientes do sensor de imagem de uma câmera digital. Arquivos *raw* proporcionam aos fotógrafos controle sobre a interpretação dos dados, em vez de deixar que a câmera faça os ajustes e conversões. Quando você edita uma imagem no Camera Raw, ele preserva os dados do arquivo *raw* original. Assim, você pode editar a imagem como bem entender, e manter o original intacto para uso futuro ou para novos ajustes.

2 O formato Adobe Digital Negative (DNG) contém dados brutos da imagem provenientes de uma câmera digital, bem como os metadados que definem o que os dados da imagem significam. O DNG é um formato padrão utilizado por toda a indústria para dados de imagem *raw*, ajudando os fotógrafos a gerenciar formatos *raw* patenteados e fornecendo um formato de arquivo compatível.

3 Para aplicar as mesmas configurações em várias imagens, selecione as imagens na fita de filme, clique no botão Filmstrip do menu e escolha Sync Settings. Em seguida, selecione as configurações que deseja aplicar e clique em OK.

4 Para aplicar o Camera Raw como um filtro, escolha Filter > Camera Raw Filter no Photoshop. Faça as alterações que quiser no Camera Raw e depois clique em OK. Se quiser ter a opção de editar as alterações depois, aplique o Camera Raw como um Smart Filter.

13 PREPARE ARQUIVOS PARA A WEB

Visão geral da lição

Nesta lição, você vai aprender a:

- Criar e estilizar um botão de navegação para um site.
- Utilizar grupos de camadas.
- Otimizar imagens para a Web e tomar boas decisões de compressão.
- Gravar uma ação para automatizar uma série de passos.
- Reproduzir uma ação para afetar várias imagens.
- Salvar recursos usando o Adobe Generator.
- Avaliar recursos e revisá-los com o Generator.
- Projetar diversos tamanhos de tela com várias pranchetas (*artboards*) e testá-los com o Adobe Preview CC.

Esta lição levará aproximadamente 1 hora para ser concluída. Faça download dos arquivos de projeto Lesson13 a partir da página do livro no site www.grupoa.com.br, caso ainda não tenha feito isso. Ao trabalhar nesta lição, você preservará os arquivos iniciais. Se precisar restaurá-los, você pode baixá-los novamente a partir do site.

PROJETO: SITE DE MUSEU

Muitas vezes, em um site, você precisa criar imagens separadas para botões e outros objetos. Com o Adobe Generator, incluído no Photoshop, fica fácil salvar camadas, grupos de camadas e pranchetas na forma de arquivos de imagem separados.

Introdução

Nesta lição, você vai preparar botões de navegação para a página inicial do site de um museu de arte espanhol, e gerar arquivos com imagens gráficas apropriadas para cada botão. Você vai usar grupos de camadas para montar os botões, e criar ações para preparar um conjunto de imagens a ser usadas como um segundo grupo de botões. Primeiro, você vai visualizar o design final para a Web.

1 Inicie o Photoshop e pressione Ctrl+Alt+Shift (Windows) ou Command+Option+Shift (Mac OS) para restaurar as preferências padrão. (Consulte "Restaure as preferências padrão", na página 4.)

2 Quando solicitado, clique em Yes para excluir o arquivo de configurações do Adobe Photoshop (Adobe Photoshop Settings).

3 Escolha File > Browse In Bridge.

● **Nota:** Se o Bridge não estiver instalado, você será instado a instalá-lo quando escolher Browse In Bridge. Para mais informações, veja a página 2.

4 No Bridge, clique em Lessons no painel Favorites. Clique duas vezes na pasta Lesson13 no painel Content.

5 Visualize o arquivo 13End.psd no Bridge.

Há oito botões na parte de baixo da página, organizados em duas fileiras. Você vai transformar imagens em botões para a fileira de cima e utilizar uma ação para preparar os botões para a segunda fileira.

6 Dê um clique duplo na miniatura 13Start.psd para abrir o arquivo no Photoshop. Clique em OK se a caixa de diálogo Missing Profile aparecer.

7 Escolha File > Save As e renomeie o arquivo como **13Working.psd**. Clique em OK na caixa de diálogo Photoshop Format Options.

Utilize grupos de camadas para criar imagens na forma de botões

Com grupos de camadas, fica mais fácil organizar e trabalhar com camadas em imagens complexas, especialmente quando há conjuntos de camadas que funcionam juntas. Você usará grupos de camadas para montar as camadas que compõem cada botão, e eles vão ser úteis quando você salvar recursos usando o Adobe Generator mais tarde.

Quatro imagens foram preparadas no arquivo inicial como base para os botões. Você nomeará cada um deles, identificando a galeria que representam, e depois vai adicionar uma sombra projetada e um retoque final.

Crie o primeiro botão de navegação

Você vai fazer o design do primeiro botão, e depois vai duplicar e editar as camadas para aplicar o mesmo tratamento aos outros três botões. Para começar, você vai modificar as unidades de medida para pixels.

1 Escolha Edit > Preferences > Units & Rulers (Windows) ou Photoshop CC > Preferences > Units & Rulers (Mac OS). Na área Units da caixa de diálogo, escolha Pixels no menu Rulers, e clique em OK.

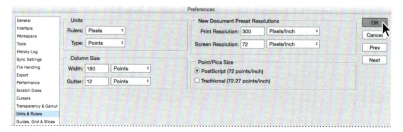

2 Escolha View > Snap para desativar a ferramenta de adesão. (Uma marca de verificação aparece ao lado de Snap quando a opção está habilitada.)

3 Escolha Window > Info para abrir o painel Info.

O painel Info exibe informações de forma dinâmica enquanto você move o ponteiro ou faz seleções. O tipo de informação exibida depende da ferramenta selecionada. Você usará esse recurso para determinar a posição da guia de régua (baseada na coordenada Y) e o tamanho de uma área selecionada por você (em termos de altura e largura). Ele também é bastante útil para ver os valores de cor RGB e CMYK em uma imagem.

4 Escolha View > Rulers. Em seguida, arraste a guia de régua para baixo até que o valor Y informado no painel Info seja de 795 pixels.

Você usará essa referência para desenhar uma faixa ao longo da base para servir de rótulo à imagem.

5 Aumente o zoom na primeira imagem, aquela que mostra um homem. Em seguida, selecione Image 1 no painel Layers.

Você usará a imagem para o design do primeiro botão de navegação.

6 Clique no botão New Layer (), posicionado no final do painel Layers. A nova camada recebe o nome de Layer 13 e aparece logo acima da camada Image 1. Renomeie-a como **band**.

7 Selecione a ferramenta Rectangular Marquee () no painel Tools. Depois, arraste uma seleção pela parte inferior da imagem, conforme indicado pela referência. A seleção deve ter 180 pixels de largura e 32 de altura.

8 Escolha Edit > Fill. Na caixa de diálogo Fill, escolha Color no menu Contents e, então, na seção Color Picker, escolha um azul-escuro (R=**25**, G=**72**, B=**121**). Clique em OK para aplicar o preenchimento.

LIÇÃO 13 | **301**
Prepare arquivos para a Web

Uma faixa azul-escuro aparece na base da imagem, onde você fez a seleção. Agora você vai adicionar texto a ela.

9 Escolha Select > Deselect.

10 Selecione a ferramenta Horizontal Type e, na barra de opções, selecione as seguintes configurações:

- Font Family: Myriad Pro
- Font Style: Regular
- Font Size: **18** pt
- Anti-aliasing: Strong
- Alignment: Center
- Color: Branco

11 Clique no centro da faixa azul e digite **GALLERY ONE**. Utilize a ferramenta Move para ajustar a posição da camada de texto, se necessário.

O rótulo está no lugar. Você adicionará uma sombra projetada e um retoque para aprimorar a aparência do botão de navegação.

12 Selecione a Imagem 1 no painel Layers. Em seguida, clique no botão Add Layer Style (*fx*) na parte inferior do painel Layers e escolha Drop Shadow.

13 Na caixa de diálogo Layer Styles, modifique as seguintes configurações na área Structure:

- Opacity: **27**%
- Distance: **9** px
- Spread: **19**%
- Size: **18** px

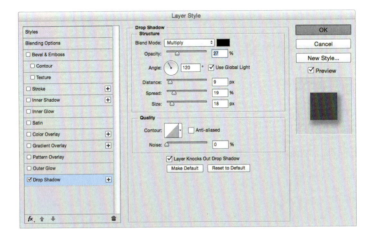

● **Nota:** Certifique-se de clicar na palavra Stroke. Se você clicar apenas na caixa de seleção, o Photoshop aplicará o estilo de camada com suas configurações padrão, mas você não verá as opções.

14 Com a caixa de diálogo Layer Style ainda aberta, selecione Stroke à esquerda e aplique as seguintes configurações:

- Size: **1** px
- Position: Inside
- Color: clique na amostra de cor para abrir o Color Picker. Em seguida, clique na faixa azul para capturar essa cor e clique em OK para selecioná-la.

15 Clique em OK para aplicar os dois estilos de camada.

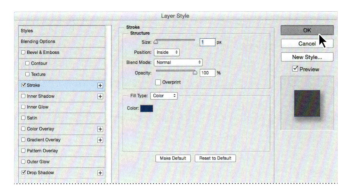

O botão de navegação parece bom. Agora você vai montar todas as camadas em um mesmo grupo.

16 Selecione as camadas GALLERY ONE, band e Image 1 no painel Layers, e escolha Layer > Group Layers.

O Photoshop cria um grupo chamado Group 1.

17 Dê um clique duplo no grupo de camadas Group 1 e renomeie-a como **Gallery 1**. Então, expanda o grupo. As camadas que você selecionou ficam listadas em cascata, indicando que fazem parte desse grupo.

 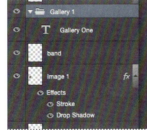

18 Escolha File > Save.

Duplique os botões de navegação

Você desenhou o botão de navegação inicial. Você poderia avançar por todos esses passos novamente para criar os outros três botões, mas será mais rápido duplicar camadas ou mesmo grupos de camadas, para então editá-las conforme necessário.

1 Clique no botão Create A New Group, posicionado no final do painel Layers. Dê o nome de Gallery 2 ao grupo.

2 Arraste Image 2 para dentro do grupo de camadas Gallery 2, e então pressione Alt ou Option ao arrastar a linha Effects ou o símbolo (fx) da Image 1 para a Image 2.

A sombra projetada e o retoque que você aplicou na Image 1 são aplicados nas duas imagens agora.

3 Selecione a camada band e escolha Duplicate Layer no menu do painel Layers. Nomeie-a como **band 2** e arraste-a para dentro do grupo de camadas Gallery 2, acima da camada Image 2.

▶ **Dica:** Você pode duplicar camadas arrastando para baixo uma camada até o ícone New Layer no painel Layers.

4 Selecione a ferramenta Move e, na janela da imagem, arraste a camada duplicada da faixa desde a primeira imagem até a segunda.

5 Selecione a camada GALLERY ONE e escolha Duplicate Layer no menu do painel Layers. Dê o nome de **GALLERY TWO** à camada duplicada e arraste-a para dentro do grupo de camadas Gallery 2, acima da camada band 2.

▶ **Dica:** Pressione a tecla Shift ao mover texto, para arrastá-lo em linha reta.

6 Utilize a ferramenta Move para arrastar o texto duplicado desde a primeira imagem até a faixa na segunda imagem. Em seguida, selecione a ferramenta Horizontal Type e mude o texto para **GALLERY TWO**.

O segundo botão de navegação está pronto. Você criará um terceiro botão duplicando o grupo de camadas inteiro e fazendo as alterações necessárias.

7 Selecione a camada Gallery 2 e escolha Duplicate Group no menu do painel Layers. Renomeie o grupo como **GALLERY 3**.

8 Delete a camada Image 2 no grupo de camadas Gallery 3, e então arraste a Image 3 para dentro do grupo, abaixo da camada band 2.

9 Pressione Alt ou Option à medida que arrasta os efeitos de camada da camada Image 2 (no grupo de camadas Gallery 2) para dentro da camada Image 3, a fim de copiá-las.

10 No grupo de camadas Gallery 3, renomeie a camada band 2 como **band 3** e selecione-a. Depois, na janela de imagem, arraste a faixa azul da segunda imagem para a terceira imagem.

11 Renomeie a camada de texto no grupo Gallery 3 como **GALLERY THREE**. Então, selecione a camada e arraste o texto duplicado da segunda imagem até a faixa azul na terceira imagem. Por fim, selecione a ferramenta Horizontal Type e mude o texto para **GALLERY THREE**.

12 Repita os passos de 1 a 6 ou de 7 a 11 para copiar os elementos de design para o quarto botão de navegação.

13 Salve e feche o arquivo.

Automatize uma tarefa de vários passos

Uma *ação* é um conjunto de um ou mais comandos que você grava para reproduzir e aplicar mais tarde em um único arquivo ou em um lote de arquivos. Neste exercício, você criará uma ação para preparar um grupo de imagens que vão servir de botões em galerias adicionais na página da Internet que você está projetando.

▶ **Dica:** Você pode criar ações adicionais que mudam de comportamento conforme critérios definidos por você.

Grave uma ação

Você começará gravando uma ação que redimensiona uma imagem, modifica o tamanho do seu enquadramento e adiciona camadas de estilo, para que os botões adicionais coincidam com aqueles que você já criou. Você recorre ao painel Actions para gravar, reproduzir, editar e deletar ações individuais. O painel Actions também é usado para salvar e carregar arquivos de ação.

Há quatro imagens na pasta Buttons que vão servir de base para os novos botões de galerias no seu site. Como as imagens são grandes, a primeira coisa que você precisa fazer é redimensioná-las para que coincidam com os botões já existentes. Você vai executar cada um dos passos no arquivo Gallery5.jpg à medida que grava a ação. Posteriormente, vai reproduzir a ação para fazer as mesmas alterações automaticamente nas outras imagens da pasta.

1 Escolha File > Open e navegue até a pasta Lesson13/Buttons. Dê um clique duplo no arquivo Gallery5.jpg para abri-lo no Photoshop.

2 Escolha Window > Actions para abrir o painel Actions. Feche a pasta Default Actions para manter o painel Actions organizado.

3 Clique no botão Create New Set (), no final do painel Actions. Na caixa de diálogo New Set, nomeie o conjunto como **Buttons**.

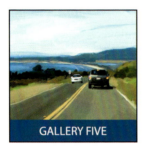
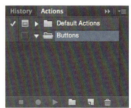

O Photoshop já vem com diversas ações pré-gravadas, todas no conjunto Default Actions. Você pode usar conjuntos de ações para organizar suas ações para ficar mais fácil de encontrar aquela que deseja.

4 Clique no botão Create New Action (), no final do painel Actions. Nomeie a ação como **Resizing and Styling Images**, e clique em Record.

É recomendável nomear as ações deixando claro o que cada uma delas faz, facilitando sua identificação posteriormente.

Você não deve se apressar só porque está gravando uma ação. Use todo o tempo que precisar para proceder de maneira precisa. A velocidade com que você avança não tem efeito algum sobre o tempo necessário para reproduzir uma ação gravada.

Você começará por redimensionar e aumentar a nitidez da imagem.

5 Escolha Image > Image Size. No menu Units, escolha Pixels para a largura (Width), e depois mude Width para **180**. Por padrão, os valores de altura (Height) e largura são vinculados. Confirme que Height também passa a ser de **180** pixels. Em seguida, clique em OK.

6 Escolha Filter > Sharpen > Smart Sharpen, aplique as configurações a seguir e clique em OK:

- Amount: **100**%
- Radius: **1** px

Você precisa fazer modificações adicionais na imagem, mas isso só é possível depois que a camada Background é destravada. Você a converterá em uma camada normal.

7 No painel Layers, dê um clique duplo no nome da camada Background. Na caixa de diálogo New Layer, nomeie a camada como **Button** e clique em OK.

Quando você renomeia a camada Background, ela é convertida em uma camada normal, e o Photoshop exibe a caixa de diálogo New Layer. Mas a nova camada substitui a camada Background; o Photoshop não acrescenta uma camada na imagem.

Agora que você converteu a camada Background, já pode alterar o tamanho do enquadramento e adicionar estilos de camada.

8 Escolha Image > Canvas Size e faça o seguinte:
- Certifique-se de que o quadro da imagem está medido em pixels.
- Mude a largura (Width) para **220** pixels e a altura (Height) para **220** pixels.
- Clique no centro do quadrado, na área de ancoragem, para assegurar que o quadro se estende igualmente para todos os lados.
- Clique em OK.

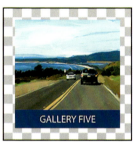

9 Escolha Layer > Layer Style > Drop Shadow.

10 Na caixa de diálogo Layer Style, aplique as seguintes configurações:
- Opacity: **27**%
- Angle: **120**°
- Distance: **9** px
- Spread: **19**%
- Size: **18** px

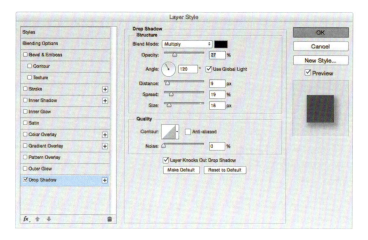

11 Com a caixa de diálogo Layer Style ainda aberta, selecione Stroke à esquerda e aplique as seguintes configurações:

- Size: **1** px
- Position: Inside
- Color: clique na amostra de cor para abrir o Color Picker. Em seguida, clique na faixa azul para capturar a cor e clique em OK para selecioná-la.

● **Nota:** Certifique-se de clicar na palavra Stroke. Se você clicar apenas na caixa de seleção, o Photoshop aplicará o estilo de camada com suas configurações padrão, mas você não verá as opções.

12 Clique em OK para aplicar os dois estilos de camada.

13 Escolha File > Save As, escolha Photoshop para o formato e clique em Save. Em seguida, feche o arquivo.

14 Clique no botão Stop Recording na parte inferior do painel Actions.

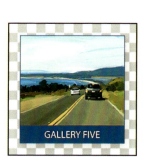

A ação que você acabou de gravar (Resizing and Styling Images) agora está salva no conjunto Buttons no painel Actions. Clique nas setas para expandir diferentes conjuntos de passos. Você pode examinar cada passo gravado e as seleções específicas que fez.

Reproduza uma ação em lote

Aplicar ações é um processo que economiza tempo para tarefas rotineiras em arquivos, mas você pode agilizar ainda mais seu trabalho aplicando ações em vários arquivos de uma só vez. Você aplicará a ação que acabou de criar nas três imagens restantes.

1 Escolha File > Open e navegue até a pasta Lesson13/Buttons. Pressionando a tecla Shift, selecione os arquivos Gallery6.jpg, Gallery7.jpg e Gallery8.jpg e clique em Open.

2 Escolha File > Automate > Batch.

3 Na caixa de diálogo Batch, faça o seguinte:

- Confirme se Buttons está selecionado no menu Set e se Resizing and Styling Images – a ação que você acabou de criar – está selecionada no menu Action.
- No menu Source, escolha Opened Files.
- Certifique-se de que a opção None está selecionada como Destination.
- Clique em OK.

O Photoshop reproduz a ação, aplicando seus passos em todos os arquivos que estão abertos. Você também pode aplicar uma ação em uma pasta de imagens sem precisar abri-las.

Como você salvou o arquivo e o fechou enquanto estava gravando a ação, o Photoshop salva cada uma das imagens na forma de um arquivo PSD em sua pasta original, fechando o arquivo posteriormente.

Organize arquivos no Photoshop

As quatro imagens de botão adicionais estão prontas para serem incluídas no design da página. Você deve ter percebido que cada uma já tem uma faixa azul com o respectivo nome da galeria incluído na imagem, poupando-o de realizar esses passos. Elas estão prontas para serem usadas.

1 Escolha File > Open, navegue até a pasta Lesson13 e clique duas vezes no arquivo 13Working.psd para abri-lo no Photoshop.

2 No painel Layers, selecione o nome de um grupo de camadas ou a camada de logotipo. Novas camadas são adicionadas acima da camada selecionada; não as adicione ao grupo de camadas Gallery 4.

3 Escolha File > Place Embedded.

Você vai incluir esses arquivos na forma de Smart Objects incorporados. Como eles são incorporados, a imagem inteira é incluída no arquivo do Photoshop.

4 Na caixa de diálogo Place Embedded, navegue até a pasta Lesson13/Buttons e clique duas vezes no arquivo Gallery5.psd.

O Photoshop coloca o arquivo Gallery5.psd no centro do arquivo 13Working.psd. Mas este não é o local que você quer. Por isso, vai trocá-lo de lugar.

5 Arraste a imagem para baixo do botão Gallery One. Utilize as linhas de referência para posicionar a imagem. Quando estiver no lugar certo, pressione Enter ou Return para confirmar a mudança.

6 Repita os passos 2 a 4 para posicionar os arquivos Gallery6.psd, Gallery7.psd e Gallery8.psd de tal modo que eles se alinhem abaixo dos botões Gallery Two, Gallery Three e Gallery Four.

7 Escolha File > Save para salvar seu trabalho.

Salve recursos de imagem com o Adobe Generator

Quando você está preparando arquivos para um site, muitas vezes precisa criar arquivos de imagem separados para botões e outros conteúdos. Com o Adobe Generator, você pode gerar facilmente uma imagem JPEG, PNG ou GIF a partir dos conteúdos de uma camada ou de um grupo de camadas em um arquivo Photoshop, bastando para isso renomear a camada ou o grupo de camadas. Você pode anexar a extensão de arquivo apropriada para salvar uma imagem com configurações padrão, mas também pode especificar parâmetros de qualidade e de tamanho para a imagem, tudo isso determinado pelo nome que você escolhe.

Renomeie camadas e grupos de camadas

Você vai gerar recursos a partir do arquivo 13Working.psd para um site. Inicialmente, você salvará apenas um dos botões, para poder visualizar a imagem gerada e ver se ela atende às suas necessidades.

1 Escolha File > Generate > Image Assets.

Quando você habilita o Generator, ele continua habilitado para o documento atual até que você volte a desabilitá-lo. Trata-se de um ambiente de documento específico, o que significa que ele pode ser habilitado para um determinado arquivo PSD em que você esteja trabalhando, mas não para outro.

LIÇÃO 13 | 313
Prepare arquivos para a Web

2 No painel Layers, dê um clique duplo no nome do grupo de camadas Gallery 1 e renomeie-o como **gallery1.jpg5**.

A extensão JPG especifica que os recursos de imagem resultantes devem ser um arquivo JPEG. O 5 especifica uma qualidade de 50%. (Consulte o quadro "Especifique parâmetros de qualidade e tamanho nos recursos gerados" ao final desta lição.)

3 Renomeie a camada New Wing como **new--wing.gif**.

Ao atribuir nomes a camadas e grupos de camadas para gerar recursos de imagem, é recomendável usar nomes que não incluam espaços ou caracteres especiais.

4 Renomeie a camada Logo como **logo.jpg5**.

● **Nota:** Suas camadas podem ficar em uma ordem diferente, dependendo de como você copiou as pastas de galerias e organizou os respectivos arquivos. A ordem das camadas não tem importância.

Você não verá mudança alguma no arquivo Photoshop em si ao gerar recursos de imagem. Mas o Adobe Generator salva a camada ou o grupo de camadas renomeado no formato especificado em uma subpasta junto com o arquivo-fonte PSD. Neste caso, os recursos que você gerou são salvos na pasta Lesson13/13Working-assets.

Se você gerar um recurso a partir de um grupo de camadas, o grupo é achatado para que seja produzida a imagem resultante.

Avalie e revise recursos gerados

Examine os recursos que você gerou, para garantir que eles atendem às suas necessidades. Você pode avaliá-los rapidamente usando o Bridge.

1 Escolha File > Browse In Bridge para abrir o Adobe Bridge.

2 Navegue até a pasta Lesson13/13Working-assets.

Há três imagens nesta pasta: gallery1.jpg, logo.jpg e new-wing.gif. Todas cercadas por uma borda branca. Isso é adequado para botões e logotipos, já que estão sobre um fundo branco no site. Porém, como a arte de New Wing se sobrepõe com outra imagem, a borda branca não serve. Além disso, as imagens parecem todas pixeladas. O tamanho dos arquivos está muito pequeno, não dando margem para melhorar suas resoluções. Você retornará ao Photoshop para gerar recursos de imagem outra vez, só que usando configurações diferentes.

Primeiro, você vai aumentar a qualidade dos arquivos de botão de galeria e de logotipo de 50 para 100%.

3 No Photoshop, renomeie o grupo de camadas gallery1.jpg5 como **gallery1.jpg10**. Em seguida, renomeie a camada logo.jpg5 como **logo.jpg10**.

Depois disso, você vai experimentar um formato diferente para a imagem New Wing. Imagens GIF são salvas com uma borda branca, mas imagens PNG apresentam sombras e um fundo semitransparente.

4 Renomeie a camada new-wing.gif como **new-wing.png**.

5 Retorne ao Bridge.

A imagem ficou melhor. O tamanho dos seus arquivos está bem maior, mas ainda razoáveis para serem usados na Web. Essas configurações devem funcionar.

6 Retorne ao Photoshop e renomeie cada um dos grupos de camadas de galerias e as camadas das galerias 5 a 8, anexando **.jpg10** a cada um para gerar o restante dos botões.

Para gerar recursos de imagem, basta renomear as camadas e os grupos de camadas, mas o processo de renomeação ainda pode ser maçante se você tiver um grande número de camadas para renomear. Para reduzir possíveis frustrações, comece testando suas configurações em uma única camada ou grupo de camadas antes de renomeá-las.

Crie vários tamanhos e formatos de imagem a partir de uma mesma camada

Se você está preparando imagens para impressão, sabe como elas serão vistas pelas pessoas, e pode assegurar se um determinado tamanho é apropriado. No entanto, a Internet é um ambiente muito diferente. As pessoas visualizam sites em diversos tipos de dispositivos, desde celulares até computadores de mesa, e os webmasters constroem seus sites de diferentes formas. Muitas vezes, você precisa oferecer a mesma imagem em vários tamanhos e formatos, para que o mais apropriado esteja disponível para qualquer ambiente específico de visualização.

Você pode usar o Adobe Generator para criar diversas versões de um mesmo recurso de imagem adicionando nomes de arquivo à camada ou ao grupo de camadas. Você só precisa separá-las por uma vírgula para que o Generator reconheça que você deseja gerar vários recursos de imagem.

Para este projeto, você vai gerar diversas versões do logotipo, para que possa ser usado em vários sites que promovem o museu.

1 Expanda o painel Layers para que possa ver um longo nome de camada.

2 Renomeie a camada logo.jpg10 com o seguinte nome: **300% logo.jpg8, 100% logo.gif, 50% logo.png24**.

O Photoshop gera um arquivo logo.jpg que é uma imagem JPEG com qualidade de 80% redimensionada para 300%; um arquivo logo.gif que é uma imagem GIF redimensionada para 100%; e um arquivo logo.png que é uma imagem PNG de 24 bits redimensionada para 50%.

A primeira imagem é uma versão maior do logotipo, mais apropriada para um banner de página inteira na Internet. Como a camada original do logotipo é um Smart Object, ele pode ser redimensionado para 300% sem perder resolução.

Visualize imagens em um navegador

Um navegador Web exibe arquivos de imagem a 72 dpi. Você pode comparar as versões do logotipo geradas para ver como foram dimensionadas.

1 Abra um navegador Web.

2 Escolha File > Open File e navegue até a pasta Lesson13/13Working-assets.

3 Dê um clique duplo no arquivo logo.jpg para abri-lo.

O logotipo tem três vezes seu tamanho original, mas continua com a mesma resolução.

4 Abra o arquivo logo.png.

Ele tem metade do tamanho que tinha no arquivo do Photoshop.

Você conseguiu gerar as imagens que precisava para construir o site.

5 Retorne ao Photoshop. Escolha File > Generate > Image Assets. Os recursos de imagem que você gerou não são afetados, mas o Generator é desabilitado.

6 Salve e feche o arquivo.

LIÇÃO 13 **317**
Prepare arquivos para a Web

Especifique parâmetros de qualidade e tamanho nos recursos gerados

Quando você renomeia uma camada ou um grupo de camadas apenas com a extensão de arquivo anexada (.jpg, .png ou .gif), o Generator utiliza configurações padrão para criar os recursos de imagem. Arquivos JPEG são gerados a 90% de qualidade; recursos PNG são gerados como imagens de 32 bits; e recursos GIF incluem transparência alfa básica.

Para gerar recursos com diferentes parâmetros, adicione mais informações ao nome.

Especifique a qualidade de um recurso

- Para especificar a qualidade de um recurso JPEG, adicione um número de 1 a 10 ou uma porcentagem de 1 a 100% na forma de sufixo. (Por exemplo: tanto .jpg6 quanto .jpg60% criam arquivos JPEG com 60% de qualidade.)
- Para especificar se um arquivo PNG é de 8, 24 ou 32 bits, adicione o número como um sufixo. (Gallery1.png32 gera um arquivo PNG de 32bits.)
- Parâmetros de qualidade não estão disponíveis para imagens GIF.

Especifique o tamanho da imagem

Para especificar o tamanho final de uma imagem, adicione um prefixo, seguido de um espaço, antes do nome do recurso. Você pode especificar uma porcentagem ou um tamanho absoluto. A unidade padrão é pixels; especifique outras unidades – polegadas, cm ou mm – no nome. Você também pode misturar unidades. O mesmo método de nomeação se aplica a imagens JPEG, PNG e GIF.

Se o nome do seu recurso fosse Gallery1, por exemplo, você poderia usar os seguintes prefixos:

- 200% Gallery1.jpg dimensiona a imagem em 200%.
- 300 x 200 Gallery1.png dimensiona a imagem em 300x200 pixels.
- 10in x 200mm Gallery1.gif dimensiona a imagem em 10 polegadas por 200 milímetros.

Extras

Projetos para dispositivos móveis com pranchetas (*artboards*)

Com as pranchetas (*artboards*), ficou mais fácil criar interfaces de usuário e sites para dispositivos móveis. Você pode usar pranchetas para criar variações de design em um mesmo documento, como muitos usuários do Adobe Illustrator CC já sabem. No Photoshop, as pranchetas são um tipo especial de grupo de camadas; por isso, você trabalha com pranchetas no painel Layers. Vamos copiar o arquivo final desta lição e formatá-lo para o tamanho de tela de um iPhone 6 Plus.

1. Abra 13End.psd e salve-o com outro nome.
2. Escolha Select > All Layers.
3. Escolha Layer > New > Artboard From Layers, nomeie-o como **Museo Arte Computer** e clique em OK. O design deste site é voltado para computador.
4. Com a prancheta Museo Arte Computer selecionada no painel Layers, escolha Layer > Duplicate Artboard. Nomeie-a como **Museo Arte iPhone 6 Plus** e clique em OK.

5. Com a nova prancheta ainda selecionada no painel Layers, escolha a ferramenta Artboard, oculta sob a ferramenta Move e, com a tecla Shift pressionada, arraste a prancheta para a direita para afastá-la da prancheta original.
6. Certifique-se de que a ferramenta Artboard está ativa e, na barra de opções, escolha iPhone 6 Plus (1242, 2208) no menu Size.
7. No painel Layers, expanda a prancheta Museo Arte iPhone 6 Plus e, com a tecla Shift pressionada, clique na primeira e na última camada apenas desta prancheta para selecionar todas as suas camadas. Escolha Edit > Free Transform, arraste com a tecla Shift pressionada a alça no canto inferior direito para dimensionar a largura do design da prancheta e, então, pressione Enter ou Return.

Teste designs de prancheta com o Adobe Preview CC

Agora usaremos o Adobe Preview CC para ver como o novo design se parece em um dispositivo de verdade. Certifique-se de que seu dispositivo está conectado ao seu computador por um cabo USB ou conectado à mesma rede wireless do computador que está rodando o Photoshop.

1. Escolha Window > Device Preview. Se o Adobe Preview CC ainda não foi instalado no seu dispositivo, clique no link Get the App e instale-o.
2. No seu dispositivo, abra o aplicativo Adobe Preview CC. Se necessário, logue-se no aplicativo com sua conta Creative Cloud.
3. O documento do Photoshop deve aparecer automaticamente no Preview CC no seu dispositivo. Escolha uma prancheta a ser visualizada a partir do menu no alto do aplicativo. Se você não estiver vendo o menu, toque na tela do dispositivo.
4. No Photoshop, edite as camadas na prancheta que você está visualizando. Oculte ou mova uma camada, por exemplo. Você verá que as suas alterações aparecem rapidamente no seu dispositivo.

Perguntas de revisão

1 O que é um grupo de camadas?

2 O que é uma ação? Como você a cria?

3 Como você pode gerar recursos de imagem a partir de grupos de camadas no Photoshop?

Respostas

1 Um grupo de camadas é um conjunto usado para facilitar a organização e o trabalho com camadas em imagens complexas, especialmente quando há conjuntos de camadas que funcionam juntas.

2 Uma ação é um conjunto de um ou mais comandos que você grava para reproduzir e aplicar mais tarde em um único arquivo ou em um lote de arquivos. Para criar uma ação, clique no botão Create New Action no painel Actions, nomeie-a e clique em Record. Então, realize as tarefas que você deseja incluir na sua ação. Depois de concluí-las, clique no botão Stop Recording na parte inferior do painel Actions.

3 Use o Adobe Generator para gerar recursos a partir de camadas e grupos de camadas no Photoshop. Primeiro, habilite o Generator para o seu documento escolhendo File > Generate > Image Assets. Em seguida, renomeie as camadas ou os grupos de camadas para anexar extensões de formato de arquivo (.jpg, .png ou .gif), bem como parâmetros de tamanho e qualidade.

14 PRODUZA E IMPRIMA CORES CONSISTENTES

Visão geral da lição

Nesta lição, você vai aprender a:

- Definir espaços de cores RGB, em escala de cinza e CMYK para exibir, editar e imprimir imagens.
- Preparar uma imagem para a impressora PostScript CMYK.
- Testar a impressão de uma imagem.
- Salvar uma imagem como um arquivo CMYK EPS.
- Criar e imprimir uma separação em quatro cores.
- Entender como as imagens são preparadas para impressão em gráficas.

 Esta lição levará aproximadamente 1 hora para ser concluída. Faça download dos arquivos de projeto Lesson14 a partir da página do livro no site www.grupoa.com.br, caso ainda não tenha feito isso. Ao trabalhar nesta lição, você preservará os arquivos iniciais. Se precisar restaurá-los, você pode baixá-los novamente a partir do site.

PROJETO: CARTÃO-POSTAL

Para produzir cores consistentes, defina o espaço de cores no qual você vai editar e exibir imagens RGB, e também o espaço de cores em que vai editar, exibir e imprimir imagens CMYK. Isso ajuda a garantir uma correspondência bem próxima entre a cor exibida em tela e a impressa.

Prepare os arquivos para impressão

Nota: Um dos exercícios nesta lição requer que o computador esteja conectado a uma impressora colorida PostScript. Se o seu não estiver, você poderá fazer a maioria dos exercícios, mas não todos.

Depois de você ter editado uma imagem para dar o efeito desejado, provavelmente vai querer compartilhá-la ou publicá-la de alguma forma. O ideal é que você já tenha editado a imagem pensando nisso, tendo gerenciado o tamanho e a resolução do arquivo, as cores e outros aspectos da imagem de acordo com seu objetivo. Mas, ao preparar o arquivo para uso final, você tem mais uma oportunidade de assegurar o melhor visual para ela.

Se você planeja imprimir a imagem – seja na sua própria impressora a jato de tinta, seja em um serviço de impressão profissional – você deve cumprir as seguintes tarefas para obter os melhores resultados. (Muitas dessas tarefas são descritas em mais detalhes ainda nesta lição.)

- Não importa se você vai imprimir o arquivo por conta própria ou enviá-lo para um serviço especializado, o que você precisa saber é em que tipo de impressora ele será impresso: PostScript, jato de tinta, offset ou outro dispositivo. Se você estiver usando um serviço de impressão, pergunte qual formato eles preferem; em geral, são arquivos em PDF.

- Verifique se a resolução da imagem é apropriada. Para impressão profissional, a resolução deve ser de 300 dpi quando o tamanho da imagem coincide com o tamanho do seu destino final. Em uma impressora jato de tinta, você deve obter os melhores resultados com uma imagem de 300 dpi, mas também é possível com uma resolução inferior; se você tem uma impressora, pode fazer experiências com as configurações para descobrir o que funciona melhor. Geralmente, 300 dpi é uma resolução segura para a maioria desses casos.

- Faça um "teste de zoom": examine a imagem bem de perto. Dê um zoom para conferir e corrigir a nitidez, o ruído e outros problemas que podem afetar a qualidade final da imagem impressa.

- Permita sangramentos (*bleeds*) se for imprimi-la em um serviço de impressão profissional: se alguma cor vazar pela extremidade da imagem, amplie o enquadramento em 0,6 cm (1/4 de polegada) em todos os lados para garantir que a cor seja impressa adequadamente, mesmo que a linha de recorte não seja exata. Seu serviço de impressão pode ajudar a determinar se a imagem apresenta sangramentos e aconselhá-lo na preparação do seu arquivo para garantir que seja impresso corretamente.

- A menos que a impressão se destine a jato de tinta, converta o arquivo para CMYK. Obs: algumas impressoras de alta qualidade são a jato de tinta; pergunte ao seu serviço de impressão em qual espaço de cor sua imagem deve ser salva.

- Comprima o arquivo para reduzir seu tamanho e garantir maior velocidade de transferência e impressão. Não se esqueça de manter uma cópia não comprimida do original para poder fazer mudanças ou para reutilizar o conteúdo mais tarde, caso necessário. O Photoshop solicita que você mescle camadas ao converter para CMYK.
- Faça uma prova digital da imagem para garantir que as cores serão impressas como você espera.

Introdução

Você vai preparar um pôster turístico de 11 x 17 polegadas (cerca de 28 x 44cm) para impressão profissional. O arquivo do Photoshop é bem pesado, já que contém diversas camadas e tem uma resolução de 300 dpi; o necessário para uma impressão de qualidade.

Primeiro, inicie o Photoshop e restaure suas preferências padrão.

1 Inicie o Photoshop e pressione Ctrl+Alt+Shift (Windows) ou Command+Option+Shift (Mac OS) para restaurar as preferências padrão. (Consulte "Restaure as preferências padrão", na página 4.)

2 Quando solicitado, clique em Yes para excluir o arquivo de configurações do Adobe Photoshop (Adobe Photoshop Settings).

3 Escolha File > Open, navegue até a pasta Lesson14 e clique duas vezes no arquivo 14Start.psd para abri-lo. Como o arquivo é bem pesado, pode demorar um pouco para abrir, dependendo do seu sistema.

4 Escolha File > Save As, navegue até a pasta Lesson14 e salve o arquivo como **14Working.psd**.

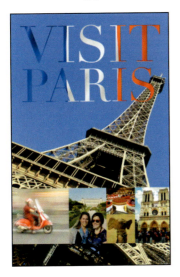

Faça um "teste de zoom"

Quando terminar de editar a imagem, reserve alguns minutos para se certificar de que tudo está apropriado para o dispositivo de destino e que nenhum detalhe problemático passou despercebido. Comece pela resolução da imagem.

1 Escolha Image > Image Size.

2 Verifique se a largura e a altura coincidem com o tamanho do destino final e se a resolução está apropriada. Para a maioria das impressões, 300 dpi produz bons resultados.

Esta imagem tem uma largura de 11 polegadas e uma altura de 17, que é o tamanho final do pôster. Sua resolução é de 300 dpi. O tamanho e a resolução estão apropriados.

3 Clique em OK para fechar a caixa de diálogo.

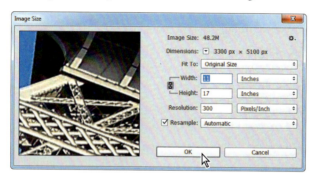

Agora, você vai examinar a imagem de perto e corrigir os problemas. Ao preparar suas imagens para impressão, aumente o zoom e role a janela para ver a imagem inteira bem de perto.

4 Selecione a ferramenta Zoom no painel Tools e dê um zoom nas fotos no terço inferior do pôster.

A foto das turistas está sem graça e com pouco contraste.

5 Selecione a camada Tourists no painel Layers e depois clique no ícone Curves, no painel Adjustments, para adicionar uma camada de ajuste do tipo Curves.

LIÇÃO 14 | **325**
Produza e imprima cores consistentes

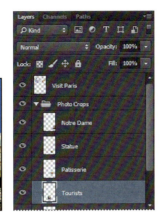

6 Clique no botão Clip To Layer (), ao final do painel Properties, para criar uma máscara de corte.

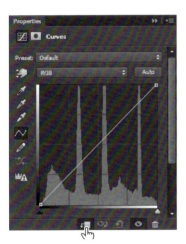

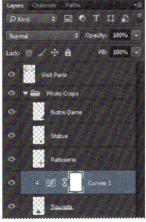

A máscara de corte garante que a camada de ajuste afetará apenas a camada diretamente abaixo dela no painel Layers.

7 No painel Properties, selecione a ferramenta de conta-gotas White Point e clique na área clara do prédio atrás das turistas para clarear e corrigir as cores da imagem.

A imagem das turistas ficou melhor. Mas a imagem da estátua está sem graça e precisando de contraste. Você vai corrigir isso com uma camada de ajuste do tipo Levels.

8 Selecione a camada Statue no painel Layers e clique no ícone Levels, no painel Adjustments, para adicionar uma camada de ajuste do tipo Levels.

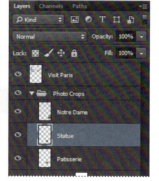

9 Clique no botão Clip To Layer, na parte de baixo do painel Properties, para criar uma máscara de corte, de modo que a camada de ajuste afete apenas a camada da estátua.

10 No painel Properties, clique no ícone Calculate A More Accurate Histogram para recalcular a tabela do histograma.

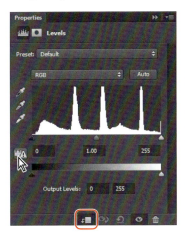
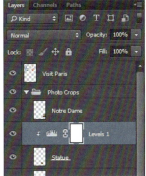

Um histograma com dados em cache é exibido primeiro, mas costuma ser menos preciso. É recomendável recalcular o histograma antes de fazer edições baseadas nas informações apresentadas por ele.

11 Mova os controles deslizantes para dar vida à imagem. Nós usamos os valores 31, 1.6, 235.

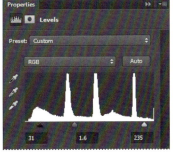

12 Salve o arquivo.

Modelo RGB

Uma grande porcentagem do espectro visível pode ser representada com a mistura de luz colorida vermelha, verde e azul (*red*, *green*, *blue* – RGB) em várias proporções e intensidades. Onde as cores se sobrepõem, elas criam ciano, magenta, amarelo e branco.

Como as cores RGB se combinam para criar o branco, elas também são chamadas de cores *aditivas*. A soma de todas as cores cria o branco – isto é, toda luz é transmitida de volta para os olhos. As cores aditivas são utilizadas para iluminação, vídeo e monitores. O monitor, por exemplo, cria cores emitindo luz por fósforos azuis, verdes e vermelhos.

Modelo CMYK

O modelo CMYK baseia-se na qualidade de absorção da luz da tinta impressa no papel. Como a luz branca atinge tintas translúcidas, parte do espectro é absorvida enquanto outras partes são refletidas de volta para os olhos.

Na teoria, os pigmentos puros de ciano (C), magenta (M) e amarelo (*yellow* – Y) devem se combinar para absorver todas as cores e produzir o preto. Por essa razão, essas cores são chamadas de cores *subtrativas*. Porém, como todas as tintas de impressão contêm algumas impurezas, essas três tintas, na verdade, produzem um marrom turvo, e devem ser combinadas com a tinta preta (K) para produzir um preto verdadeiro. (K é utilizado em vez de B [*black*] para evitar confusão com o azul [*blue*].) A combinação dessas tintas para reproduzir cor é chamada de *impressão em quatro cores*.

Identifique cores fora do gamut

As cores em um monitor são exibidas usando combinações das luzes vermelha, verde e azul (chamadas de cores RGB), ao passo que as cores impressas são, em geral, criadas pela combinação de quatro cores de tinta: ciano, magenta, amarelo e preto (chamadas de CMYK). Essas quatro tintas são chamadas de cores de processo, pois são as tintas padrão usadas nos processos de impressão em quatro cores.

Como a maioria das fotografias digitalizadas contém cores RGB dentro do gamut CMYK, alterar a imagem para o modo CMYK converte todas as cores com um número relativamente pequeno de substituições. As imagens criadas ou alteradas digitalmente, porém, costumam conter cores RGB que estão fora do gamut CMYK – por exemplo, logotipos e luzes neon coloridas.

Antes de converter uma imagem RGB em CMYK, você pode visualizar os valores de cor CMYK ainda no modo RGB.

1 Escolha View > Gamut Warning para ver as cores fora do gamut. O Photoshop cria uma tabela de conversão de cores e exibe um cinza neutro na janela de imagem, onde as cores estão fora do gamut.

Como o cinza pode ser difícil de visualizar na imagem, você vai convertê-lo em uma cor mais visível.

2 Escolha Edit > Preferences > Transparency & Gamut (Windows) ou Photoshop CC > Preferences > Transparency & Gamut (Mac OS).

3 Clique na amostra de cor na área Gamut Warning, na base da caixa de diálogo. Selecione uma cor viva, como roxo ou verde abertos, e clique em OK.

4 Clique em OK para fechar a caixa de diálogo Preferences.

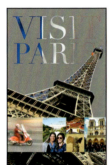 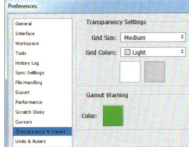 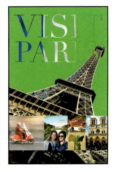

A nova cor aparece no lugar do cinza neutro como a cor de alerta de gamut.

5 Escolha View > Gamut Warning para desativar a visualização de cores fora do gamut.

O Photoshop vai corrigir automaticamente essas cores fora do gamut quando você salvar o arquivo no formato Photoshop EPS mais adiante nesta lição. O formato Photoshop EPS muda a imagem de RGB para CMYK, ajustando as cores RGB conforme necessário, para deixá-las no gamut de cor CMYK.

Ajuste uma imagem

O próximo passo da preparação de uma imagem para saída é fazer todos os ajustes tonais e de cor necessários. Neste exercício, você vai adicionar alguns ajustes para corrigir uma digitalização malfeita do pôster original.

Para que você possa comparar a imagem antes e depois das correções, comece fazendo uma cópia.

1 Escolha Image > Duplicate e clique em OK para duplicar a imagem.

2 Escolha Window > Arrange > 2 Up Vertical para poder comparar as imagens enquanto você trabalha.

Você vai ajustar o matiz e a saturação da imagem para mover todas as cores para o gamut.

3 Selecione 14Working.psd (a imagem original) para ativá-la, e depois selecione a camada Visit Paris no painel Layers.

4 Escolha Select > Color Range.

5 Na caixa de diálogo Color Range, escolha Out Of Gamut no menu Select e clique em OK.

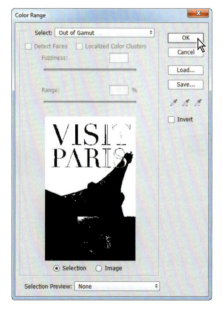

As áreas marcadas anteriormente como fora do gamut agora estão selecionadas, de modo que você pode fazer alterações que modifiquem apenas essas áreas.

6 Escolha View > Extras para ocultar a seleção enquanto você trabalha nela.

A borda de seleção pode ser um fator de distração. Quando você oculta extras, deixa de ver a seleção, mas ela ainda segue vigente.

7 Clique no botão Hue/Saturation, no painel Adjustments, para criar uma camada de ajuste de matiz/saturação. (Escolha Window > Adjustments se o painel não estiver aberto.) A camada de ajuste Hue/Saturation inclui uma camada de máscara, criada a partir de sua seleção.

8 No painel Properties, faça o seguinte:
   - Deixe o controle deslizante Hue no seu valor padrão.
   - Arraste o controle deslizante Saturation até que a intensidade das cores pareça mais realista (utilizamos -14).
   - Arraste o controle deslizante Lightness para a esquerda a fim de escurecer (utilizamos -2).

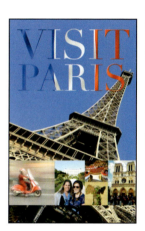

9 Escolha View > Gamut Warning. Você removeu a maioria das cores fora do gamut da imagem. Escolha View > Gamut Warning novamente para desmarcá-lo.

10 Feche o arquivo de imagem duplicado sem salvá-lo.

Converta uma imagem para CMYK

Geralmente é recomendável trabalhar no modo RGB o máximo possível. A conversão entre os modos costuma arredondar os valores de cor – e isso os faz perderem a precisão se você convertê-los diversas vezes. Depois de fazer as correções de última hora, você está pronto para converter a imagem para CMYK. Se existe a possibilidade de você imprimir a imagem em uma impressora jato de tinta ou distribuí-la digitalmente mais tarde, salve uma cópia em modo RGB antes de convertê-la para o modo CMYK.

1 Clique na aba Channels para trazer para frente o painel Channels.

Como a imagem atualmente está em modo RGB, há três canais listados: vermelho, verde e azul. O canal RGB não é um verdadeiro canal, e sim uma composição dos três.

2 Escolha Image > Mode > CMYK Color.

3 Clique em Merge na mensagem que alerta que você pode perder algumas camadas de ajuste.

Camadas de ajuste são perdidas ao se converter o modo de cor de RGB para CMYK. A mesclagem das camadas garante que os ajustes que você fez são preservados.

4 Clique em OK na mensagem sobre o perfil de cores usado na conversão.

Você aprenderá mais sobre os perfis de cores quando trabalhar com gerenciamento de cores.

O painel Channels agora exibe quatro canais: ciano, magenta, amarelo e preto. Além disso, ele lista a composição CMYK. Como as camadas foram mescladas durante a conversão, há uma única camada no painel Layers.

Gerenciamento de cores

Como os modelos de cores RGB e CMYK utilizam métodos diferentes para exibir as cores, eles reproduzem um *gamut*, ou intervalo de cores, diferente. Por exemplo, como o RGB utiliza luz para produzir cor, seu gamut inclui cores neon, como as de um sinal luminoso. Por outro lado, as tintas de impressão destacam-se na reprodução de certas cores que podem residir fora do gamut RGB, como algumas cores pastéis e o preto puro.

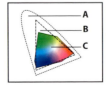  

A. *Gamut de cor natural*
B. *Gamut de cores RGB*
C. *Gamut de cores CMYK*

Modelo de cor RGB

Modelo de cor CMYK

LIÇÃO 14 | **333**
Produza e imprima cores consistentes

Mas nem todos os gamuts RGB e CMYK são semelhantes. Os modelos de monitor e impressora são diferentes e, portanto, cada um deles exibe um gamut ligeiramente diferente. Por exemplo, uma marca de monitor pode produzir azuis um pouco mais brilhantes do que os produzidos por outra marca. O *espaço de cores* para um dispositivo é definido pelo gamut que ele pode reproduzir.

O sistema de gerenciamento de cores do Photoshop utiliza perfis de cores compatíveis com o International Color Consortium (ICC) para converter cores entre um espaço de cores e outro. Um perfil de cores é uma descrição do espaço de cores de um dispositivo, como o espaço de cores CMYK de uma determinada impressora. Você especifica quais perfis vai utilizar para revisar e imprimir suas imagens de modo preciso. Depois de selecionar os perfis, o Photoshop pode incorporá-los aos seus arquivos de imagem para que o próprio Photoshop e outros aplicativos possam gerenciar as cores com precisão.

Para obter informações sobre a incorporação de perfis de cores, veja o Photoshop Help.

Antes de começar a trabalhar com o gerenciamento de cores, você deve calibrar seu monitor. Se seu monitor não exibir as cores corretamente, os ajustes de cores que você fizer com base na imagem que enxerga no monitor talvez não sejam exatos. Para informações sobre como calibrar seu monitor, consulte o Photoshop Help.

Especifique configurações de gerenciamento de cores

Para poder examinar com precisão suas cores na tela, você precisa configurar um gerenciamento de cores no Photoshop. A maioria dos controles de gerenciamento de cores de que você precisa está na caixa de diálogo Color Settings.

Por padrão, o Photoshop é configurado para RGB como parte de um fluxo de trabalho digital. Entretanto, se você estiver preparando um trabalho para impressão, deverá mudar as configurações para que sejam mais adequadas à impressão em papel em vez de exibição em tela.

Comece personalizando as configurações de cores.

1 Escolha Edit > Color Settings para abrir a caixa de diálogo Color Settings. A parte inferior da caixa de diálogo descreve interativamente cada opção.

2 Mova o cursor sobre cada parte da caixa de diálogo, incluindo nome de áreas (como Working Spaces), nome de menus e opções de menu. À medida que você move o cursor, o Photoshop exibe informações sobre cada item. Depois de concluir, restaure as opções aos respectivos padrões.

Agora, você vai escolher um conjunto de opções voltado para um fluxo de trabalho de impressão, e não um fluxo de trabalho online.

3 Escolha North America Prepress 2* no menu Settings. As opções de espaços de trabalho e de gerenciamento de cores mudam para um fluxo de trabalho de pré-impressão. Em seguida, clique em OK.

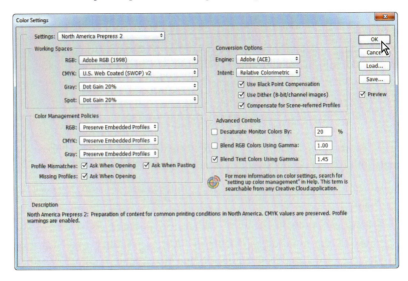

Prova de imagem

Você vai selecionar um perfil de prova para enxergar na tela a aparência aproximada de uma imagem quando impressa. Um perfil de prova bem ajustado permite visualizar a prova na tela *(prova digital)* antes de imprimir.

Um perfil de prova (também chamado de *configuração de prova*) define como o documento será impresso e ajusta a aparência na tela da maneira correspondente. O Photoshop oferece uma variedade de configurações que pode ajudar a fazer prova de imagens para diferentes usos, inclusive impressão e exibição na Web. Para esta lição, você vai criar uma configuração de prova personalizada. Você pode salvar essas configurações para utilizá-las em outras imagens com o mesmo tipo de saída.

1 Escolha View > Proof Setup > Custom. A caixa de diálogo Customize Proof Condition abre. Veja se Preview está selecionado.

2 No menu Device To Simulate, escolha um perfil que represente o dispositivo de saída; por exemplo, a impressora que você utilizará para imprimir a imagem. Se não tiver uma impressora específica, o perfil Working CMYK––U. S. Web Coated (SWOP) v2 é, em geral, uma boa escolha.

---

* N. de T.: O espaço North America Prepress 2 foi desenvolvido para atender ao mercado norte-americano. Para o Brasil e grande parte da América Latina, deve-se procurar especificações compatíveis com a escala Europa, como Europe Prepress 2.

3 Certifique-se de que a opção Preserve Numbers *não* está selecionada.

A opção Preserve Numbers simula a aparência das cores sem a conversão para o espaço de cores do dispositivo de saída.

4 Certifique-se de que Relative Colorimetric está selecionado no menu Rendering Intent.

Um mecanismo de renderização determina como as cores são convertidas de um espaço de cores para outro. Relative Colorimetric, que preserva as relações de cores sem sacrificar a exatidão delas, é a tentativa de renderização padrão para impressão nos Estados Unidos e na Europa.

5 Selecione Simulate Black Ink se ela estiver disponível para o perfil que você escolheu. Em seguida, desmarque-a e selecione Simulate Paper Color; vale ressaltar que essa opção seleciona automaticamente Simulate Black Ink.

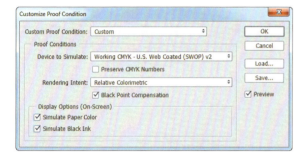

Observe que a imagem parece perder contraste. Paper Color simula o branco do papel de acordo com o perfil da prova. Black Ink simula o cinza-escuro que, na verdade, é utilizado na maioria das impressoras, em vez do preto sólido. Nem todos os perfis suportam essas opções.

▶ **Dica:** Para exibir o documento com ou sem as configurações de prova, alterne View > Proof Colors.

6 Passe para a opção Preview para ver a diferença entre a imagem conforme exibida na tela e conforme será impressa, com base no perfil que você escolheu. Em seguida, clique em OK.

Imagem normal *Imagem com as opções Paper Color e Black Ink selecionadas*

Salve a imagem como um arquivo CMYK EPS

Muitas impressoras profissionais exigem que as imagens do Photoshop sejam submetidas em formato EPS. Você salvará a imagem como um arquivo EPS em modo CMYK.

1 Escolha File > Save As.

2 Na caixa de diálogo Save As, faça o seguinte e, em seguida, clique em Save:

- Escolha Photoshop EPS no menu Format.
- Em Color, selecione a caixa de seleção Use Proof Setup. Não se preocupe com o ícone de alerta; você salvará uma cópia.
- Aceite o nome do arquivo 14Working.eps.

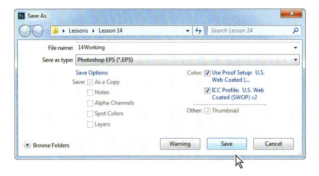

3 Clique em OK na caixa de diálogo EPS Options que aparece.

4 Salve e depois feche o arquivo 14Working.psd.

5 Escolha File > Open, navegue até a pasta Lessons/Lesson14 e clique duas vezes no arquivo 14Working.eps.

Imprima em uma impressora jato de tinta

Muitas impressoras jato de tinta de consumo geral fazem um bom trabalho imprimindo fotografias e outros arquivos de imagem. As configurações precisas disponíveis variam de uma impressora para outra, mas, quando você enviar imagens do Photoshop para serem impressas em uma impressora jato de tinta, vai obter melhores resultados se fizer o seguinte:

- Certifique-se de que o driver apropriado está instalado e que você o selecionou.

- Use o papel apropriado para o uso pretendido. Papéis fotográficos especiais e revestidos são uma boa opção quando se quer imprimir fotos para enquadramento.

- Selecione a fonte correta de papel nas configurações da impressora. A projeção de tinta de uma impressora varia para diferentes tipos de papel. Se você estiver usando papel fotográfico, não se esqueça de selecioná-lo nas configurações da impressora.

- Selecione a qualidade da imagem nas configurações da impressora. Para impressões com enquadramento, o recomendável é a mais alta. Se você for imprimir uma prova para ter uma noção das cores, talvez seja recomendável selecionar uma qualidade inferior para acelerar a impressão e economizar tinta.

Imprima uma imagem CMYK a partir do Photoshop

Se você for imprimir uma imagem diretamente do Photoshop, siga estas orientações para obter melhores resultados:

- Imprima uma *composição de cor*, frequentemente chamada de *color comp*, para fazer a prova de sua imagem. Uma composição de cor é uma impressão que combina os canais de vermelho, verde e azul de uma imagem RGB (ou canais de ciano, magenta, amarelo e preto de uma imagem CMYK). Ela indica como será a imagem impressa final.

- Configure os parâmetros para tela de meio-tom (retícula).

- Imprima as separações para garantir que a imagem está separada corretamente.

- Imprima para filme ou chapa.

Ao imprimir separações de cores, o Photoshop imprime uma folha separada, ou *chapa*, para cada tinta. Para uma imagem CMYK, ele imprime quatro chapas, uma para cada cor de processamento. Neste exercício, você imprimirá as separações de cores.

1 Com a imagem 14Working.eps do exercício anterior aberta, escolha File > Print.

Por padrão, o Photoshop imprime documentos como uma imagem composta. Para imprimir esse arquivo como separações, você precisa instruir o Photoshop na caixa de diálogo Print.

2 Na caixa de diálogo Print, faça o seguinte:

- Na área Color Management, escolha Separations no menu Color Handling.
- Clique em Print.

Esta lição apresentou uma introdução à impressão e produção de cores consistentes no Photoshop. Ao imprimir em uma impressora desktop, você pode testar diferentes configurações até encontrar as melhores configurações de cores de impressão para o seu sistema. Se estiver preparando imagens para impressão profissional, consulte seu fornecedor de serviços de impressão para conhecer as melhores configurações a ser utilizadas. Para informações adicionais sobre o gerenciamento de cores, opções de impressão e separações de cores, consulte o Photoshop Help.

LIÇÃO 14 | **339**
Produza e imprima cores consistentes

Extras

Compartilhe seu trabalho no Behance

Integrado à Creative Cloud, o Behance é a principal plataforma online para fazer a apresentação e divulgação de trabalhos criativos. Com o Photoshop, fica fácil fazer upload e postar arquivos no seu próprio portfólio no Behance. Certifique-se de ativar uma conta no Behance para cumprir estas etapas.

1 Abra o arquivo 14Working.eps no Photoshop, se já não estiver aberto.
2 Escolha File > Share On Behance.

A caixa de diálogo Share On Behance abre.

3 Talvez você precise se logar; se já estiver logado, verá uma prévia do seu arquivo de trabalho. Se você não possui um portfólio no Behance, pode se inscrever de graça com sua assinatura Creative Cloud.
4 Na janela Upload A Work In Progress, digite **Visit Paris** para o título.
5 Digite **paris, travel, eiffel tower, collage** para as tags.
6 No menu Visible To, escolha Private se quiser controlar quem pode ver a imagem. Escolha Everyone se quiser que ela fique disponível publicamente.
7 Clique em Continue.

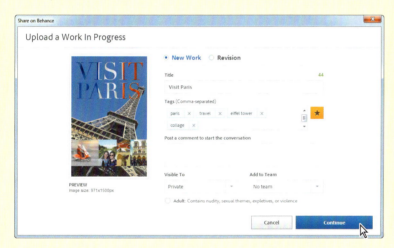

A caixa de diálogo exibe um link para a sua obra. Você pode compartilhar o link nas redes sociais ou colá-lo em mensagens de email ou postagens em blog. Você também pode clicar em View And Share On Behance para sincronizar com redes sociais, como Twitter, Facebook e LinkedIn.

8 Clique em Close.

Feche o arquivo sem salvar. Sua obra de arte está disponível para ser admirada no Behance.

Continua na próxima página

Extras (continuação)

Com designers de todos os perfis compartilhando o seu trabalho, o Behance é uma ótima fonte de inspiração. Você pode navegar por grupos de obras amplos ou restritos, como preferir, com filtros para imagens populares, campos de interesse e países de origem. Ou você pode inserir o seu próprio termo de busca. E quando encontrar colaboradores ao seu gosto, você pode segui-los para se manter atualizado sobre seus mais recentes trabalhos.

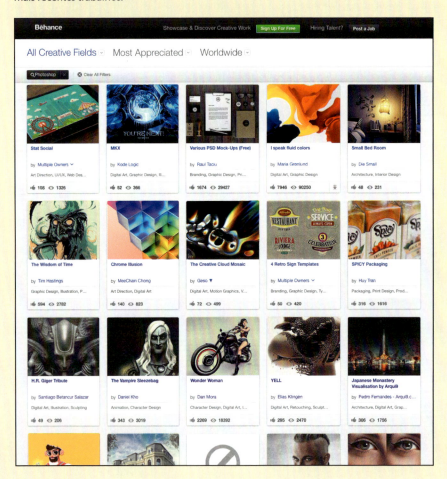

LIÇÃO 14 **341**
Produza e imprima cores consistentes

Perguntas de revisão

1 Que passos você deve seguir para reproduzir cores com exatidão?

2 O que é um gamut?

3 O que é um perfil de cores?

4 O que são separações de cores?

Respostas

1 Para reproduzir cores com precisão, primeiro calibre seu monitor e depois utilize a caixa de diálogo Color Settings para especificar os espaços de cor a utilizar. Você pode, por exemplo, especificar que espaço de cores RGB utiliza imagens online e que espaço de cores CMYK utiliza imagens que serão impressas. Você pode, então, fazer uma prova de imagem, verificar cores fora do gamut, ajustar cores quando necessário e, para imagens impressas, criar separações de cores.

2 Um gamut é o intervalo de cores que pode ser reproduzido por um modelo ou dispositivo de cores. Os modelos de cores RGB e CMYK, por exemplo, têm gamuts diferentes, assim como qualquer par de scanners RGB.

3 Um perfil de cores é uma descrição do espaço de cores de um dispositivo, como o espaço de cores CMYK de uma determinada impressora. Aplicativos como o Photoshop podem interpretar perfis de cores em uma imagem para manter a consistência de cor entre diferentes aplicativos, plataformas e dispositivos.

4 Separações de cores são chapas separadas para cada tinta utilizada em um documento. As separações de cores são mais frequentemente impressas para as tintas ciano, magenta, amarelo e preto (CMYK).

15 IMPRIMA ARQUIVOS 3D

Visão geral da lição

Nesta lição, você vai aprender a:

- Criar um objeto 3D simples usando uma pré-configuração de malha.
- Utilizar ferramentas 3D no Photoshop.
- Manipular objetos 3D.
- Ajustar o ponto de visão da câmera.
- Preparar arquivos 3D para impressão.
- Exportar um arquivo para impressão remota.

Esta lição levará aproximadamente 30 minutos para ser concluída. Faça download dos arquivos de projeto Lesson15 a partir da página do livro no site www.grupoa.com.br, caso ainda não tenha feito isso. Ao trabalhar nesta lição, você preservará os arquivos iniciais. Se precisar restaurá-los, você pode baixá-los novamente a partir do site.

PROJETO: ETIQUETA DE IDENTIFICAÇÃO 3D

Você pode imprimir objetos 3D diretamente do Photoshop. Se tiver acesso direto a uma impressora 3D, poderá imprimir localmente. Caso contrário, poderá exportar seu arquivo para impressão por um serviço online.

Introdução

● **Nota:** Os recursos abordados nesta lição requerem Mac OS 10.7 ou posterior, ou Windows 7 ou posterior, e pelo menos 512 MB VRAM. Para requisitos mais completos do sistema Photoshop, visite https://helpx.adobe.com/photoshop/system-requirements.html.

Esta lição explora recursos 3D, que só estão disponíveis se o seu cartão de vídeo tiver pelo menos 512MB de VRAM dedicada e suporte para OpenGL 2.0, e se o OpenGL 2.0 estiver habilitado no seu computador. Para saber mais sobre o seu cartão de vídeo, escolha Edit > Preferences (Windows) ou Photoshop CC > Preferences > Performance (Mac OS). As informações sobre o seu cartão de vídeo estão na área Graphics Processor Settings da caixa de diálogo.

Nesta lição, você vai criar uma etiqueta tridimensional para bagagem. Primeiro, você vai examinar a etiqueta finalizada.

1 Inicie o Photoshop e pressione Ctrl+Alt+Shift (Windows) ou Command+Option+Shift (Mac OS) para restaurar as preferências padrão. (Consulte "Restaure as preferências padrão", na página 4.)

2 Quando solicitado, clique em Yes para excluir o arquivo de configurações do Adobe Photoshop (Adobe Photoshop Settings).

3 Escolha File > Browse In Bridge para abrir o Adobe Bridge.

4 No Bridge, clique em Lessons no painel Favorites. Clique duas vezes na pasta Lesson15 no painel Content.

5 Visualize o arquivo 15End.psd no Bridge.

O arquivo 15End.psd contém uma renderização 3D de uma etiqueta de bagagem. Nesta lição, você vai combinar elementos para criar a etiqueta de bagagem, e prepará-la para impressão. Se quiser, você pode imprimi-la localmente em uma impressora 3D ou exportá-la para um serviço online para ser impressa. (Você verá uma estimativa de orçamento antes de finalizar o pedido.)

Antes de criar a etiqueta de bagagem, você vai experimentar as ferramentas 3D para ir se acostumando com o ambiente 3D.

6 Retorne ao Photoshop.

Entenda o ambiente 3D

A vantagem dos objetos 3D, obviamente, é que você pode trabalhar com eles em três dimensões. Você também pode voltar a uma camada 3D a qualquer momento para alterar a iluminação, as cores, o material ou a posição sem ter de recriar boa parte da arte. O Photoshop inclui diversas ferramentas básicas que facilitam girar, redimensionar e posicionar objetos 3D. As ferramentas 3D, na barra de opções, manipulam o objeto em si. O widget Camera, no canto inferior esquerdo da janela do aplicativo, manipula a câmera para que você possa ver a cena 3D a partir de diferentes ângulos.

Você pode usar as ferramentas 3D sempre que uma camada 3D for selecionada no painel Layers.

Uma camada 3D comporta-se como qualquer outra camada – você pode aplicar estilos de camada, máscaras, etc. -, mas ela pode ser bem complexa.

Ao contrário de uma camada comum, uma camada 3D contém uma ou várias *malhas* que definem o objeto 3D. No exercício a seguir, por exemplo, a malha tem o formato de um cone. Cada malha, por sua vez, inclui um ou mais *materiais* – a aparência de uma parte ou de toda a malha. Cada material inclui um ou mais *mapas*, que são os componentes da aparência. Há nove mapas comuns, e só pode haver um de cada tipo; porém, você também pode utilizar mapas personalizados. Os mapas contêm uma *textura* – a imagem que define como eles e os materiais se parecem. A textura pode ser um elemento gráfico de bitmaps simples ou um grupo de camadas. A mesma textura pode ser utilizada por diferentes mapas e materiais.

Além de malhas, uma camada 3D também inclui uma ou mais *luzes*, que afetam a aparência dos objetos 3D e permanecem em uma posição fixa enquanto você gira ou move o objeto. Ela também inclui *câmeras*, que são visualizações salvas com os objetos em uma determinada posição. O *shader* cria a aparência final com base nos materiais, nas propriedades do objeto e no mecanismo de renderização.

Isso tudo pode parecer complicado, mas a coisa mais importante a lembrar é que as ferramentas 3D na barra de opções movem um objeto no espaço 3D e o widget Camera move as câmeras que visualizam o objeto.

Você começará criando um objeto 3D simples a partir de uma camada de cor pura.

1 No Photoshop, escolha File > New. Clique em OK para aceitar os valores padrão.

2 Escolha Select > All para selecionar toda a camada de fundo.

3 Escolha Edit > Fill. Na caixa de diálogo Fill, escolha Color no menu Contents e, na seção Color Picker, escolha um azul vívido. Clique em OK para fechar o Color Picker, e clique em OK novamente para fechar a caixa de diálogo Fill.

4 Escolha Select > Deselect.

▶ **Dica:** Clique em OK se for exibida a caixa de diálogo Embedded Profile Mismatch.

5 Escolha 3D > New Mesh From Layer > Mesh Preset > Cone. Se aparecer uma mensagem perguntando se você deseja migrar para um espaço de trabalho em 3D, clique em Yes.

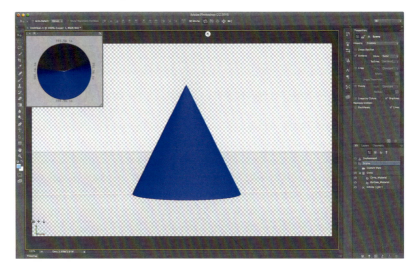

A sua camada azul se transforma em um cone azul. O Photoshop exibe uma grade, uma janela de visualização secundária, um widget Camera e outros recursos 3D. Agora que você tem um objeto 3D, pode usar as ferramentas 3D.

6 No painel Tools, selecione a ferramenta Move (⊕).

Todos os recursos 3D são incorporados à ferramenta Move, que reconhece quando uma camada 3D é selecionada e ativa as ferramentas 3D.

7 Selecione a ferramenta Pan the 3D (✥) na área 3D Mode da barra de opções.

8 Clique na borda do cone, ou logo fora dele, e arraste para movê-lo de um lado para outro ou para cima e para baixo. Retorne o cone ao centro. (Se você clicar no próprio cone, o Photoshop reconhece o widget 3D Axis e passa para a ferramenta que corresponde à área ativa do widget, sobre a qual você aprenderá mais em breve.)

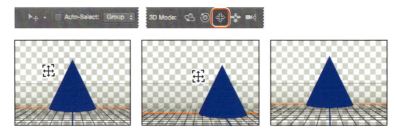

9 Selecione a ferramenta Orbit the 3D Câmera (⊕) na barra de opções e, então, clique e arraste o cone para girar a visualização. Teste as outras ferramentas para ver como elas afetam a visualização do objeto.

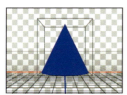
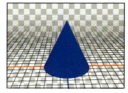
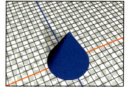

10 Com a ferramenta Move, clique no cone para selecioná-lo.

Ao selecionar um objeto 3D, o Photoshop exibe o widget 3D Axis colorido, com verde, vermelho e azul, representando diferentes eixos. Vermelho representa o eixo x, verde o eixo y e azul o eixo z. (Dica: pense nas cores RGB para lembrar a ordem.)

Se você pairar o mouse sobre a caixa central até ela ficar amarela, pode clicar na caixa e arrastar para dimensionar o objeto de maneira uniforme. Clique em uma seta para mover o objeto ao longo desse eixo; clique na alça de curva pouco antes da seta para girar nesse eixo; e clique na alça menor para redimensionar ao longo desse eixo.

▶ **Dica:** Conforme você move o objeto, o widget 3D Axis muda também. Por exemplo: as setas do eixo x e y podem estar disponíveis, enquanto o eixo z está apontando diretamente para a cena. A caixa amarela central também pode ser obscurecida por um eixo.

11 Gire, redimensione e mova o cone usando o widget.

12 Clique com o botão direito do mouse (Windows) ou com a tecla Control pressionada (Mac OS) no widget Camera, no canto inferior esquerdo da janela do aplicativo (que tem dois eixos visíveis), e escolha Top.

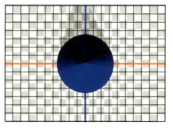

As opções no menu Camera determinam o ângulo em que você vê o objeto. A câmera muda de ângulo, mas o objeto em si não. Não se deixe enganar por sua relação com o plano de fundo; como este plano não é 3D, o Photoshop deixa-o no lugar quando move a câmera para o objeto 3D.

13 Escolha outras visualizações de câmera para ver como elas afetam a perspectiva.

14 Quando você terminar de testar, feche o arquivo. Você pode salvar a sua criação se quiser, ou fechar sem salvar.

Posicione elementos 3D

Agora que você já pegou o jeito com as ferramentas 3D, você as utilizará para posicionar o texto na etiqueta de bagagem.

▶ **Dica:** Clique em OK se for exibida a caixa de diálogo Embedded Profile Mismatch.

1 Escolha File > Open, navegue até a pasta Lesson15 e clique duas vezes no arquivo 15Start.psd.

O arquivo contém dois elementos 3D: o texto e a etiqueta em si. Por enquanto, o texto está em uma posição esquisita, sobreposto à etiqueta. Você vai centralizá-lo.

2 Certifique-se de que a ferramenta Move está selecionada no painel Tools.

3 Clique na frente do texto "Visit Paris" para ativar o widget 3D Axis.

4 Paire o cursor sobre a ponta da seta verde até a dica da ferramenta Move On Y Axis aparecer.

5 Clique na ponta da seta verde e arraste o texto para baixo até que fique centralizado verticalmente sobre a etiqueta vermelha.

6 Clique na ponta da seta vermelha e arraste o texto para a direita até que fique centralizado horizontalmente sobre a etiqueta vermelha.

A sua etiqueta está pronta para ser impressa!

7 Escolha File > Save As. Navegue até a pasta Lesson15 e salve o arquivo como **15Working.psd**. Clique em OK na caixa de diálogo Photoshop Format Options.

Imprima um arquivo 3D

Quando você pensa em impressão, geralmente o que vem à mente é a produção de uma página plana com texto e imagens bidimensionais. Podem ser imagens incríveis de alta qualidade, mas não se alteram se vistas de ângulos diferentes, e aquilo que você tem em mãos segue sendo uma folha de papel ou alguma outra mídia relativamente simples.

As impressoras 3D abrem um novo leque de opções de impressão. Em vez de imprimir a imagem de alguma coisa, você pode imprimir a própria *coisa*. As possibilidades são infindáveis, incluindo aplicações médicas, protótipos e empreendimentos criativos como a confecção de joias e *souvenirs* exclusivos.

Algum tempo atrás, as impressoras 3D se restringiam a grandes laboratórios, mas agora estão muito mais acessíveis. Em muitas cidades, é possível usar uma delas e muitos de seus recursos avançados em espaços compartilhados de "fabricantes" ou do tipo "faça você mesmo", mediante uma taxa. Se você não possui uma impressora 3D e tampouco tem acesso a uma, ainda pode enviar suas criações 3D para serviços online capazes de imprimi-las usando o material que você escolher, enviando-lhe o resultado depois de pronto.

Você pode criar objetos 3D no Photoshop – ou importar objetos 3D criados em outro meio – e imprimi-los diretamente a partir do Photoshop.

Especifique as configurações de impressão 3D

Para imprimir objetos 3D a partir do Photoshop, você não vai usar a caixa de diálogo Print padrão, e, antes de imprimir, você precisa se assegurar de que as configurações estão adequadas.

1 Escolha 3D > 3D Print Settings.

O painel Properties exibe as configurações de impressão 3D, e a janela da imagem mostra uma prévia do seu objeto 3D. A prévia mostra como ele ficará depois de impresso, tomando por base a impressora que você escolheu.

2 Escolha Shapeways no menu Print To do painel Properties.

Shapeways é um serviço online que imprime objetos 3D e os envia para você mediante uma taxa. Há outros serviços online desse tipo, mas o Shapeways é o mais fácil de usar, porque você pode escolher a impressora diretamente a partir do Photoshop. Se você usar outro serviço, solicite instruções para impressão a partir do Photoshop.

Se você possui uma impressora 3D, escolha Local no menu Print To, e depois escolha a sua impressora no menu Printer. Se a sua impressora não estiver listada no menu, escolha Get Latest Printers no menu Print To, e então faça o download dos perfis para todas as impressoras suportadas.

3 Escolha Plastic – Alumide no menu Printer. Alumide plástico é um plástico que imita metal.

▶ **Dica:** Você pode se informar sobre os materiais disponíveis no Shapeways, e comparar custos de várias opções, visitando http://www.shapeways.com/materials.

Quando você escolhe Shapeways no menu Print To, o menu Printer lista dezenas de opções de material. O material selecionado por você afeta a aparência e o custo do objeto que você vai imprimir.

A prévia do objeto 3D muda na janela da imagem, refletindo as escolhas que você fez. Quando você escolhe Plastic – Alumide, a prévia mostra uma etiqueta cinza-escuro com texto em alto-relevo.

4 Certifique-se de que Inches (polegadas) está selecionado no menu Printer Units, para especificar como o volume de impressão deve ser medido.

Como as impressoras 3D têm capacidades diferentes, é importante analisar se o seu objeto caberá dentro do volume da impressora. Os valores de Printer Units ficam obscurecidos, porque você não pode modificá-los; eles descrevem o volume para a impressora que você escolheu. Os valores de Scene Volume refletem o tamanho da sua cena 3D (neste caso, um único objeto). Se a caixa de seleção Show for selecionada, a prévia mostrará o esboço de um cubo para representar o volume da impressora onde está a cena.

Se o volume da cena for maior do que o volume da impressora, clique em Scale To Print Volume, no painel Properties, para reduzir seu tamanho e garantir que a impressora possa imprimi-lo. Neste caso, o volume da cena é confortavelmente menor do que o volume da impressora.

LIÇÃO 15 **351**
Imprima arquivos 3D

5 Escolha Medium no menu Detail Level. Essa opção determina o nível de detalhamento da imagem visualizada.

As opções de Surface Detail preserva mapas de relevo e outras texturas, e configurações de opacidade quando você imprime. Você pode deixar essas opções selecionadas, embora não haja mapas de relevo nem configurações de opacidade neste objeto.

Você está pronto para imprimir.

Exporte um objeto 3D

Imprimir um objeto 3D é um pouco mais complicado do que imprimir uma imagem bidimensional. Para a pessoa responsável pela impressão, o desafio é quase o mesmo, mas o Photoshop precisa fazer inúmeros cálculos nos bastidores.

Impressoras 3D constroem objetos desde a base. Se você vai imprimir um cubo, por exemplo, ou outro objeto com uma base significativa, a impressora pode criá-lo sem mais suporte. No entanto, muitos objetos 3D tem um formato irregular, e a base do objeto pode ser composta por superfícies realmente desconectadas. Pense, por exemplo, no modelo de um animal. A base do animal é composta de quatro patas separadas. Para imprimir tal objeto, a impressora requer uma estrutura de suporte. Essa estrutura geralmente inclui um esteio (*raft*), que proporciona a base de impressão, e uma armação (*scaffolding*), que apoia partes do objeto para que elas não caiam enquanto o restante do objeto está sendo impresso.

Quando você escolhe 3D Print, o Photoshop prepara o objeto para impressão, além de calcular os esteios e as armações necessários.

1 Escolha 3D > 3D Print, ou clique no ícone Start Print na parte inferior do painel Properties.

O Photoshop exibe uma barra de progresso enquanto prepara a tarefa de impressão.

2 Clique em OK na caixa de diálogo que informa que o preço estimado pode ser diferente do preço final de compra.

3 Na caixa de diálogo Photoshop 3D Print Settings, revise as estimativas de preço e de tamanho de impressão.

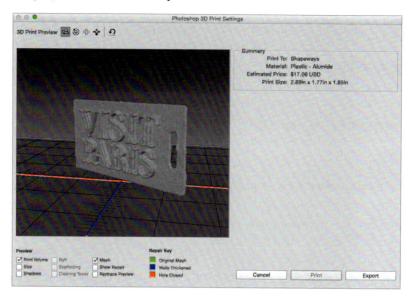

Clique nas opções da área de Preview da caixa de diálogo para ver o tamanho, sombras, esteio, armação e outros aspectos da tarefa. Como este objeto não requer nem esteio nem armação, essas opções estão obscurecidas.

Utilize as ferramentas 3D no alto da caixa de diálogo para ver o seu objeto a partir de diferentes ângulos.

Os preços de impressão variam radicalmente dependendo do material que você escolher. Você pode clicar em Cancel, escolher uma impressora diferente e então permitir que o Photoshop calcule o preço novamente. A essa altura do processo, você ainda não se comprometeu com serviço algum.

4 Clique em Export.

5 Clique em Save na caixa de diálogo Save.

O Photoshop salva as informações do arquivo de impressão do arquivo 15Working.psd.

6. Quando você for instado a fazer o upload do seu arquivo para o site do Shapeways para impressão, clique em Yes para continuar, ou clique em No para interromper o processo.

7. Se você continuar no site Shapeways, faça o login se já tiver uma conta, ou crie uma. (A criação de uma conta é gratuita.)

8. No site Shapeways, clique em Upload. Quando solicitado, selecione o arquivo que você acabou de salvar e clique em Choose. Ele estará na pasta Lesson15, chamado 15Working.stl.zip. Em seguida, clique em Upload.

O site Shapeways faz o upload e a descompressão do arquivo. Ele mostra o objeto e lista materiais possíveis e seu preço.

● **Nota:** Você só se comprometerá com uma compra na etapa final de encomenda e pagamento do objeto.

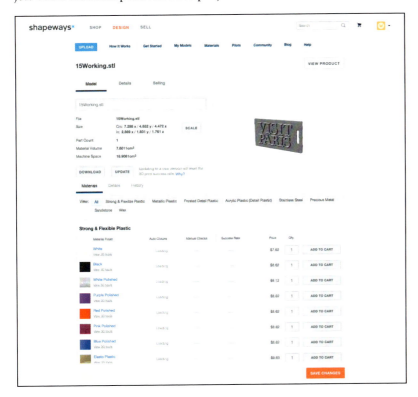

9 Clique em Add To Cart, ao lado do material que você deseja usar na impressão, e então siga as instruções que forem aparecendo na tela para finalizar o seu pedido. O objeto impresso será enviado para você.

Perguntas de revisão

1 Como uma camada 3D se diferencia de outras camadas no Photoshop?

2 Como você pode alterar a visão da câmera?

3 Qual cor representa cada eixo no widget 3D Axis?

4 Como você imprime um objeto 3D?

Respostas

1 Uma camada 3D comporta-se como qualquer outra camada – você pode aplicar estilos de camada, máscaras, etc. Porém, ao contrário de uma camada comum, ela também contém uma ou mais malhas que definem objetos 3D. Você pode trabalhar com malhas e com os materiais, os mapas e as texturas que elas contêm. Também pode ajustar a iluminação de uma camada 3D.

2 Para alterar a visão da câmera, você pode mover o widget Camera, ou clicar com o botão direito do mouse (Windows) ou com a tecla Control pressionada (Mac OS) no widget, para escolher uma visão de câmera predefinida.

3 No widget 3D Axis, a seta vermelha representa o eixo X; a seta verde, o eixo Y; e a seta azul, o eixo Z.

4 Para imprimir um objeto 3D a partir do Photoshop, comece escolhendo 3D > 3D Print Settings e configure as opções da sua impressora. Em seguida, escolha 3D > 3D Print, ou clique no ícone Start Print na parte inferior do painel Properties.

Visão geral do painel Tools

Painel Tools do Photoshop CC

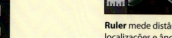

Move move seleções, camadas e guias.

As ferramentas de contorno de **seleção** (**Marquee**) criam seleções retangulares, elípticas, de linha única e de coluna única.

As ferramentas **Lasso** criam seleções de forma livre, poligonais (de bordas retas) e magnéticas (aderentes).

Quick Selection permite "pintar" rapidamente uma seleção com um pincel redondo ajustável.

Magic Wand seleciona áreas de cores semelhantes.

As ferramentas de **corte** (**Crop**) cortam, endireitam e alteram a perspectiva das imagens.

Eyedropper captura amostras de uma cor na imagem.

3D Material Eyedropper captura o material selecionado de um objeto 3D.

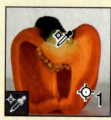

Color Sampler marca amostras de até quatro áreas da imagem.

Ruler mede distâncias, localizações e ângulos.

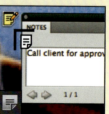

Note cria notas que podem ser anexadas à imagem.

Count conta objetos em uma imagem.

APÊNDICE | 357

Slice cria fatias.

Select Slice seleciona fatias.

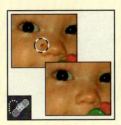
Spot Healing Brush remove manchas e imperfeições de fotos com fundo uniforme.

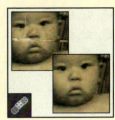
Healing Brush pinta com uma amostra ou padrão para corrigir imperfeições da imagem.

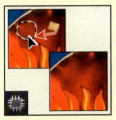
Patch corrige imperfeições em uma área selecionada, usando uma amostra ou padrão.

Content Aware Move recompõe e mescla pixels para acomodar o objeto movido.

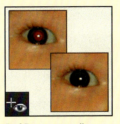
Red Eye remove olhos vermelhos causados por flash.

Brush pinta traços simulando um pincel.

Pencil pinta traços de borda dura, como um lápis.

Color Replacement substitui uma cor por outra.

Mixer Brush mistura uma cor amostrada com outra já existente.

Clone Stamp pinta com uma amostra de uma imagem.

(continua)

Visão geral do painel Tools (continuação)

Pattern Stamp pinta um pedaço de uma imagem como um padrão.

History Brush pinta uma cópia do estado ou instantâneo selecionados na janela da imagem atual.

Art History Brush faz traços estilizados que simulam diferentes estilos de pintura, usando um estado ou instantâneo.

Eraser apaga pixels e restaura partes da imagem para o seu último estado salvo.

Background Eraser apaga fundos, deixando-os transparentes.

Magic Eraser apaga áreas de cores sólidas, deixando-as transparentes.

Gradient cria degradês em formatos radial, angular, refletido e em losango.

Paint Bucket preenche com a cor de primeiro plano áreas de cores semelhantes.

3D Material Drop insere o material capturado pela 3D Material Eyedropper sobre uma área selecionada de um objeto 3D.

Blur suaviza bordas duras em uma imagem.

Sharpen aumenta a nitidez de bordas desfocadas da imagem.

Smudge esfuma dados em uma imagem.

APÊNDICE | 359

Dodge clareia áreas da imagem.

Burn escurece áreas da imagem.

Sponge muda a saturação de cor de uma área.

As ferramentas **Pen** desenham demarcadores com bordas suaves.

As ferramentas de **digitação** (**Type**) inserem texto na imagem.

As ferramentas **Type Mask** criam uma seleção na forma de texto.

As ferramentas **Path Selection** seleciona formas ou segmentos mostrando pontos de ancoragem, linhas e pontos de direção.

As ferramentas **Shape** e a ferramenta **Line** desenham formas e linhas em uma camada normal ou de forma.

Custom Shape personaliza formas selecionadas de uma lista de formas padrão.

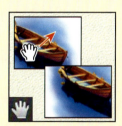
Hand movimenta uma imagem dentro de sua janela.

Rotate View gira a área de pintura de maneira não destrutiva.

Zoom amplia e reduz a visualização da imagem.

Apêndice: Atalhos de teclado

A maioria das ferramentas e comandos do Photoshop pode ser acessada por atalhos de teclado. Depois que estiver mais familiarizado com o software, utilizar atalhos para as ferramentas e comandos que você mais usa pode lhe poupar bastante tempo.

Ferramentas Cada grupo de ferramentas no painel Tools compartilha um atalho específico. Pressione Shift+ a tecla de atalho repetidamente para navegar pelas ferramentas ocultas.

Move tool	V	Paint Bucket tool	G
Rectangular Marquee tool	M	3D Material Drop tool	G
Elliptical Marquee tool	M	Dodge tool	O
Lasso tool	L	Burn tool	O
Polygonal Lasso tool	L	Sponge tool	O
Magnetic Lasso tool	L	Pen tool	P
Quick Selection tool	W	Freeform Pen tool	P
Magic Wand tool	W	Horizontal Type tool	T
Eyedropper tool	I	Vertical Type tool	T
3D Material Eyedropper tool	I	Horizontal Type Mask tool	T
Color Sampler tool	I	Vertical Type Mask tool	T
Ruler tool	I	Path Selection tool	A
Note tool	I	Direct Selection tool	A
Count tool	I	Rectangle tool	U
Crop tool	C	Rounded Rectangle tool	U
Perspective Crop tool	C	Ellipse tool	U
Slice tool	C	Polygon tool	U
Slice Select tool	C	Line tool	U
Spot Healing Brush tool	J	Custom Shape tool	U
Healing Brush tool	J	Hand tool	H
Patch tool	J	Rotate View tool	R
Content-Aware Move tool	J	Zoom tool	Z
Red Eye tool	J	Default Foreground/Background Colors	D
Brush tool	B	Switch Foreground/Background Colors	X
Pencil tool	B	Toggle Standard/Quick Mask Modes	Q
Color Replacement tool	B	Toggle Screen Modes	F
Mixer Brush tool	B	Toggle Preserve Transparency	/
Clone Stamp tool	S	Decrease Brush Size	[
Pattern Stamp tool	S	Increase Brush Size	]
History Brush tool	Y	Decrease Brush Hardness	{
Art History Brush tool	Y	Increase Brush Hardness	}
Eraser tool	E	Previous Brush	,
Background Eraser tool	E	Next Brush	.
Magic Eraser tool	E	First Brush	<
Gradient tool	G	Last Brush	>

Menus Estas são teclas de atalho para Windows. Para Mac OS, substitua Ctrl por Command e Alt por Option.

File

New	Ctrl+N
Open	Ctrl+O
Browse in Bridge	Alt+Ctrl+O or Shift+Ctrl+O
Close	Ctrl+W
Close	All Alt+Ctrl+W
Close and Go to Bridge	Shift+Ctrl+W
Save	Ctrl+S
Save As	Shift+Ctrl+S or Alt+Ctrl+S
Save for Web	Alt+Shift+Ctrl+S
Revert	F12
File Info	Alt+Shift+Ctrl+I
Print	Ctrl+P
Print One Copy	Alt+Shift+Ctrl+P
Exit	Ctrl+Q

Edit

Undo/Redo	Ctrl+Z
Step Forward	Shift+Ctrl+Z
Step Backward	Alt+Ctrl+Z
Fade	Shift+Ctrl+F
Cut	Ctrl+X or F2
Copy	Ctrl+C or F3
Copy Merged	Shift+Ctrl+C
Paste	Ctrl+V F4
Paste Special > Paste in Place	Shift+Ctrl+V
Paste Special > Paste Into	Alt+Shift+Ctrl+V
Fill	Shift+F5
Content-Aware Scale	Alt+Shift+Ctrl+C
Free Transform	Ctrl+T
Transform > Again	Shift+Ctrl+T
Color Settings Shift+Ctrl+K	
Keyboard Shortcuts	Alt+Shift+Ctrl+K
Menus	Alt+Shift+Ctrl+M
Preferences > General	Ctrl+K

Image

Adjustments >

Levels	Ctrl+L
Curves	Ctrl+M
Hue/Saturation	Ctrl+U
Color Balance	Ctrl+B
Black & White	Alt+Shift+Ctrl+B
Invert	Ctrl+I
Desaturate	Shift+Ctrl+U
Auto Tone	Shift+Ctrl+L
Auto Contrast Alt+Shift+Ctrl+L	
Auto Color	Shift+Ctrl+B
Image Size	Alt+Ctrl+I
Canvas Size...	Alt+Ctrl+C

Layer

New > Layer	Shift+Ctrl+N
New > Layer via Copy	Ctrl+J
New > Layer via Cut	Shift+Ctrl+J
Create/Release Clipping Mask	Alt+Ctrl+G

Group Layers	Ctrl+G
Ungroup Layers	Shift+Ctrl+G

Arrange >

Bring to Front	Shift+Ctrl+]
Bring Forward	Ctrl+]
Send Backward	Ctrl+[
Send to Back	Shift+Ctrl+[
Merge Layers	Ctrl+E
Merge Visible	Shift+Ctrl+E

Select

All	Ctrl+A
Deselect	Ctrl+D
Reselect	Shift+Ctrl+D
Inverse	Shift+Ctrl+I or Shift+F7
All Layers	Alt+Ctrl+A
Find Layers	Alt+Shift+Ctrl+F
Refine Edge	Alt+Ctrl+R
Modify > Feather	Shift+F6

Filter

Last Filter Ctrl+F	
Adaptive Wide Angle	Alt+Shift+Ctrl+A
Camera Raw Filter Shift+Ctrl+A	
Lens Correction	Shift+Ctrl+R
Liquify	Shift+Ctrl+X
Vanishing Point	Alt+Ctrl+V

3D

Show/Hide Polygons > Within Selection	Alt+Ctrl+X
Show/Hide Polygons > Reveal All	Alt+Shift+Ctrl+X
Render	Alt+Shift+Ctrl+R

View

Proof Colors Ctrl+Y	
Gamut Warning Shift+Ctrl+Y	
Zoom In	Ctrl++ Ctrl+=
Zoom Out	Ctrl+-
Fit on Screen	Ctrl+0
100% Ctrl+1 or Alt+Ctrl+0	
Extras Ctrl+H	
Show > Target Path Shift+Ctrl+H	
Show > Grid	Ctrl+'
Show > Guides	Ctrl+;
Rulers	Ctrl+R
Snap	Shift+Ctrl+;
Lock Guides	Alt+Ctrl+;

Window

Actions	Alt+F9 or F9
Brush F5	
Color	F
Info	F8
Layers	F7

Help

Photoshop Help	F1

ÍNDICE

Números

3D Axis, widget, 347
3D, camadas 345
3D, cenas
  impressão 349
  posicionando elementos em 348
3D, configurações de impressão 349
3D, eixos 347
3D, ferramentas 345
3D, recursos 344–355

A

aberração cromática 118
abrindo imagens no Camera Raw 264
achatando imagens 99
ações
  gravação 305–310
  interrupção de gravação 309
  reprodução 310
  reprodução em lotes 310
ações de reprodução em lotes 310
Actions, painel 305
Add Audio, opção 255
Add Layer Mask, botão 137
Add Media, botão 246
Add Noise, filtro 215
adesão 299
Adjustment Brush, ferramenta (Camera Raw) 293
Adobe Bridge
  adição de favoritos 35
  arquivos abertos no Camera Raw a partir do 264
  arquivos abertos no Photoshop a partir do 34
  Favorites, painel 35
  instalação 2–3
Adobe Brush CC 193

Adobe Camera Raw
  Adjustment Brush, ferramenta 293
  ajuste do equilíbrio de branco no 266
  arquivos salvos no 278
  Basic, painel 270
  Detail, painel 272
  espaço de trabalho 265
  fluxo de trabalho 266
  imagens abertas no 264
  Open Object, botão 277
  sincronia de configurações entre imagens 273
  uso como um filtro 293–294
  versão 262
Adobe Color CC 193
Adobe Generator 312–316
  criação de vários recursos por camada 315
  parâmetros 317
Adobe Illustrator
  importação de Smart Objects a partir do 190
  importação de texto a partir do 190–191
Adobe Photoshop CC
  área de trabalho 8–29
  iniciando 2–3, 8
  instalação 2–3
  novos recursos 1–2
  reconfiguração das preferências padrão para 8
Adobe Photoshop CC (2015) Classroom in a book
  acesso dos arquivos de lições 2–3
  pré-requisitos 1–2
Adobe Photoshop Lightroom 282–283
Adobe Preview CC 318
Adobe Shape CC 193
Adobe Stock 76

ajuste da nitidez de imagens
  no Camera Raw 272–273
  no Photoshop 47–48
ajuste de escala 160
  ampliação de imagem 217
  objetos 3D 347
Aligned, opção 46
alinhamento de camadas 101
alinhamento de uma imagem 36
amostragem de cores 16, 223
ampliação 11–12. *Ver* Zoom, ferramenta
animação
  posição 252
  texto 248
aparamento de uma imagem 37
Apply Layer Comp, caixa 100
aprendendo recursos do Adobe Photoshop CC 4
área de trabalho 8–29
arquivos de lições, acesso a 2–3
arquivos, salvando 16, 99–102
arrastar arquivos de imagem para adicionar camadas 85
atalhos de teclado
  duplicação 66
  lista abrangente 360-361
  Move, ferramenta 57
  personalização 230
atalhos. *Ver* atalhos de teclado
áudio
  adicionando a uma linha de tempo de vídeo 255
  encurtando clipes 255
  fading 256
  silenciando 256–257
aumento da escala de imagens 217
Auto Enhance, opção 54
Auto-Align Layers 101, 123
automatização de tarefas 305–312

B

barra de opções 17
    comparada a painéis 27-28
    configuração de opções de
        texto em 21
    visão geral 20–21
barra de status 12
Basic, painel (no Camera Raw)
    270
Behance 339
Bevel & Emboss, efeito 191
bibliotecas, colaboração com
    Creative Cloud 193
Black & White, camada de
    ajuste 48, 251
Blend Images Together, opção
    115
Bloat, ferramenta no filtro
    Liquify 207
Blur Effects, painel 113
Blur Gallery 110–113
bordas
    adição 77, 97
    descarte 37
botões
    criação no Photoshop 299–
        305
    duplicação 304
Bridge. *Ver* Adobe Bridge
Brightness/Contrast, camada
    de ajuste 213
Browse In Bridge, comando 34
Brush Pose, configurações
    235
Brush Presets, painel 231
Brush, ferramenta 18
    configuração de opções 143
Brush, painel 223

C

calibragem, monitor 333
camada de fundo 72
    apagando 77
    conversão em camada
        normal 74, 308
    visão geral 74
camadas
    achatamento 99, 100
    adição 84–85
    alinhamento 101

apagamento 77–79
conversão de Background
    em normal 308
conversão para plano de
    fundo 74
cópia 75–77
cópia e centralização 75, 79
cópia e mesclagem 67
duplicação 80, 304
efeitos 87–90, 89–92
exibição 77
geração de imagens a partir
    de 312
geração de vários recursos
    de imagem a partir de 315
mesclando visíveis 99
miniaturas, ocultação e
    redimensionamento 73
modos de mesclagem 80-81
nomear recursos de imagem
    em 313
ocultar e exibir 73, 76, 77
opacidade 80
pintura 207
plano de fundo 74
proteger 73
redimensionamento 82-84
remoção de pixels de 77-79
renomear 75
reorganização 78–80
rotação 82
sobre 72
texto 86
transformação 82
transparência 80-81
vincular 82-84
visão geral 72
camadas de ajuste 95–96
    Black & White 48, 251
    Brightness/Contrast 213
    Channel Mixer 213
    Curves 15, 108–109, 289
    definição 15
    Exposure 214
    Hue/Saturation 95, 151
    Levels 117, 150, 152, 280
    usadas em vídeo 250
camadas de formas 190–191
camadas de texto 86
    criação de novas 164
    seleção de conteúdos 164

camera raw
    ajuste da nitidez 272
    equilíbrio de branco e ajuste
        de exposição 266-267
    salvar 275–276
Camera Raw. *Ver* Adobe
    Camera Raw
Camera Shake Reduction, filtro
    132
câmeras, em camadas 3D 345
    alterando o ângulo de 347
canais
    ajuste individual 148–150
    canais alfa 146, 149
    carregando como seleções
        151
    visão geral 136, 146
canais alfa 136, 146
    sobre 138, 149
Canvas Size 308
carregando
    canais como seleções 151
    pincéis com cor 229
Channel Mixer, camada de
    ajuste 213
Channels, painel 136
Character, painel 86
clareamento de uma imagem
    108–109, 117
clareamento de uma imagem
    108–109, 117
Classroom in a Book 1
Clean Brush After Every
    Stroke, ícone 228
Clouds, filtro 84
CMYK, modelo de cor 328
    definição 332
    gamut 332
colaboração, com bibliotecas
    193
colagem
    com a mesma resolução 67
    comandos 67
    e suavização de serrilhado 60
Color Overlay 191
Color Range, opção Skin Tones
    288
Color Settings, caixa de
    diálogo 333–334
Color, modo de mesclagem 208
Color, painel 26

ÍNDICE **365**

comandos, atalhos de teclado para 361
combinação de imagens
com diferentes perspectivas 128–132
em um panorama 114–117
combinando cores 227
com uma fotografia 232
combinando cores com uma fotografia 232
Commit Any Current Edits, botão 97
Commit Transform, botão 191
compartimentalização de painéis 25
composição de cor 337
composições de camadas 100
configurações de cores
restauração 3–4
salvando 3–4
conjuntos de ações 306
Content, painel no Bridge 35
Content-Aware Fill
com panoramas 114
Content-Aware Move, ferramenta 124, 126
Content-Aware Patch, ferramenta 43
Contrast, controle deslizante no Camera Raw, 270
Control Timeline Magnification, controle deslizante 247
controle deslizante 21
conversão de imagens para preto e branco 48
Convert for Smart Filters 293
copiar
camadas 75–77
com a mesma resolução 67
comandos 67
configurações no Camera Raw 273
e suavização de serrilhado 60
imagens 99, 329
imagens, e centralizar 75
seleções 66, 67
Copy Merged, comando 67
cores
aditivas 328
ajuste geral 38

alteração do primeiro plano 16
amostragem 16, 223
conversão para preto e branco 48
fluxo de trabalho gerenciado 333–334
fora do gamut 328
misturando com o Mixer Brush 227
padrões de primeiro plano e plano de fundo 212
seleção por 52
seleção usando o painel Swatches 22–23
suavização de transições de borda 60
texto padrão 160
visualização de valores CMYK no modo RGB 328
cores de processamento 32, 328
cores fora do gamut 328-329
correção fotográfica
estratégia de retoque 32
tamanho e resolução 33-34
corte de imagens 36–37, 67–68
Create Video Timeline 245
Crop, ferramenta 36
Cross Fade, transição 254
Curves, camada de ajuste 15–16, 108, 289

D

defeitos de lente de câmera, correção 118–120
Delete Cropped Pixels, opção 36
demarcação de corte 36
demarcações curvas 181
demarcador fechado 179, 181
demarcadores 179-180
desenho curvo 181
desenho reto 181
diretrizes para desenhar 184
fechamento 181
inclusão de texto em 163–164
salvar 181, 188
demarcadores abertos 179, 181
desencaixe de painéis 25

desfazer ações 23-24
com o painel History 211-217
desfoques
causados por movimento da câmera, remoção de 132
desfoque superficial 290
Field Blur 112
Iris Blur 110–111, 212
Path Blur 112
restauração de ruído 113
Spin Blur 112
Tilt-Shift 112
desfoques de movimento 113
Detail, painel no Camera Raw 272
dicas de ferramentas, exibição 12
Difference Clouds, filtro 212
Direct Selection, ferramenta 181
dispositivos móveis
desenhando com pranchetas (*artboards*) 318
teste de designs com o Adobe Preview CC 318
uso com bibliotecas 193
distorção
imagens com o filtro Liquify 202
perspectiva 130
texto 167–168
distorção de almofada 118
distorção de barril, correção 118
distorções, correção 128
DNG, formato de arquivo 278
dobras, reparação 42
Dodge, ferramenta 287–288
Drag The 3D Object, ferramenta 346
Drop Shadow, estilo de camada 302, 308
duplicação
áreas de uma cena 124
camadas 304
imagens 330
duração de videoclipes, alteração de 247
duração de videoclipes, alteração de 247
Dust & Scratches, filtro 47

E

edição
  formas 190
  Smart Filters 206
  texto 165
Edit In Quick Mask Mode,
  botão 143
efeito estrobo 113
efeito pan com o painel
  Navigator 14
efeito sépia, criando 251
efeitos de camada
  adição 89
  atualização 97
efeitos de pan e zoom, inclusão
  em vídeo 253-254
elementos gráficos vetoriais
  definição 8
  imagens bitmap *versus* 178
  visão geral 178
Elliptical Marquee, ferramenta
  52, 218
  centralização de seleção 64
  seleções circulares com 56
encaixe de painéis 25
encurtando clipes de vídeos
  247
EPS, formato de arquivo 336
equilíbrio de branco, ajuste
  266–267
equívocos, correção 23-29
Erase Refinements, ferramenta
  142
Eraser, ferramenta 101
espaço de cores 333
  perfil de dispositivo 333
espaços de trabalho
  Motion 245
  padrão 9
estilos de camada
  aplicação 87–90, 89–92
  aplicação em texto 162
  Bevel & Emboss 191
  Color Overlay 191
  Drop Shadow 89, 92, 302,
    308
  Satin 93
  Stroke 92, 302
  várias instâncias de efeito
    94
  visão geral 87, 89

exibição
  camadas 76
  múltiplos documentos 75
  tamanho do documento 99
exportação
  arquivos de imagem a partir
    de camadas 312
  objetos 3D para impressão
    351
  vídeo 257
Exposure, camada de ajuste 214
Eyedropper, ferramenta 16, 223

F

fade de áudio 256
Fade With Black, transições 254
faixas, em uma linha do tempo
  245
Favorites, painel no Bridge 35
Feather, comando 60
fechando um arquivo do
  Photoshop 10
ferramentas
  atalhos de teclado para 179,
    360
  Brush, ferramenta 18
  Content-Aware Move,
    ferramenta 124, 126
  Crop, ferramenta 36
  Elliptical Marquee,
    ferramenta 218
  Eyedropper 16, 223
  Healing Brush, ferramenta 42
  Horizontal Type, ferramenta
    20
  Lasso, ferramenta 61
  Magic Wand, ferramenta 58
  Magnetic Lasso, ferramenta
    61, 63
  Move, ferramenta 24
  Patch, ferramenta 43
  Polygonal Lasso 19
  Polygonal Lasso, ferramenta
    61
  Quick Selection, ferramenta
    53–54, 137
  Rectangular Marquee 300
  Rectangular Marquee,
    ferramenta 17
  Rounded Rectangle,
    ferramenta 172-173

seleção 52–53
seleção de ocultas 19-20
Spot Healing Brush,
  ferramenta 42
utilizando 10-16
ferramentas de contorno de
  seleção 52
ferramentas de seleção 52–53
Field Blur 112
filme. *Ver* vídeo
filtros
  Add Noise 215
  adicionando nuvens com 84
  Camera Raw Filter 293
  Camera Shake Reduction
    132
  Difference Clouds 212
  Dust & Scratches 47
  Lighting Effects 216
  Liquify 202–203
  Smart Sharpen 47, 307
filtros não destrutivos 202
Fit On Screen, comando 65
Flatten Image, comando 39
fluxos de trabalho
  gerenciado por cor 333-334
  organização de arquivos
    282-283
  para retocar imagens 32
  pré-impressão 334
foco, ajuste 121
fontes
  alteração da barra de opções
    21
  alternativas 171
  formatos 156
  OpenType 171
  seleção 158
  seleção 158
  visualização em contexto
    159
Foreground Color, amostra de
  cor 22, 84
formas, personalizadas 188–
  191
formatos de arquivo
  a partir do Camera Raw 278
  texto 171
  transferência de imagens
    entre aplicativos e
    plataformas 278

frações 171
Free Transform 194, 200, 202
Freeform Pen, ferramenta 179

G

gamut 332
   cores fora do 328–329
Gamut Warning 329–330
Generator. *Ver* Adobe
  Generator
Geometric Distortion
  Correction, opção 115
gerenciamento de cores
  333–334
Gradient Picker 88
Gradient, ferramenta 88
gradientes lineares 84-86
gradientes, listagem por nome
  88
gravação de ações 305-310
grupos de camadas 299
guias
  adição 157
  régua 300
guias
  Smart Guides 194
guias de régua 157, 300

H

Hand, ferramenta 63
HDR, no Adobe Camera Raw
  292
Healing Brush, ferramenta 42,
  285
Help, Photoshop 4
histograma
  na camada de ajuste Levels
    39, 281
histograma, no Camera Raw 272
History, painel 211–217
Horizontal Type, ferramenta
  20, 86, 158, 159
Hue/Saturation, camadas de
  ajuste 15, 144, 151

I

ícone de cronômetro no painel
  Timeline 249
ícone de olho, no painel Layers
  73

Illustrator. *Ver* Adobe
  Illustrator
Image Size, comando 67
imagens
  achatamento 99-101
  ajuste de nitidez 272
  ajuste na tela 63
  centralização e cópia 160
  cópia 99
  determinação da resolução
    de digitalização 33
  duplicação 329
  resolução 33-34
  tamanho e resolução 33-34
imagens bitmap
  elementos gráficos vetoriais
    versus 178–179
  visão geral 8, 178
imagens *raw*
  abrir 264–265
  câmeras suportadas pelo
    Adobe Camera Raw 263
  criação 263
  formatos de arquivo para
    salvar 278
  histograma 272
  patenteada 262
  visão geral 263
imagens em alta resolução 33
imagens em baixa resolução 33
  aumento da escala 217
importação
  Smart Objects incorporados
    311
  vários arquivos a partir do
    Bridge 199
impressão 321–341
  arquivos 3D 349
  CMYK, modelo e 332–333
  diretrizes 337
  identificação das cores fora
    do gamut 328-329
  preparação de imagens para
    322
  prova de imagens na tela
    334-337
  resolução 34
  salvando imagem como
    separações 336
impressão em quatro cores 328
impressoras jato de tinta 337

impressoras, jato de tinta 337
inclinando um objeto, 48, 52
inclusão de Smart Objects
  incorporados 311
InDesign. *Ver* Adobe InDesign
indicador de reprodução, no
  painel Timeline 250
indicador de transparência
  xadrez 77
Info, painel 299
iniciando o Photoshop 8
Inner Shadow, estilo de
  camada 162
interface de usuário
  Adobe Camera Raw 265
  alteração de configurações
    para 28
  aprendendo 8-10
interface. *Ver* interface de
  usuário
invasão de cor, remoção 38
Invert, comando 150
Iris Blur 110–112, 212

J

janela da imagem 10, 12, 12-13
  ajustando imagem para
    caber na 65
  rolar janela 14
JPEG, formato de arquivo
  degradação de imagem e 283
  imagens *raw* e 263

K

keyframes
  aparência de 249
  passando para o próximo ou
    anterior 252
  uso de texto animado 248

L

Lasso, ferramentas 52, 61–62
Layers, painel
  Quick Mask, modo
    indicador 143
  visão geral 73–74
Lens Correction, filtro 118–
  120
lente de aumento. *Ver* Zoom,
  ferramenta

Levels, camadas de ajuste 38–39, 117, 150, 152, 280
ligaturas discricionárias 171
ligaturas discricionárias 171
Lighting Effects, filtro 216
Lightroom. *Ver* Adobe Photoshop Lightroom
limpar pincel (ferramenta Mixer Brush) 228
linha de tempo, criação 245
Liquify, filtro 202–203
Live Tip Brush Preview 225
Load Files Into Photoshop Layers, comando 199
Luminosity, modo de mesclagem 218
luzes, em camadas 3D 345

M

Mac OS, diferenças na área de trabalho 9
Magic Wand, ferramenta 52
  combinação com outras ferramentas 58-59
Magnetic Lasso, ferramenta 52, 63–64
malhas, em camadas 3D 345
manchas, remoção 42
máscara de pixel 138
máscaras
  criação 137–140
  inversão 144
  refinamento 139
  terminologia 138
  valores de cor para edição 136
  visão geral 136
máscaras de camadas 138
máscaras de canal 138
máscaras de corte
  atalho 161
  criação 160–162
  indicador 162
  itens de imagem inseridos em vídeo 251
  sobre 138, 157
máscaras rápidas 136, 143
  cor de pintura 144
máscaras vetoriais 138
materiais, em camadas 3D 345
matiz, ajuste para impressão 329

matizes
  definição 267
  em camadas de ajuste Black & White 251
menus contextuais 17
  com texto 164, 167
menus de atalho 17
menus do botão direito 17
Merge Visible, comando 100
mesclagem
  camadas 99
  imagens 101, 121
  imagens com diferentes perspectivas 128–132
  vários arquivos do Photoshop 199
miniaturas
  camada 73
  Smart Object 191
Mixer Brush, ferramenta
  limpeza do pincel 228
  sobre 222
modo de cor CMYK, conversão para 328
modos de mesclagem
  aplicados a camadas 82
  Color 208
  Luminosity 218
  Multiply 82
  obtendo efeitos diferentes com 91
  Overlay 82
  visão geral 80
monitor
  calibragem 333
  resolução 33-34
Motion, espaço de trabalho 245
Motion, painel 248, 251
Move, ferramenta 24
  ícone de tesoura 65
  movimentação de seleções 55
movimentação
  objetos 3D 347
  objetos em uma imagem 124
  painéis 25
  seleções 54-55
Multiply, modo de mesclagem 82

N

navegação
  com a ferramenta Zoom 11–12
  usando o painel Navigator 14
  usando Scrubby Zoom 13
navegador Web, visualização de imagens em 316
Navigator, painel 14
notas adesivas 169
Notes, painel 169

O

ocultar
  bordas de seleção 58
  camadas 76
olhos vermelhos, correção 106-108
opacidade, alteração 80-81
Open Object, botão (no Camera Raw) 277
OpenType, formato de arquivo 156, 171
ordem de empilhamento, alteração 78-80
organização de fotos 282-283
Overlay, modo de mesclagem 82

P

padrões de primeiro plano e plano de fundo 212
padrões, restauração 4, 8
painéis
  Brush, painel 223
  comparados à barra de opções 27
  desencaixe 25
  encaixe 25
  expansão e recolhimento 26-27
  movendo para outro grupo 25
  redimensionamento 26
  trabalhando com 22-24
  visão geral 24–25
Pan & Zoom, opção 248, 253
panorama 114–117
  no Adobe Camera Raw 292
  obtendo os melhores resultados 116

ÍNDICE | **369**

papel, simulando branco 335
Paper Color, opção 335
Paragraph, painel 26
Paste Into, comando 67, 218
Patch, ferramenta 43
Path Blur 112
Paths, painel 181, 182
  máscara vetorial 190
PDF. *Ver* Photoshop PDF
Pen, ferramenta
  atalho de teclado 179
  como ferramenta de seleção 180
  configuração de opções 182–183
  desenho de demarcadores 180-184
  visão geral 179–180, 181
Pencil, ferramenta 179
perfis de cores 333
personalização da interface de usuário 28
Perspective Warp 128
Perspective Warp, planos 129
Photomerge 114–115
  melhores práticas 116
Photoshop EPS, formato de arquivo 329
Photoshop PDF, salvando como 174
Photoshop Raw, formato de arquivo 263
pincéis
  carregando com cor 229
  configurações 223
  predefinições 230
  Shape Dynamics, opções 235
pintura
  camadas 207
  com o Mixer Brush 220–235
  com uma ponta desgastável 226
  opções de umidecimento 224
pixels
  definição 8, 33, 178
  imagem e monitor 33-34
Place Linked 191
plug-ins 8
Polygon, ferramenta 190

Polygonal Lasso, ferramenta 19, 52
ponta erodível 226
pontas desgastáveis 222
ponto branco 270
ponto central, seleção a partir do 64
ponto preto 270
pontos de ancoragem 181, 184
pontos de canto 181
pontos suaves 181
posição, animação em vídeo 252
PostScript, fontes 156, 171
pranchetas (*artboards*) 318
predefinições
  filme e vídeo 244
  pincel 230
preenchimentos
  cor 345
  cor de primeiro plano 98
  gradiente 88
preferências
  cor de alerta de gamut 329
  restauração de configurações 4, 8
  Units & Rulers 299
Preserve Details (Enlargement), opção 217
Preserve Numbers, opção 334
preto e branco, conversão de imagens coloridas no Photoshop 48
Print, caixa de diálogo 338
profundidade de campo, aumento 121
Proof Colors, comando 335
prova de imagens 334-337
prova digital 334-337
PSD, formato 278
  imagens *raw* e 263
Pucker, ferramenta no filtro Liquify 207
Puppet Warp 144

Q

quadro do aplicativo, no Mac OS 9
Quick Mask, modo 143
Quick Selection, ferramenta 52, 53–54, 137

R

rasterização de imagens 178
recortes 190–191
Rectangular Marquee, ferramenta 17, 52, 59, 300
recursos de imagem
  importação para vídeo 245
  redimensionamento para vídeo 248
Red Eye, ferramenta 107–108
redimensionamento
  camadas 82
  itens de vídeo 248
  painéis 26
redimensionamento no quadro de imagem 308
Refine Edge 60, 147
Refine Mask, caixa de diálogo 139
Refine Radius, ferramenta 140
réguas 158
remoção de seleções 55
renderização de vídeo 257
reposicionamento de seleções 56
Resize To Fill Canvas, opção 248
resolução 33-34
resolução de digitalização 33
resolução de saída, determinação 34
restauração fotográfica, manual 40-41
retângulos, arredondados 172
retoque/reparação
  com a ferramenta Healing Brush 285
  com a ferramenta Spot Healing Brush 42, 285–287
  configuração da resolução correta 33-34
  remoção de manchas 42-43
  visão geral 32
RGB, modelo de cor 328, 328–330
  gamut 332
  sobre 328
RGB, modo de cor, conversão para CMYK 328
Rool The 3D Object, ferramenta 347

rotação
  objetos 3D 347
  seleções 62
Rounded Rectangle,
  ferramenta 172-173
ruído, redução 47

S

salvar
  como Photoshop PDF 174
  imagens como separações 336
Satin, estilo de camada 93
saturação, ajuste no Photoshop 287–288
Saturation, controle deslizante
  (no Camera Raw) 270
Scrubby Zoom 13
segmentos de demarcador 181
selecionando
  a partir do ponto central 64-65
  bordas de alto-contraste 63-64
  camadas 77
  seleção inversa 59-60
  texto 97
  tons de pele 288
  uma camada em um arquivo
    multicamadas 55
  visão geral 52
seleções
  à mão livre 52
  circulares 64
  cópia 67
  difusão existente 60
  duplicação 66
  elípticas 55-63
  exibição de bordas 58
  geométricas 52
  inversão 14
  movimentação 54–55, 57, 65–66
  ocultação de bordas de 58
  por cor 52
  rotação 62–63
  suavização 60
  subtração de 59
seleções à mão livre 61-62
separações
  impressão 338–340
  salvando imagens como 336

setas do teclado
  alinhando seleções com 57–58
  uso da tecla Shift com 57
shaders, em camadas 3D 345
Shape Dynamics, opções para
  pincéis 235
Shapeways, serviço online de
  impressão 3D 350
Show Transform Controls,
  opção 191
Show/Hide Visibility, coluna 77
silenciamento de áudio 256–257
sincronia de configurações no
  Camera Raw 273
Single Column Marquee,
  ferramenta 52
Single Row Marquee,
  ferramenta
Smart Filter 110
Smart Filters 202–205
  edição 206
Smart Guides 194
Smart Objects
  atualização automática ao
    editar 190
  conversão de camadas em
    202
  incorporados 311
  miniatura de camada 191
  Smart Filters e 202
  vinculados 191, 193
  visão geral 190
Smart Sharpen, filtro 47, 307
sombras projetadas 89–90, 92
sombras, criação 146
Spin Blur 112
Split at Playhead, botão 255
Sponge, ferramenta 287–288
Spot Healing Brush,
  ferramenta 42–43, 285–287
Standard, modo 143
Stop Recording, botão 309
Stroke, estilo de camada 92, 302
suavização 60
suavização de serrilhado 60
Subtract From Selection, botão
  59
Surface Blur, filtro 290
Swatches, painel 22–23, 23

T

tamanho de arquivo
  achatado versus não
    achatado 99
  redução 99
tamanho do documento, exibir
  99
temperatura, imagem 267
teste de zoom, antes de
  imprimir 324
texto
  adição 158
  alinhamento 158
  animação 248
  configuração de opções 158
  cor padrão 160
  criação 158–159
  criação 20, 86-87
  encurvamento 167-168
  frações verdadeiras 171
  Glyphs (glifos) 170
  independente de resolução
    156
  máscara de corte 157, 160–162
  movimentando 87
  redimensionamento 156
  seleção 97
  sobre um demarcador 163-164
  traçados (swashes) 171
  truques 164
  vertical 173–174
  visão geral 156
texto de parágrafo 158
texto pontual 158
  distorção 167–168
  parágrafos versus 168
texturas, em camadas 3D 345
TIFF (Tagged Image File
  Format)
  imagens raw e 263
  visão geral 278
Tilt-Shift Blur 112
Timeline, painel
  alteração e ampliação 247
  retorno ao primeiro quadro
    254
  visão geral 243
tintas de impressão, simulação
  335

ÍNDICE **371**

Tolerance, opção para a ferramenta Magic Wand 58
tonalidade, ajuste 38-39
tons de pele, seleção 288
Tools, painel
comparado a outros painéis 27-28
seleção e uso de ferramentas a partir do 11-17
visão em coluna dupla 11
traçado, seleção 22
traçados (*swashes*) 171
transformação
camadas 82–84
Smart Objects 191
transformações, forma livre 82-83
transições
adição em vídeo 254
alteração da duração de 255
transparência
ajuste 80-81
indicação 77
Transparency And Gamut, caixa de diálogo 329
treinamento em recursos 4
trilha de áudio 255
TrueType, fontes 171
tutoriais para aprender Photoshop 4
Type, ferramenta 20–21

U

umidecimento, opções em pintura 224
Undo, comando 23
Units & Rulers, preferências 299

V

verificação ortográfica 164
Vertical Type, ferramenta 173
vídeo
adição de áudio em 255
adição de transições 254-255
efeitos de pan e zoom 253-254
exportação 257
grupos 246
importação de recursos para 245
redimensionamento de recursos para 248
renderização 257
uso de camadas de ajuste em 250
visão geral 244
vinheta 118
visões de câmera 347
visualização
fontes em contexto 159
imagens em um navegador 316
pontas de pincel 225

W

Wacom, tablets 222, 235
White Balance, ferramenta (no Camera Raw) 267–269
widget Camera 347
widgets, 3D 347
Windows, diferenças na área de trabalho 9
Work Path
visão geral 181

X

x, eixo 347
XMP, arquivos 273
XMP, arquivos secundários 273

Y

y, eixo 347

Z

z, eixo 347
zoom
diminuição 57
no painel Timeline 247
Zoom, ferramenta 11-12
atalhos 141
usando o Scrubby Zoom 13
Zoom, opção em vídeo 251

IMPRESSÃO:

Santa Maria - RS - Fone/Fax: (55) 3220.4500
www.pallotti.com.br